犯罪人处遇研究

周国强 鲁宽 等◎著

中国检察出版社

图书在版编目（CIP）数据

犯罪人处遇研究/周国强等著．—北京：中国检察出版社，2013.9

ISBN 978-7-5102-0951-2

Ⅰ.①犯… Ⅱ.①周… Ⅲ.①犯罪学-研究 Ⅳ.①D917

中国版本图书馆 CIP 数据核字(2013)第 176066 号

犯罪人处遇研究

周国强 鲁宽 等 著

出版发行：中国检察出版社
社　　址：北京市石景山区香山南路 111 号（100144）
网　　址：中国检察出版社（www.zgjccbs.com）
电　　话：(010)88960622(编辑) 68650015(发行) 68636518(门市)
经　　销：新华书店
印　　刷：三河市西华印务有限公司
开　　本：A5
印　　张：10.5 印张
字　　数：289 千字
版　　次：2013 年 9 月第一版　2013 年 9 月第一次印刷
书　　号：ISBN 978-7-5102-0951-2
定　　价：25.00 元

目　　录

第一章　犯罪人处遇的法理分析

“概念是法律思想的基本要素，也是我们将杂乱无章的具体事项进行整理归类的基础。”① 研究犯罪人处遇，首先应当界定其内涵和外延、梳理其演进的脉络，并在其选择的模式中分析其基本价值取向。

第一节　犯罪人处遇的法律界定

一、犯罪人概述

（一）犯罪人的概念

1. 传统的犯罪人概念

犯罪人的概念看似简单，实则不然。犯罪人是刑事法学中的一个重要基石范畴，是统合刑事法学的连接点，如何准确界定犯罪人是一个极其重要的理论和实践问题。②

犯罪人，顾名思义，是实施了犯罪的人。何谓犯罪？刑法理论上犯罪有形式概念与实质概念之分。犯罪的形式概念将犯罪表述为触犯刑律、具有刑事违法性的行为；犯罪的实质概念则立足犯罪的社会内容，将其表述为具有社会危害性的行为。因此，犯罪人的概念，必然受到犯罪概念的影响。综观中外学者对犯罪人的界定，基本上可分为如下两类③：

（1）犯罪人的形式概念。即根据已有的刑法规范对犯罪人下定义，犯罪人概念体现了刑法既有规范之内容，现有的刑法规范成为犯罪人概念的边界，因而范围明确，易于分类。例如，美国一些学

---

① 《牛津法律大辞典》，光明日报出版社 1999 年版，第 533 页。

② 参见张文等：《人格刑法导论》，法律出版社 2005 年版，第 83 页。

③ 参见张文等：《人格刑法导论》，法律出版社 2005 年版，第 84～86 页。

者将犯罪人定义为，“违反刑法，应受刑事处分之人”。法国有学者认为，“犯罪人是实施了刑法所规定的犯罪行为的人”。俄罗斯有学者认为，“犯罪人是实施了法律所禁止、应负刑事责任的危害社会行为的人”。可见，从形式意义上所理解的犯罪人实际就是刑法中的犯罪主体。因此，这些定义也可称为“狭义犯罪人说”。

（2）犯罪人的实质概念。这是指犯罪人概念不以刑事法律规定为限，而是站在法律规范之外，从社会学角度对犯罪人下定义。例如，美国有学者认为，犯罪人是“违反行为规范，危害社会之人”。法国有学者认为，“犯罪人是具有反社会精神状态或犯罪精神状态的人”。在我国，社会学意义上的犯罪人概念占据通说的地位。具体表述主要有，认为犯罪人“是指实施了危害社会的违法犯罪行为，应被采取矫正措施的人”或“是指实施了刑法规定的犯罪行为和其他严重社会越轨行为，应当受到国家和社会以法律、道德等手段加以矫治和处遇的人”。社会学意义上的犯罪人概念将实施了反社会行为或不良行为之人都归为犯罪人，因此可称之为“广义犯罪人说”。

2. 新犯罪人说

上述两类犯罪人概念中，“广义说”的外延过于扩张，“缺乏理论和实践的实际意义，违背了犯罪学研究犯罪人的科学规律”，因而不足取。较之“广义说”，狭义的犯罪人概念外延大大缩小，相对要合理得多，但该概念仍有需要探讨之处。“狭义说”将犯罪人等同于“犯了罪的人”，忽视了犯罪人之间的人格差异，一味以刑法上僵硬的犯罪构成要件作为界定犯罪人的界限，因而也是不科学的。基于对过往广义、狭义犯罪人概念的反思与探讨，我国学者张文、刘艳红等将人格引入犯罪人理论，提出以犯罪危险性人格为基石重构犯罪人理论的主张。经由犯罪危险性人格为标准的重新界定，犯罪人是指实施了刑法规定的危害社会行为并具备了犯罪危险性人格之人。[①] 笔者赞同这种观点，并将人格引入犯罪人处遇研究

---

① 参见张文等：《人格刑法导论》，法律出版社2005年版，第90～99页。

中，主张根据不同的犯罪人人格予以差异化的处遇。

（二）犯罪人的犯罪危险性人格

我国学者张文等人将犯罪危险性人格定义为“犯罪人内在的相对稳定的反社会倾向的特定身心组织”。它具有以下显著特点[①]：

1. 犯罪危险性人格本质的反社会性。马克思主义人学理论告诉我们，人是自然属性（生物属性）和社会属性的统一，但人归根结底是一种社会动物，人的本质是“一切社会关系的总和”，社会性是人的本质属性。与人的本质属性是社会性相对应，反社会性构成犯罪人的本质属性。

犯罪人的反社会性，是指犯罪人的人格所呈现出来的“与社会规范和价值准则相悖逆的品质或倾向”。这种倾向“对社会而言，不啻构成一种威胁，以故具有实施犯罪可能性之性格，亦称为社会危险性”。犯罪人的犯罪行为是其具有严重的反社会性人格的外在标志。犯罪人的反社会性蕴含于犯罪人的整个人格结构之中，是犯罪人人格结构所呈现的一种整体性或综合性倾向。这种整体性或综合性倾向通过以下人格表征显现出来[②]：（1）错误的信念体系。犯罪人错误的信念体系反映在人生观上，以极端个人主义为核心，表现为自私自利、损人利己、贪得无厌、追求享受；在世界观上，以反动、落后的思想为内容，用全面否定或玩世不恭对待现存社会；在价值观上，以扭曲的价值观念为准则，接受与社会主流文化相对立的亚文化。在错误的信念体系引导下，犯罪人便会对现行社会制度、规范和价值准则产生强烈的对抗或敌视态度，更加主动地实施反社会行为。（2）畸形的需要结构。犯罪学的已有研究成果已经证明，犯罪人的需要层次和需求结构有别于非犯罪人，表现在对非分物质占有欲望及对异常的性欲望在整个需要结构中居主导地位。这

---

① 参见张文等：《人格刑法学》，法律出版社2005年版，第102～106页。

② 参见魏平雄主编：《犯罪学》，中国政法大学出版社1998年版，第179～180页；储槐植、许章润主编：《犯罪学》，法律出版社1997年版，第112页；王志亮：《外国刑罚执行制度概要》，中央编译出版社2006年版，第90～91页。

些畸形的需要通常以合法的方式无法得到满足，因而会使犯罪人的需要满足处于挫折状态。(3) 欠缺的自我意识。具体表现在过于自卑或者以自我为中心，良心、羞耻心、责任感、法律意识等内在的自我价值准则不成熟，缺乏应有的自我控制能力。(4) 习癖化的行为和生活方式。

2. 犯罪危险性人格的内外统一性。正如人的行为与其人格之间有着密不可分的关系一样，犯罪危险性人格与犯罪行为之间也呈现内外统一性，表现在：一方面，犯罪危险性人格是作为犯罪人的内在心理事实即反社会心理而存在的，这种反社会心理体现的是行为人潜在的反社会行为模式；但另一方面，犯罪危险性人格决定着行为人对外界的反应方式，并形成人的犯罪行为，犯罪行为也因此成为犯罪危险性人格之征表。可见，犯罪危险性人格又是与犯罪人外在的犯罪行为联系在一起的，它说明的是行为人对环境的反应方式及外显犯罪行为的内在原因。这种内在反社会心理和外在反社会行为的统一，是犯罪危险性人格的显著特点。

3. 犯罪危险性人格的多因性。犯罪危险性人格的形成是由多种因素交互作用的结果。这些因素包括：(1) 生物性因素。犯罪危险性人格的形成与某些致罪因素的心理及行为倾向性的遗传之间存在一定关系，这是自龙勃罗梭以来的众多犯罪学家从事的科学实验所得出的较为可靠的结论。龙勃罗梭运用人类学知识和实证科学技术率先对犯罪人进行生物学的“解剖”，提出了天生犯罪人说，认为犯罪人并非是对规范的违反，而实际上是一种特别的类型，是人类的亚种，具有明显的体质上和精神上的特征。尽管龙氏的天生犯罪人说因过于绝对而遭致学者们的批评与质疑，但那种绝对忽视生物基因遗传作用的观点也是站不住脚的，犯罪危险性人格虽非与生俱来，但先天的遗传因素与犯罪危险性人格的形成具有较高的关联度是毋庸置疑的。(2) 社会环境因素。人是社会环境的产物，不同的人生环境造就不同的人生。

犯罪危险性人格的真正发育成熟是在客观的社会环境之中，它是个人遗传的性格特质加之家庭、学校、社会交往等条件交叉作用逐渐影响的结果。

4. 犯罪危险性人格的恒久性。所谓恒久性，包括两层含义：一是指犯罪危险性人格形成过程的长久性，犯罪危险性人格并非天生造就，而是在诸多因素的浸润下缓慢形成，经历了长时间的内心体验；二是指犯罪危险性人格持续时间的长久性，犯罪危险性人格的形成非一朝一夕之力，其一俟形成，改变和消失也决非朝夕之功。

（三）犯罪人的分类

犯罪人分类是依据一定的目的和标准对犯罪人进行类型划分的过程和结果。在犯罪学演进史上，如何对犯罪人分类，即在犯罪人分类标准的选择上长期存在着客观主义与主观主义的纷争。客观主义强调依据客观行为对犯罪人进行分类，主观主义则立足自由意志对犯罪人进行分类。客观主义与主观主义各有偏颇，难以对犯罪人作出科学的分类。后来随着人格主义的泛起，犯罪人分类标准中引入了人格因素。这样，犯罪危险性人格就能够将主客观方面统一起来对犯罪人进行评价，成为划分犯罪人类型的比较科学的标准。

1. 国外学者对犯罪人的分类

（1）前期意大利学派对犯罪人的分类

明确而系统的犯罪人分类是在19世纪末出现的，主要反映在对犯罪人个性的人类学和心理学研究中。刑事人类学派创始人、意大利学者龙勃罗梭提出了处遇个别化原则，主张针对不同个体犯罪人的特殊情况适用不同的处遇方法。为此，他率先提出犯罪人分类问题。龙勃罗梭将犯罪人分为五类：即天生犯罪人、精神病犯罪人、常习犯罪人、激情犯罪人和偶发犯罪人。虽然龙勃罗梭是从犯罪学的意义上对犯罪人进行分类，与刑法学意义上的犯罪人分类不完全一致，但是在刑法学历史上，他的犯罪人分类与处遇措施的对应，开创了刑法理论的新纪元。[1]

---

① 参见马克昌主编：《近代西方刑法学说史略》，中国检察出版社1996年版，第154～155页。

龙勃罗梭的弟子、意大利犯罪学家菲利，运用犯罪人人格理论，将犯罪人分为五类：天生犯罪人、精神病犯罪人、习惯性犯罪人、机会性犯罪人或偶发性犯罪人、激情性犯罪人。尽管菲利的犯罪人分类带有乃师的理论痕迹，但其独创了犯罪“退化与进化”的犯罪人“二分法”，对后世犯罪人研究具有积极影响。[①]

龙勃罗梭的另一个弟子、意大利犯罪学家加罗法洛不同意龙勃罗梭和菲利对犯罪人的分类，认为他们的犯罪人分类“没有科学基础，而且缺乏普遍性和准确性”。他根据犯罪人道德低劣的程度和性质将自然犯罪人分为四类：典型罪犯或谋杀犯、暴力犯、缺乏正直感的罪犯、色情犯。[②] 在此基础上，加罗法洛主张以犯罪人的恶行及其社会适应性为标准，采取个别化的处遇方法。

（2）德国学者对犯罪人的分类

刑事人类学派的创始人、德国刑法学家李斯特十分重视犯罪人的研究，提出“应处罚的不是行为而是行为人”。他主张应根据反社会性的强弱，对犯罪人进行分类。早期他将犯罪人分为机会犯罪人和状态犯罪人。机会犯罪人是由于受到外界环境的影响而偶然进行犯罪行为的人；状态犯罪人又称为“性格犯”，是由于内在不良性格倾向而犯罪的人。后来他又将状态犯罪人分为两种亚类型：可改善犯罪人与不可改善犯罪人。他进而认为对于偶犯而言，刑罚的威吓所产生的警戒作用，足以防止其重新犯罪，对于可能改造的犯人要进行教育改造，促其改过自新，而对于不可能改造的犯人有必要永久地隔离于社会，以免他们继续危害社会。

作为后期古典学派的代表人物，麦兹格根据犯罪人的积极性将犯罪人分为境遇犯与性格犯。境遇犯易受特别环境的限制，其犯罪行为并非出于内部的反社会性；性格犯之犯罪则源于其性格。前者改善易，后者改善难。

---

① 马克昌主编：《近代西方刑法学说史略》，中国检察出版社 1996 年版，第 172～175 页。

② ［意］加罗法洛：《犯罪学》，耿伟、王新译，中国大百科全书出版社 1996 年版，第 127～128 页。

（3）美国学者对犯罪人的分类

作为犯罪社会学派的美国学者在犯罪人分类上，十分重视犯罪人人格的运用。例如，帕森斯将犯罪人分为精神病犯罪人、天生犯罪人、惯犯、职业犯、偶犯、激情犯六类；德莱姆将犯罪人分为天生犯罪人、惯犯和一次性犯罪人；谢弗将犯罪人分为偶犯、职业犯、变态犯、惯犯和确信犯。

（4）法国学者对犯罪人的分类

法国学者早期对犯罪人的分类深受《法国刑法典》中关于犯罪分类的影响，之后，由于受意大利实证主义犯罪学的影响，以及犯罪生物学、心理学、心理分析学的传入，法国犯罪人分类出现了一些新的情况。其中比较有代表意义的分类是查尔斯·安德森根据犯罪人人格状态把犯罪分为：不正常人格、非犯罪人格、临时犯罪人格、亚犯罪人格、真正犯罪人格。另一法国学者木切利提出了独特的犯罪人分类法，他将犯罪人分为两类：一类是假犯罪人，如各种精神病人、痴呆或发育不全者等；另一类是真正犯罪人，即那些表面上看其人格似乎正常，但实际上其社会道德观点已经变质、变坏的犯罪人。

（5）日本学者对犯罪人的分类

日本学者对犯罪人进行分类研究时，引入了大量西方犯罪人类型理论，在此基础上提出自己的犯罪人分类。如前田信二郎根据社会都市生态学理论将犯罪人分为五类：①贫民窟型犯罪；②无赖型犯罪；③白领型犯罪；④病理型犯罪；⑤市民型犯罪。日本犯罪学者认为，吸收西方的经验，总结日本的实践，日本今后犯罪学应着重研究：①非社会型；②反社会型；③亚文化共鸣型；④状况性犯罪者型；⑤犯罪前科型。并认为对犯罪人的类型化研究，必须与犯罪人生理、心理、病理、生活环境等结合才能真正揭示犯罪人的内在素质，阐明犯罪人走上犯罪道路的奥秘。[①]

---

① 张绍彦主编：《犯罪学》，社会科学文献出版社2004年版，第89页。

2. 国内学界对犯罪人的分类①

(1) 以犯罪人反社会性的强弱为标准进行分类

依据犯罪人反社会性的强弱将犯罪人分为习惯犯与偶发犯。习惯犯由于其内部性格原因而犯罪，已形成犯罪的癖性，因而其反社会性较强，且不易得到矫治；偶发犯是因某种偶然发生的事实，如他人的诱惑、受到某种刺激、贫穷而陷于犯罪的人，因而其反社会性较弱，容易得到矫治。

(2) 以犯罪人的年龄所作的分类

依据犯罪人的年龄，通常将犯罪人分为未成年犯与成年犯。成年犯一般是指18周岁以上的犯罪人，未成年犯则指不满18周岁的犯罪人。这种分类主要是针对20世纪50年代以来犯罪日趋低龄化和严重化的状况提出的。将未成年犯单独分类，是考虑其处于生长发育期，人生观、价值观尚未定型，可塑性强，需要对其制定特别的法律，施以突出教育、改造、挽救的处遇措施。

(3) 以犯罪人的精神状态是否正常为标准进行的分类

以犯罪人的精神状态是否正常为标准，可将犯罪人分为常态犯与精神异常犯。常态犯是指精神状态正常的一般犯罪人。精神异常犯则在精神方面存在某种障碍的犯罪人，根据其精神障碍的程度，还可进一步分为无责任能力者与限制责任能力者，对于前者应施以精神治疗为内容的保安处分；对于后者通常可以减轻处罚。这种犯罪人分类，是基于社会竞争加剧和社会压力增大而引发精神障碍犯罪人数量激增的现实，需要对精神障碍犯罪人予以更多的关注。

(4) 以犯罪人的性别所作的分类

根据犯罪人的性别，可将犯罪人分为男性犯人和女性犯人。这种分类是基于男女在生理结构、情感需要、心理特征等方面的差异性。以性别为标准对犯罪人进行分类，有助于了解性别差异对犯罪形成、规模、种类的影响，并对女性犯罪人给予特殊的处遇措施。

---

① 张旭、单勇：《犯罪学基本理论研究》，高等教育出版社2010年版，第165～166页。

（5）以犯罪人的价值意识所作的分类

以犯罪人的价值意识为标准，通常将犯罪人分为普通犯与确信犯。普通犯是指因缺乏普通的社会意识而陷于犯罪的人；确信犯则是指因具有与普通社会意识不同的价值意识而导致犯罪的人。确信犯因其所确信的价值意识的不同，复分为政治确信犯、宗教确信犯和伦理确信犯。各国对确信犯一般予以特殊的处遇，如保护管束、感化教育、不定期刑等，以达预防犯罪、保全社会之目的。

（6）以犯罪人的反社会危险性人格为标准所作的分类

有学者将犯罪人分为三种类型：①真正犯罪人，即完全具备了犯罪危险性人格的犯罪人，惯犯和累犯属于此类；②亚犯罪人，是指在人格整体上不完全具备犯罪危险性人格的犯罪人，通常偶犯、机会犯和激情犯属于此类；③落法者，即指不具备犯罪危险性人格而实施了现行刑法规定的犯罪行为，陷于刑法而成为受刑罚处罚之人。一般而言，过失犯、防卫过当者、胁从犯等属于落法者。[①] 另有学者基于犯罪人格，将犯罪人分为纯正的犯罪人、不纯正的犯罪人、偶然犯罪人、弱性人格犯罪人四类。[②]

二、犯罪人处遇的含义和类型

（一）犯罪人处遇的含义

1. 处遇的含义

“处遇”是一个外来语，是英语“Treatment”和德语“Behandlung”的翻译词，具有“待遇”、“处理”、“对待”、“治疗”、“操纵”等意思，其中“处理”和“对待”的意思与“处遇”最相符。[③] 最早将“处遇”一词引入犯罪研究领域内的，是20世纪初美国的实证主义犯罪学者们，他们基于“犯罪是一种疾病”的判断，认为应该像对待普通病人一样，对犯罪人进行“治疗”（treatment），而非简单地加以处罚。可见，罪犯处遇在诞生之初是作为

① 张文等：《人格刑法导论》，法律出版社2005年版，第107～110页。

② 孙昌军、凌辉：《犯罪人分类标准新探》，载《犯罪研究》2005年第2期。

③ ［日］森下忠：《犯罪者处遇》，白绿铉译，中国纺织出版社1994年版，第4页。

医学上“治疗”的同义词来使用的，对刑罚具有排斥性。如今，处遇已经成为现代监狱学、行刑学中的一个常用概念，泛指在行刑过程中，对服刑罪犯的处置及其所受的待遇。

由于“处遇”含有“待遇”的意蕴，加之其是一个外来译词在中文表述中很少使用，所以在一些文献中，甚至某些联合国文件的中文本中，往往将“处遇”译作“待遇”。虽然有时这样使用没有错，但在科学的意义上是不准确的。在现代汉语的语义中，“待遇”多含有权利之意，也表示如何看待或对待社会地位的意思，但是它的内容一般是单指一方主体（享有待遇者）那里的情况，而且多半带有“享有”的意思。而作为监狱学专有术语的“处遇”则不同，它的含义由两部分组成，既有施者一方所发出的处理、处置和工作、活动等内容，又有受者一方所得到的待遇的内容。而且就一般的用法而言它多指施者一方的活动。①

作为对犯罪人实施犯罪行为的法律制裁方式，处遇和刑罚之间的区别不太容易表述清楚。美国学者哈伯特·L. 帕克认为，处遇和刑罚之间的区别存在于两个相互关联的考虑因素之中：（1）正当化目的上的区别；（2）在刑罚的情况下，犯罪行为所起的作用较大。首先，就正当化目的而言，刑罚主要在于对不良行为的预防以及对已被发觉的不法行为的报应，而处遇的主要目的在于使被处遇者从中受益。它关注的焦点并不是被处遇者过去或将来的行为，而是对他进行帮助。处遇给受其影响的人所带来的益处和损害是一个矛盾结合体，在处遇思想中，这个矛盾结合体总是存在的。为了获得长远利益，如个人安全，有时还有残病状况的改善或者治愈，它要产生某种短期的损害，如丧失自由。处遇的正当性理由在于这样一个观点，即被处遇者是正在或者很可能会“情况好转”。虽然针对犯罪人实施的犯罪行为一般都将导致处遇措施的适用，但是处遇措施的目的并非表面上的采取针对该行为的某些措施，而是为了增进犯罪者本人的福利。其次，就适用的条件而言，刑罚适用的必要

① 王泰：《现代监狱制度》，法律出版社 2003 年版，第 168～169 页。

条件是犯罪行为的存在或发生。区别刑罚和处遇的一个特征就是，犯罪行为与我们实施该犯罪行为的行为人所采取的措施这二者之间关系的实质。如果是刑罚，那么我们处置某人是因为他已经实施了犯罪行为；我们所关心的是要防止类似行为的再次发生，或者是令其身受被认为是罪有应得的痛苦，又或者是二者兼顾。如果是处遇，那么在行为和处遇之间就不存在必不可少的联系；对某人的处置之所以为之是因为我们认为他将由此“情况好转”。①

2. 犯罪人处遇的含义

对犯罪人处遇含义的理解，经历了一个发展过程，其与犯罪人处遇观念的嬗变密切相关。处遇观念的思想萌芽可以追溯到 19 世纪中叶，它起源于考虑犯罪人人格的近代学派，探求犯罪原因、研究犯罪者个人、寻求预防犯罪的对策，这必然与如何处遇犯罪人的问题密切相联。实证主义学派代表人物菲利指出：“对于任何一起犯罪，刑罚问题都不应当仅仅配给罪犯与其道德责任相应剂量的药，而应当被限定为根据实际情况（违法及其造成的损害）和罪犯的个人情况（罪犯的人类学类型），视其是否被认为可以回归社会，确定是否有必要将罪犯永久、长期或短期地隔离……”② 因此，在菲利眼中的犯罪人处遇观念，特指在刑事设施内受刑者的处遇，也称矫正处遇。

19 世纪的犯罪人处遇观念，借助于刑罚个别化运动和行刑改革运动而得到发展。刑罚个别化运动，始于 1832 年法国以减轻刑罚为目标的刑法修改。加尔逊、萨累伊等刑法学者提出增加选择刑、放宽法定刑幅度、多设置裁量上的加重或减轻情节，以此放宽法官的裁量范围等主张。行刑改革运动，是在 19 世纪中叶鲁加等行刑学派推动下进行的。行刑学派在反省报应性和惩罚性的自由刑执行弊端的基础上，首次提出了受刑者处遇的观念。20 世纪推行

---

① ［美］哈伯特·L. 帕克：《刑事制裁的界限》，梁根林等译，法律出版社 2008 年版，第 24～26 页。

② ［意］恩里科·菲利：《实证派犯罪学》，郭建安译，中国人民公安大学出版社 2004 年版，第 98 页。

的第二次行刑改革，创造了累进处遇、集团疗法等一系列近代化的处遇方法。①

犯罪人处遇观念的普及始于1955年日内瓦召开的联合国第一届“关于预防犯罪及犯罪人处遇”大会。会议通过了《囚犯待遇最低限度标准准则》，将罪犯处遇作为“以罪犯的改造自新以及重返社会为目标的对应对象需要的处置”的含义在国际上得以固定下来。此时，犯罪人处遇的内涵有所扩展，处遇对象不仅包括在监狱设施内的成年受刑者，而且包括其他被收容者；处遇目标是罪犯的改造自新和重返社会。基于这样的理解，日本学者森下忠对犯罪人处遇所下的定义是：“宣告有罪而收容于设施内的受刑者或收容于少年院的少年，为防止再犯、纠正其人格、使其复归社会而从社会学的、刑事学的、教育学的、医疗的及心理的角度予以处置的总称。”②

随着处遇个别化观念的进一步贯彻，在矫正阶段之前的司法决定（裁判或审判）的阶段里，存在着怎样制裁犯罪人即处遇的选择问题，以及科处到什么程度的刑罚和处分，即决定处遇量的问题，上述两个问题就成为司法处遇的核心问题。为此，犯罪人处遇从矫正阶段的处遇向前延伸至司法阶段的处遇。此外，矫正期满的刑释人员回归社会后，面临一系列的困难，为使受刑者顺利复归社会，必须对其实施更生保护措施。在犯罪人处遇的观念里，应该有如今可称之为保护性处遇的一个领域。③ 于是，犯罪人处遇的观念又从矫正领域向后拓展到保护阶段的保护性处遇。因此，犯罪人处遇范畴在其发展的历史中，冲破了传统的刑罚论和刑事法治格局，逐步形成了融刑罚执行和教育、劳动、管理等监禁改造措施及出狱人保护为一体的全新概念。④ 基于以上分析，完整意义的犯罪人处遇，是指国家和社会为防止犯罪、以犯罪人的社会复归为目的，对犯罪

---

① 耿光明：《罪犯处遇论》，中国市场出版社2009年版，第36页。

② 转引自张志泉：《日本犯罪者处遇研究》，山东人民出版社2010年版，第18页。

③ ［日］森下忠：《犯罪者处遇》，白绿铉译，中国纺织出版社1994年版，第8页。

④ 夏宗素、耿光明：《罪犯处遇及其价值选择》，载《中国监狱学刊》2000年第2期。

人采取的各种处置和待遇的总称。

（二）犯罪人处遇的类型

1. 根据犯罪人处遇的实施主体，可以将犯罪人处遇分为国家性处遇和社会性处遇

国家性处遇是政治国家对犯罪人实施的制裁处遇，社会性处遇是市民社会团体对犯罪人实施的制裁处遇。国家行使的犯罪人处遇措施具有无须犯罪人同意和认可的强制性特征，体现国家具有的建构性特征；而社会力量进行的犯罪人处遇措施一般通过调解和协商机制，在各方社会力量认可的基础上进行，折射出社会自发性的特点。① 国家性处遇与社会性处遇在犯罪人处遇体系中由对抗走向合作的历程，实质上是与政治国家与市民社会二元分化的社会结构转型是同步的。

在人类社会早期，对付侵害行为（犯罪）的力量先是社会群体（血亲复仇），后来转为受害人个人（私人复仇）。及至国家产生，对付侵害行为（犯罪）逐渐有公权力的介入，最终完全由国家来掌控。此后，刑法运行以国家为本位，个人和社会群体完全退出了刑事公域。中国自秦汉以来就形成了政治国家一元化的社会结构。"1949 年以后，中国的社会整合是通过排斥、压抑、克服民间力量的形成，以国家为轴心的一元整合，民间力量及民间的各种诉求是处于一种被压抑的状态。国家一直试图把任何的社会、民间的力量纳入到自身的统一支配之中。"② 政治国家一元化的社会结构决定了我国传统的行刑处遇权力架构是国家性的，即行刑处遇领域的一切权力归属于国家，属于典型的"国家本位模式"。罪犯处遇长期以来一直由政府"独家经营"，主要的经营手段是政府作为单一主体提供监狱、警力等条件的监禁处遇，社会力量介入罪犯处遇的空间非常狭小。

伴随着市场经济的发展和壮大，市民社会逐渐从政治国家的桎

---

① 耿光明：《罪犯处遇论》，中国市场出版社 2009 年版，第 85 页。

② 李金：《从国家与民间力量的关系看中国的社会整合问题》，载《探索》2000 年第 3 期。

梏中解脱出来，并对政治国家形成制约，以防止国家权力过度侵入私有领域。在二元化的社会结构中，社会具有独立于国家的主体地位，在公共领域之外的私有领域发挥着作用。犯罪行为和越轨行为不仅侵犯和威胁到国家利益，也在一定程度上侵犯和威胁了社会利益，所以社会具有参与惩治和预防犯罪的积极性，并且也具备惩治和预防犯罪的现实性和可行性。[①] 于是，国家本位型犯罪控制和处遇模式日益受到挑战，"国家·社会"双本位型处遇模式获得了发育和生长的土壤。在"国家·社会"双本位模式下，国家控制和处置大部分犯罪行为，社会控制和处置一小部分轻罪行为和越轨行为。

2. 根据犯罪人处遇的实施阶段，可以将犯罪人处遇分为司法处遇、行刑处遇和制裁后处遇

犯罪人的司法处遇是指从羁押到裁判的整个刑事司法程序中的警察、检察及裁判阶段上的处遇，包括制裁措施适用和制裁变更，以及与制裁执行机关执行待遇处置方面的争议解决措施。

犯罪人的行刑处遇，是指在执行各种制裁措施中给予犯罪人的处置和待遇。包括：死刑立即执行过程中罪犯享有的刑前会见近亲属的权利以及受刑方式、遗体处理等处遇措施；自由刑行刑处遇根据处遇场所的不同可分为机构内处遇（矫正处遇）与社区处遇，前者是指在自由刑执行过程中为罪犯提供的监禁环境条件，罪犯劳动的报酬、保护及培训，罪犯教育以及监狱管理的分级处遇等；后者是指非监禁刑执行过程中罪犯应当获得的待遇或处置等。

犯罪人制裁后处遇，是指犯罪人被制裁完毕后的处遇措施，具体包括制裁消灭制度和出狱人保护等问题。制裁消灭在犯罪人处遇方面的体现主要是制裁执行时效制度，出狱人保护制度主要着眼于监禁处遇的罪犯在重返社会后的保障、帮助和救济问题。[②]

---

① 冯殿美、韩建祥：《社区矫正：刑事政策学的诠释》，载《犯罪研究》2004 年第 4 期。
② 耿光明：《罪犯处遇论》，中国市场出版社 2009 年版，第 86 页。

3. 根据犯罪人处遇的性质，可以将犯罪人处遇分为惩罚性处遇和恢复性处遇

法国社会学家涂尔干曾将法律对于犯罪人的制裁区分为惩罚性（或称压制性）制裁与恢复性制裁。惩罚性制裁是建立在痛苦之上的，它的目的就是要给犯罪人带来某方面的损害，使犯罪人感到痛苦。而恢复性制裁并不一定会给犯罪人带来多少痛苦，它的目的只在于将已经变得混乱不堪的关系重新恢复到正常状态。① 延续涂尔干的分类方法，我们可以将犯罪人处遇分为惩罚性处遇和恢复性处遇。惩罚性处遇以报应主义为其立论基础，强调犯罪是孤立的个人反对国家的斗争，因而其处遇主体主要是政治国家，处遇的主要手段是刑罚，通过刑罚的隔离和剥夺功能，来达致报应犯罪和惩罚犯罪人的处遇目的；而恢复性处遇秉持“犯罪是个人对个人之侵害”的犯罪观，社会力量在其中发挥主导作用，处遇的主要手段是赔偿、社区服务、生活帮扶等，最终达到教育犯罪人、愈合被害人和恢复社区安宁与信任的处遇目的。

在刑事制裁和犯罪人处遇的历史长河中，惩罚性处遇一直居于中心地位。但惩罚性处遇过分依赖刑罚的特质，也给现代社会带来了诸如监狱人满为患、监禁成本昂贵、“监狱化”等难以解决的问题。作为对犯罪的一种独特反应，恢复性处遇被视为是对传统刑事司法处遇的一个替代模式，尽管其目前只在少数欧美国家实施，但却代表了刑事处遇的未来发展趋势。

第二节　犯罪人处遇的历史嬗变

犯罪人处遇的演进史在一定程度上就是刑罚的进化史，而“整个刑罚史，从根本上看，就是一整套在特定的社会背景下关于权力、知识和人的躯体之间关系的发展变化的历史”。事实上，对于犯罪人处遇制度的每一次嬗变，都应该置于一个更为广阔的背景下加以考察。犯罪人处遇形态由中世纪以前的公开处决走向18世纪

① ［法］埃米尔·涂尔干：《社会分工论》，渠东译，三联书店2000年版，第32页。

的监禁，再由监禁处遇走向社区处遇，不仅是惩罚类型的转变，而应是一种权力策略的重新安排，按照法国学者福柯的话语表达，是一种“权力技术的革新”。[①]

一、从身体到灵魂：犯罪人处遇技术的变迁

传统社会理论、刑法理念把犯罪看作反社会行为，进而把罪犯看成不适应社会生活的敌人加以排斥和拒绝，将之恶魔化、去社会身份化。此种理论在实践中的贯彻路径有两条：一是个体被社会消灭——对罪犯执行死刑；二是把罪犯抛弃到其他生存单位——流放。[②]

（一）生命刑和肉体刑：权力以酷刑和公开的仪式对付肉体

回放刑罚演进史，在18世纪以前的东方和西方，受报复和威慑理念的影响，刑罚主要以身体刑与公开展示为主要形式存在，使罪犯蒙羞和肉体遭受痛苦是罪犯处遇的目标。处遇形态以暴力的、展示的、个人的、无限制的、不连贯的和无规则的方式运作，具体体现为受折磨的肉体，制造过度痛苦和公开运用于肉体的羞辱仪式。[③] 从历史记载的文献看，我国在五帝时，就有死刑和肉刑。形成于夏朝的奴隶制“五刑”——墨、劓、剕、宫、大辟，除大辟是死刑外，其余均为肉刑。西汉初年，文帝和景帝进行刑制改革，以劳役刑、笞刑及死刑取代了墨、劓和宫刑等肉刑，初步废除了夏商以来在中国施行了近两千年的残人肢体的肉刑。及至隋唐时期，制定了笞、杖、徒、流、死五刑，形成了以徒刑和流刑为中心的封建刑罚体系，但肉刑仍占有一定的比例，在刑罚适用中继续发挥着重要作用。

在英国和欧洲，惩罚的执行是在集市的广场，目的是使大家能

---

① 葛磊：《社区矫正性质的初步考察》，载陈兴良主编：《刑事法评论》（第18卷），北京大学出版社2006年版，第613页。

② 高艳东：《从仇恨到接纳罪犯：个人与社会立场间的刑法抉择》，载《环球法律评论》2006年第3期。

③ 葛磊：《社区矫正性质的初步考察》，载陈兴良主编：《刑事法评论》（第18卷），北京大学出版社2006年版，第613页。

看到，以增强刑罚的威慑力。普遍使用的肉刑包括鞭打、截肢和烙印，死刑是对许多重罪犯普遍使用的判决。在 1508 年至 1547 年间，英国共有 7.2 万人被绞死，截肢包括砍去手或手指，撕裂鼻孔内壁，割掉耳朵，目的是使公众易于辨认。[①]

综上所述，在报复和威慑为刑罚理念的时代，生命刑和肉体刑大行其道，犯罪人处遇充斥着野蛮和残酷——正如后世学者们所诟病的那样，那是一种无理性、无制约的暴力运用。但事实并非如此，酷刑作为公共景观，是古代的惩罚权力所采用的技术。这是一种精心安排、精心实施的策略，具有特殊的、广泛的社会功能。首先，公开的惩罚是发现司法真理、获取有关知识的过程。公开的刑罚表演体现了一种审判程序和执行程序的综合，在酷刑的执行过程中通过罪犯的忏悔向观众展示审判过程，使犯罪的真相得以揭示。公开酷刑使真相与惩罚的仪式同步进行，被拷打的肉体既是施加惩罚的对象，又是强行获取事实真相的地方。至此，从司法拷问到处决执行，肉体一再产生或复制犯罪的真相，更确切地说，它是整个仪式和审问中的一个因素：供认罪行，承认被告人的确犯有这种罪行，显示被告是用自己的人身来承担这种罪行，支撑惩罚的运作并用最醒目的方式展现惩罚的效果。肉体受到多次折磨，从而成为一个承担着行为现实和调查结果、诉讼文件和罪犯陈述、犯罪和惩罚的综合体。其次，公开处决具有政治——司法功能。犯罪不仅直接侵犯了受害者的利益，而且还冒犯了君主。因此，刑罚不仅是对罪犯的报复，而且是重建一时受到伤害的君权的仪式。它在众目睽睽之下对使君权受辱的犯罪施展无坚不摧的力量。其宗旨与其说是重建某种平衡，不如说是将胆敢蹂躏法律的臣民与展示其威力的全权君主之间的悬殊对比发展到极致。公开处决并不是重建正义，而是重振权力。公开处决的残忍性、展示性、暴力性，力量悬殊的演示，精细的仪式，总之，它的全部机能都蕴藏在刑法制度的政治功

① 潘国和、罗伯特·麦尔：《美国矫正制度概述》，华东师范大学出版社 1997 年版，第 24 页。

能中。[①]

（二）流放：自由与监禁的奇怪结合

流放的早期形式是驱逐，即将罪犯从氏族或部落中驱除出去。驱逐犯罪人于社会之外的刑罚实践具有悠久的历史，“从最初罗马建城的时代开始，犯罪者被从城邦中分离出来”。早期的日耳曼刑法中，有时也把犯人从部落中驱逐出去。[②] 放逐之所以成为罪犯的原始处遇，主要是基于其两大优点：其一，放逐是一种非常有效易行的刑罚，它便宜、省时并有效，它还具有象征性的意义，它能与宗教的涤罪仪礼相联系，蕴含着那些不适合社区的人应被驱逐出去的意义。它还可以与世俗的权力相联系，放逐被描绘为一种死亡，因为罪犯将失去君主或政府的保护。它加强了忠于君主以获得保护的需要。其二，放逐的不确定性——放逐的命运无法预料，它是自由和监禁的奇怪结合，其情况犹如下面所描述的船载精神病人放逐的情景：“载着人们漂向那无法确定的命运；在水上，我们的命运掌握在自己手里；每一次装载都可能是最后一次；我们被关在船上，无人可以脱逃。疯子被数千次丢进了水里。大海展开着千万条道路，它是一个最自由、最开放、也是最广阔的监狱。它也是囚徒的通行路程。我们不知道将在什么地方靠岸……”[③]

正是由于放逐的便宜性和不确定性，流放成为古代社会经常采用的刑罚方式之一。后来，随着宗主国不断拓展海外殖民地，放逐就演变为集体流放，大量罪犯被遣送到未开发地区，从事拓荒苦役。在人口稠密的欧洲，流放帮助其实现了新大陆的殖民地化。作为新兴的资本主义国家，英格兰在 1606 年向弗吉尼亚殖民地流放犯人，美国独立后，澳大利亚成为流放犯人的新选择。从 1787 年

---

① ［法］米歇尔·福柯：《规训与惩罚》，刘北成、杨远婴译，三联书店 2003 年版，第 54 页。

② 高艳东：《从仇恨到接纳罪犯：个人与社会立场间的刑法抉择》，载《环球法律评论》2006 年第 3 期。

③ ［美］理查德·霍金斯、杰弗里·P. 阿尔珀特：《美国监狱制度：刑罚与正义》，孙晓雳等译，中国人民公安大学出版社 1991 年版，第 8 页。

以后的80年间，共有16万犯人被流放到澳大利亚。[①] 法国在1854年以前一直把阿尔及利亚作为流放犯人的地方，此后则转向圭亚那。在沙俄时代，寒冷、荒凉的西伯利亚一直是俄国用以流放罪犯的上乘之地。

流放在我国称为流刑，它是古代封建制五刑之一，其严厉性仅次于死刑。流放在我国有悠远的历史，早在秦朝以前就有流放的萌芽，但它和后世作为五刑之一且仅次于死刑的流刑并不相同。上古的流放，罪犯或政敌要被驱逐出国门。但是后世的流放则是将犯罪者放逐到本国控制范围内的边远地区，而非国门之外。另外，先秦的流放刑罚主要针对政敌，但是使用并不普遍，而后世的流放则比较普遍。[②]

流刑正式进入法典是在北朝时期，北朝诸代统治者总结了迁徙刑施用七百余年的经验，将“赦死从流”确定为量刑原则，流刑制度正式形成，成为封建制五刑中介于死刑和徒形之间的常刑。这在中国刑罚史上具有里程碑的意义，它标志着肉刑被彻底抛弃，表明着刑罚从重到轻的进化规律，也体现了人类从野蛮逐渐走向文明。[③]

流刑在后世又经历了多次演变，宋、元、明、清四代统治者对流刑制度进行变革，创设了多种新的形式，如宋朝的折杖法和刺配法，元朝的“新流刑”，明代的口外为民与充军，以及清代的发遣刑。

俗话说：“成也萧何，败也萧何。”当初新兴殖民地对劳动力的需求是流放作为一种刑罚方式兴起的主要原因。但后来，宗主国对掌握技能的劳动力的需求，导致流放渐趋式微。此外，随着殖民运动的兴起，殖民地的自由民担心大量流放犯人会冲击自己的高薪，于是，他们联合起来抵制宗主国流放犯人至殖民地的做法。于是，流放走到历史的尽头，并逐渐被监禁取而代之。在中国，流刑存续

---

① 潘国和、罗伯特·麦尔：《美国矫正制度概述》，华东师范大学出版社1997年版，第23页。

② 罗翔：《中华刑罚发达史》，中国法制出版社2006年版，第82~83页。

③ 罗翔：《中华刑罚发达史》，中国法制出版社2006年版，第88页。

了数千年，直到清末修律，流刑制度才彻底地被扔进了历史的垃圾箱。

（三）监禁：对罪犯灵魂的规训

监禁刑（徒刑）在中西刑罚史上具有不同的渊源、嬗变轨迹。在中华法系刑罚演进史上，监禁刑具有悠久的历史。中国古代的监禁刑最初是劳役刑，其源自西周的圜土制。据《周礼·秋官·大司寇》记载："以圜土聚数罢民，凡害人者，置之圜土而施职事焉，以明刑耻之，其能改过，反于中国；不齿三年，其不能改而出圜土者，杀。"可见，圜土关押的对象是罪行轻微不足以处五刑的已决犯。圜土制在监禁罪犯的基础上强制其服劳役，甚至有一定的教化改造的内容，已经初具近代监狱的某些基本职能。[①] 圜土制度的产生，体现了西周统治者"明德慎刑"的思想和政策。它以强制劳役、束缚自由、加以耻辱的方式作为"德教"的手段，为后世徒刑的产生和发展奠定了基础，可以说西周时期"圜土"的诞生是中国古代刑罚文明和犯罪人处遇制度创新的一个标志。[②]

秦汉时期，劳役刑的名目日趋繁多，根据罪行轻重的不同标准，计有城旦、舂、鬼薪、白粲、隶妾、司寇、候、罚作等，刑期一般是1～6年。当时的劳役刑，虽然实质都有剥夺自由和期限确定的特点，但总体而言还不能称之为现代意义的徒刑，因为其从内容上更多地体现为一种奴役性的惩罚劳动，在适用时往往还附加鞭刑、笞刑或杖刑；另外，其执行场所不固定，服刑地点多半是边关、建筑工地、城堡等。

三国曹魏时期，劳役刑又有了新的发展，表现在把"髡钳"作为区分劳役刑轻重的一种标准。劳役刑正式使用徒刑之名是在北周，徒刑位列五刑第三等，基本奠定了其在五刑中的地位，这种格局为隋唐所沿用，直至清末。值得注意的是，这种徒刑虽然以剥夺罪犯自由为其主要内容，但往往以一定数量的笞刑与杖刑为附加

---

① 冯卫国：《行刑社会化研究》，北京大学出版社2003年版，第12页。

② 廖斌：《监禁刑现代化研究》，法律出版社2008年版，第11页。

刑，因而是一种以身体刑为前提的剥夺自由刑。徒刑的执行亦主要以肉体惩罚、精神折磨与造成恐怖效果为基本特征，而没有现代刑事政策意义上的教化与改造的功能，因而与现代自由刑形同而实异。①

一般认为，在西方，自由刑的发展轨迹，萌芽于16世纪至17世纪前半期，而作为一项刑罚制度得以确立则是在18世纪。德国刑事政策学大师李斯特曾指出："以教育、矫正、再社会化为目的的现代意义上的自由刑始见于16世纪以后的刑罚史。"② 1559年在荷兰首都阿姆斯特丹设立的收容男性罪犯的劳役场和1595年设立的专门收容女性罪犯的纺织所，标志着现代自由刑的滥觞。随后，在荷兰的影响下，德国于17世纪也逐步在汉堡、柏林以及南部各地建立了类似的劳役场与纺织所。在这些最初的监狱里，剥夺自由首次被上升为刑罚要素，犯人劳动被有意识地作为教育工具来使用，而不再被视为身体上的痛苦或对生命的消失。③ 作为最早的监狱，尽管其以"勿怕，吾并非对汝恶行加以报复，而是将汝导于善，吾手虽严，但吾心乃亲切"④ 为行刑宗旨，但在当时的历史条件下，行刑理念并没有跳出报应刑观念的樊篱，教育矫正缺乏坚实的理论基础，导致自由刑所追求的教育和矫正思想，无法真正得以贯彻执行。

"再次给予自由刑所追求的教育和矫正思想以统治地位，是18世纪后25年来兴起的国际监狱改革运动的目的。"⑤ 从18世纪末开始，欧洲的许多国家渐次进入刑事司法的新时代，建立起一套

① 梁根林：《刑事制裁：方式与选择》，法律出版社2006年版，第203页。

② ［德］弗兰茨·冯·李斯特：《德国刑法教科书》，徐久生译，法律出版社2000年版，第417页。

③ ［德］弗兰茨·冯·李斯特：《德国刑法教科书》，徐久生译，法律出版社2000年版，第418页。

④ 转引自张甘妹：《刑事政策》，台湾三民书局1997年版，第276页。

⑤ ［德］弗兰茨·冯·李斯特：《德国刑法教科书》，徐久生译，法律出版社2000年版，第419页。

新的罪犯处遇体系，并在如下方面作出重大变革[1]：（1）取消酷刑，取消对肉体的残暴性惩罚，转向对犯人乃至整个人类的精神性惩罚与奴役；（2）刑罚作用点转移到与肉体紧密相关的灵魂之上；（3）刑罚日益变得有章可循。

监禁这种观念最初受到了许多法学家和法律改革家的严厉批评：因为监禁被认为是专制主义的一个形象，是“常规司法”之外体现君主专横意志的镇压实践；监狱也被认为是一个幽晦之所，充满暴力和不公正。然而，刑罚改革之后短短20多年间，到19世纪早期，监禁即已如同当代社会一样覆盖了从死刑到轻微刑罚之间所有的惩罚范围。[2] 法国学者福柯曾经对以监禁为要素的现代自由刑给予罪犯处遇所带来的深刻变化进行过精辟的阐述。福柯认为，以监狱为载体的现代自由刑的诞生，不仅标志着刑罚的客体从人的躯体转向人的灵魂或精神，还表现为刑罚的目的从对犯罪的报复转向对罪犯的矫正，刑罚不再以造成肉体的恐怖效果、满足报复情感为宗旨，而致力于对罪犯本人的关心、对犯罪根源的探求以及以此为基础的对罪犯的改造。肉体痛苦不再是刑罚的一种构成因素，惩罚从一种制造无法忍受的感觉的技术变为一种暂时剥夺权利的学问。如果说法律依然有必要触及和操纵罪犯的人身，那么将保持一定的距离，采用恰当的方式，遵循严格的规定，并具有十分“高尚”的目的。由于这种新的强制方式，刑吏这种痛苦的直接制造者被一个技术大军所取代，包括监狱看守、医生、牧师、精神医生、心理学家、教育学家等。他们作为慈善事业的代表和痛苦的安慰者与那些执行死刑的人共同工作。[3] 在福柯看来，自由刑的推广和监狱的普遍设立，不仅意味着刑罚严峻性的降低和刑罚目标的转向，不仅意味着一种数量现象，即更少的残忍、更少的痛苦、更多的仁爱、更多的尊重、更多的人道，而且更重要的是与这些变化伴随的惩罚运

① 张之沧：《论福柯的“规训与惩罚”》，载《江苏社会科学》2004年第4期。

② 胡水君：《惩罚的合理性——福柯对人道主义的批判分析》，载《环球法律评论》2006年第2期。

③ ［法］福柯：《规训与惩罚》，刘北成、杨远婴译，三联书店1999年版，第12页。

作对象的置换。曾经降临于肉体的死亡被代之以深入心灵的、思想、意志和欲求的惩罚。[①] 可以说，自由刑的诞生是一种新的控制与塑造人的权力控制和知识型的产生，其实质是从单纯对肉体的控制到一种使身体受制于灵魂控制。在这种表面上是人道的"刑罚进化"中，背后所隐含的是一种精心计算的惩罚权力经济学，是为了建立一个控制得更为有效的而不是更为公正的惩罚机制。[②] 总之，以监狱为载体的监禁刑的产生，使得惩罚不仅作用于服刑人的身体，更要触及其灵魂。"这是一种深刻的征服，而不是表面的驯服。"

二、从狱内到社区：犯罪人处遇场所的迁移

自由刑曾被誉为近代刑罚之花而受到普遍青睐。在其确立之初，人们普遍对自由刑寄予厚望，对监狱的矫正作用充满了乐观，将监狱视为一个改造罪犯的理想场所。但是，监狱行刑200多年的历史证明，监狱矫正事实上并没有取得人们预想的刑事政策效果。相反，以改造罪犯为目的的监狱却往往成为滋生犯罪的温床、生产累犯的工厂。以矫正、改善罪犯为目的的监禁处遇导致了罪犯恶习进一步加深的结果，监禁处遇陷入了诸如复归理想与复归效果的矛盾、一般威慑与犯罪现实的矛盾、判决刑期与判决目标的矛盾、监狱目标与监狱经济的矛盾等难以自拔的困境。[③]

正是在对监狱矫正负面效应的检视中，同时也是为了解决现代自由、多元和开放社会中监禁刑的目标与过程的悖论导致监狱行刑效能低下，尤其是罪犯"监狱化"的难题，许多国家开始探寻缓和传统自由刑及其行刑处遇方式的缺陷之可能路径，这种努力在当代最重要的发展就是与社区服务、赔偿等新型刑罚替代措施以及缓刑、假释等刑罚制度相联系的、以强调"在监狱外"或"不用监狱"对罪犯进行矫正为特征的社区矫正。对社区矫正的刑事政策意

① ［法］福柯：《规训与惩罚》，刘北成、杨远婴译，三联书店1999年版，第17页。

② 葛磊：《刑事制裁体系近代化论纲》，北京大学2007年博士学位论文，第14页。

③ 李贵方：《自由刑比较研究》，吉林人民出版社1992年版，第352～362页。

义，我国学者给予了高度评价，认为“自由刑的行刑处遇模式从以监狱矫正为中心到监狱矫正与非监禁的社区矫正双管齐下的演进，已经成为世界性刑罚改革运动中自由刑及其行刑处遇模式转变的最引人注目的潮流”。[①]

社区矫正是与监狱矫正相对的行刑方式与罪犯处遇模式。在世界范围内，社区矫正滥觞于“二战”后的美国。随着“轻轻重重”两极化刑事政策在许多西方国家的推行以及行刑社会化理念被越来越多的西方民众所接受，社区矫正实际上已经超越监狱矫正，成为适用频率更高、更具发展前景的一种行刑处遇模式。囿于我国法律文化传统以及刑罚制度的特点，社区矫正在我国的定位与西方国家有所不同，西方国家的社区矫正制度是作为预防犯罪的社会辅助措施发展起来的，而我国目前则将其定位为一种非监禁刑罚执行活动。按照官方的定义，社区矫正是将人身危险性较小、无须监禁的罪犯置于社区内，由专门的国家机关在相关社会团体、民间组织以及志愿者的协助下，矫正其犯罪心理和行为恶习，并促进其顺利回归社会的非监禁性刑罚执行活动。

三、从被动到主动：犯罪人处遇构造的转型[②]

（一）生活条件型构造

在罪犯处遇历史的早期，受旧的刑罚思想和处遇理念的制约，服刑罪犯的处遇基本上是一种维持生存型的，即以监狱安全为核心，保证监狱秩序的安全、服刑罪犯的人身安全和基本生活条件供给为内容。与此相适应，早期处遇的构造是社会条件型构造，即处遇的核心是服刑罪犯生活条件的维持和保证，主要集中在衣食住方面。

（二）权利义务型构造

近代以来，随着人道主义、人权运动和反对酷刑的呼声日隆，社会对关押的罪犯处遇情况给予前所未有的关注，相继发布了一系

---

① 梁根林：《刑事制裁：方式与选择》，法律出版社 2006 年版，第 223 页。

② 参见王泰：《现代监狱制度》，法律出版社 2003 年版，第 169 ~ 170 页。

列保护服刑罪犯权益的文件、宣言、法律。为此，狱政机关在力所能及的范围内，致力于改善罪犯的处遇情况。这时的处遇类型，可以概括为“被动义务型”。契合被动义务型处遇，处遇的核心内容在保障罪犯生存基础上推向权利义务型构造，即保障服刑罪犯的人格权利、法定权益，反对酷刑、反对刑讯逼供、反对肉刑虐待等权利保障成为处遇的重点内容。

（三）综合矫正手段型构造

随着矫正罪犯观提出、积极主义行刑居主导地位以后，处遇问题不但受到前所未有的重视，而且成为行刑机关抓紧服刑罪犯正处在监狱控制的有利时机，主动去做服刑罪犯矫正工作的重要手段。处遇有了积极主动的功利目的，改造服刑罪犯使之重返社会成为处遇的终极目标。为达此目标，行刑机关开始综合利用各种科学手段，设计和完善有一定矫正效能的处遇，处遇开始走上科学化的轨道。此时的处遇类型，可以称为现代科学型或主动功利型。现代科学型处遇的内容除了保障罪犯生存条件、保障其基本权利之外，加入了心理学、教育学、社会学、医学等新的元素，以综合性矫正手段充实处遇的内容，使处遇能产生激励罪犯积极改造的功效。这时的处遇核心，应当称为综合矫正手段型构造。

第三节　犯罪人处遇的模式选择

处遇模式，是指以促使犯罪人重返社会为宗旨，通过犯罪人的良好表现和矫正目标的实现，获得特别待遇的样式。由于受特定的物质生活条件、认识水平和实践能力的影响和制约，以及不同时期刑罚思想、理念和不同国度设定的犯罪人处遇价值元素和目标的桎梏，在犯罪人处遇的历史舞台上先后上演了色彩纷呈的剧目，有古典和新古典的惩罚模式，有实证学派的康复模式、重新回归模式、监狱人道主义模式等。[①] 本节依据犯罪人处遇所选择的理念和价值目标对犯罪人处遇的模式进行探讨。

---

① 左卫民、宗建文：《论监禁处遇》，载《法律科学》1994 年第 2 期。

一、基于理念选择的犯罪人处遇模式[①]

（一）基于宗教理念的处遇模式

这种处遇模式试图通过灌输特定的宗教理念、培养一定的宗教信仰来达到改造犯罪人的目标，靠宗教的力量改变犯罪人的人格和行为，进而使其不再犯罪。基于宗教理念的处遇模式盛行于18世纪90年代至19世纪70年代的美国。当时，以基督教教友派教徒为中心，掀起了废除身体刑及普及拘禁刑的监狱改良运动。他们按照自己的宗教观发明并推广了一种称作“惩治监”的处遇方式。按照“惩治监”原理，对受刑人首先进行高度的隔离、科以严格的纪律，在此基础上施以宗教教育，促使受刑人自我悔悟，以此达到矫治的目的。“惩治监”又可分为“宾夕法尼亚制”和“奥本制”两种。“宾夕法尼亚制”又称为“独居制”，强调严格隔离和自我反省，不分昼夜地将受刑人关押在独房中，除圣书外不得接触任何东西。尽管独居制监狱具有杜绝罪犯之间交叉感染的优势，但其弊端也十分明显，对此马克思有过中肯而又精妙的评述：“使人与外界隔离和强迫其陷于精神上的极度孤立，法律的惩罚与神学的冷酷相结合——在独身禁闭的制度中得到彻底的完善和表现。”[②] 于是，独居制趋于式微。“奥本制”因在纽约的奥本监狱创立而得名，奥本制力图避免“宾夕法尼亚制”的严重缺陷，又想继承“宾夕法尼亚制”的“有效防止交叉感染和恃强凌弱，使服刑罪犯在静默中反省”的长处。所以，奥本制的基本内容是：“罪犯昼间集中沉默劳动+罪犯夜间分房独居一室。”[③] 由于“奥本制”的管理特点是以沉默来达到建立秩序的目的，故又称为沉默制。奥本制克服了独居制的某些缺陷，因“造价低、犯人劳动创利高”而被美国许多州仿效，成为美国监狱制度的主要模式。

---

① 参见王云海：《监狱行刑的法理》，中国人民大学出版社2010年版，第76～77页。

② 转引自夏宗素主编：《狱政法律问题研究》，法律出版社1997年版，第50页。

③ 王泰：《现代监狱制度》，法律出版社2003年版，第81页。

（二）基于文化理念的处遇模式

这种处遇模式以社会上的文化道德及民间习惯作为处遇犯罪人的基础，试图通过教化或培养民间的文化道德观来改变犯罪人的意识和行为方式，使其遵纪守法、不再犯罪。这种处遇模式发端于“二战”后的日本，其文化构成了社会的基础和最基本的社会力量，利用文化手段进行处遇，将文化上的价值作为行刑处遇的目标。日本文化的精髓是：“社会等类化”、“各个人对自我位置的认知和忍受”及“互惠性绝对支配服从关系的顺从”。基于文化的视角，日本认为受刑人之所以犯罪，是因为没有确切理解、接受和顺从日本文化，是对文化的违反。因此，对于受刑人来讲，被判处有罪并被科处刑罚这一事实不仅是一种法律制裁，更是一种文化性定位，意味着受刑人成为位于社会边缘和日本文化最底部的“等类”（存在）。行刑处遇首先就是要使受刑人认识和认知自己的这种地位，在此前提下对受刑人进行顺从文化意义上的绝对支配服从关系的教育和训练，对凡认识、认知和顺从了这种文化关系的受刑人均予以恩惠。①

（三）基于教育理念的处遇模式

所谓“基于教育理念的处遇模式”，是指视教育原理为处遇的基础，以文化教育为处遇的内容，试图通过提高受刑人的文化修养、知识水平、职业技术来实现矫治受刑人、使其回归社会目标的处遇模式。澳大利亚学者鲍博·塞蒙斯认为，在民主社会中，行刑制度中的教育与一般的教育制度没有任何差别，也就是说，它同样是受教育者对于社会的经济、政治、文化和社会生活的负有责任感的平等参与。② 此论是对基于教育理念的处遇模式的最好诠释。在这种处遇模式下，监狱被视为与普通的学校具有同质性，被视为“特殊学校”；处遇被认为与教育活动相同，文化教育和职业训练构

① 王云海：《监狱行刑的法理》，中国人民大学出版社 2010 年版，第 42 页。

② ［澳］鲍博·塞蒙斯：《矫正教育与社会整合》，载许章润等主编：《法律：理性与历史》，中国法制出版社 2000 年版，第 431 页。

成处遇实践的主要内容。

这种教育式处遇模式见诸大多数国家的处遇实践，虽然“看起来很美”，但有其很大的局限性，只能在国家或社会能够承担得起的范围内，以少年犯和少数成年犯为对象实施。

（四）基于医学理念的处遇模式

基于医学理念的处遇模式被称为“医疗模式”，存在于1870年至1960年的美国处遇实践中。医疗模式的最大特点是将医学上的理论和实践经验运用到了司法矫正领域内。医疗模式的产生与美国医学技术的发展以及受奥地利弗洛伊德精神分析理论的影响有关。它的基本出发点是认为“犯罪是一种疾病”，所以应该像对待病人一样，对犯罪人进行“治疗”。从这一基本点出发，医疗模式提出了一整套刑事司法体制改革的设想：（1）犯罪人分类制度。由于犯罪是一种疾病，因而同治疗一般病人一样，在矫正犯罪人时，也必须对其进行“分类”、“诊断”，为此需要建立起一套科学的犯罪人分类制度。（2）不定期刑制度。由于治愈的时间事先无法确定，对犯罪人应判不定期刑而不是定期刑。（3）假释制度。由于疾病一旦治愈就应停止治疗，因而对于已经矫正而恢复正常的犯罪人，就应立即予以释放。但为了观察病愈的情况，又应设立假释制度，以便能将又发病的犯罪人重新收容起来进行再矫正。

医疗模式对犯罪学理论的贡献，是提出了以社会复归（Rehabilitation）为目的的改善主义刑罚思想。社会复归意为病人经治疗后恢复正常，医疗模式将此词导入犯罪学领域，以表示对犯罪人矫正的目的，只是为了改变其人格上的缺陷，并不是为了对其惩罚和“报应”，也并非将犯罪人和社会彻底隔离。其理论出发点是相信人是可以改善的，只是对犯罪人需要经过科学方法的治疗和矫正。因此，医疗模式又被称为社会复归模式。①

医疗模式在20世纪70年代开始衰退，原因是医疗模式并未收到预期的矫治效果。正如美国学者麦克纳马拉在1977年发表文章

① 杜建人：《现代美国犯罪者处遇的理论及其变迁》，载《政治与法律》1995年第3期。

认为，医学模式的基本假设就是它的基本缺陷——医学模式认为，犯罪人是“病人”，但是在事实上，犯罪人是像大多数非犯罪人那样的“正常人”，犯罪人与非犯罪人的差别在于，犯罪人是社会化不足的人，他们被迫生活在遭受虐待、残忍、歧视和剥削的社会中，因此，那些教育计划、职业培训计划或保健治疗都不会产生真正的“疗效”，因为他们不可能消除经过二三十年形成的反社会条件反射。①

（五）基于政治理念的处遇模式

该种模式的特点是：以特定的政治原理作为处遇的基础，以此为根据确定处遇的方法和内容，试图提高受刑人的特定政治意识，从而致使受刑人回归社会、不再重新犯罪的处遇目标。众所周知，我国长期以来一直称行刑为“劳动改造”，可以说，“劳动改造”是一种基于政治理念的处遇理论与方法。因为“劳动改造”具有十分完备的理论体系，它以唯物论和辩证法为其哲学基础，从私有制和阶级的观点解释犯罪原因，将行刑（处遇）视为劳动阶级负有的改造人类和社会的政治使命的一部分。从这种原因论、使命论出发，将“劳动”作为处遇犯罪人的最基本手段和内容，通过劳动使受刑人认识和掌握社会主流价值和意识，从而将其改造成为社会的新人。

二、基于价值导向的犯罪人处遇模式

（一）惩罚本位模式

惩罚模式又称威慑模式，其正当性根基是源于自由意志决定论的犯罪观和因果报应的刑罚观。刑事古典学派将犯罪视为行为人自由意志的产物，认为人是理性主体，有选择自己行为方式的自由和能力，应当对自己的选择承担责任。基于自由意志决定论的犯罪观，理所当然地引申出因果报应的刑罚观。在古典学派学者看来，善因有善果，恶因有恶果。刑罚是对犯罪人错误选择的一种报应，

① D. E. J. Mcnamara, The medical model in correction: Requiescat in pace, Criminology, 14 (1977): 441.

犯罪人受到惩罚是罪有应得、咎由自取。惩罚模式具有以下特点：

第一，价值目标的唯一性。惩罚模式把惩罚这一价值元素作为唯一的、根本的价值目标，重视发挥国家刑罚权对罪犯的震慑、威吓作用。惩罚模式试图通过确定的刑罚威慑控制犯罪，其设想的基本路径是：惩罚——恐惧——因恐惧而选择合法行为。

第二，以剥夺罪犯权利为主要的处遇措施。与其他刑种相比，监禁刑以剥夺罪犯的人身自由为其要素和显著特征。罪犯被剥夺人身自由，这被认为是其用犯罪“挣”来的，因而是正当的，也是毋庸置疑的。问题的关键是除了人身自由以外，罪犯的其他权利是否被承认和尊重，对此，惩罚模式持否定的态度。1871 年美国弗吉尼亚法院的一个判决指出：作为犯人的犯罪结果，（他）不仅丧失了其自由，而且除了法律基于人道考虑给予他的权利以外，还要丧失全部个人权利，他在这个时期是这个州的奴隶。这种观点虽失之偏颇，但在相当长的时期内颇为流行，反映出惩罚模式对罪犯权利的剥夺和极端漠视。[①]

第三，犯罪人处遇手段单一。刑罚成为犯罪人处遇手段体系的中心，劳动处遇因偏重发挥其惩罚功能而成为刑罚的附加，狱政管理则极力营造和渲染恐怖、黑暗的环境氛围，最大限度地发挥惩罚效果，受刑人教育处于萌芽状态，若有若无。[②]

第四，监管行政机关与处遇对象法律地位不对等。受 19 世纪德国特别权力关系理论的影响，人们把监狱领域视为特别权力关系的典型。行刑机关对受刑人居于支配的地位，它掌管着整个处遇活动的主动权。为维持和控制监管秩序，狱政机关可以以内部规则的方式限制受刑人的自由权利，享有对受刑人的总括性命令支配权，有权选择对受刑人采取何种惩戒措施，决定是否满足其申诉请求。与行刑机关的强势地位相比，受刑人则明显处于弱势地位，属于被处置的对象，其权利受到侵犯和限制时无法获得司法救济。

---

① 左卫民、宗建文：《论监禁处遇》，载《法律科学》1994 年第 2 期。

② 夏宗素、耿光明：《论罪犯处遇及其价值选择》，载《中国监狱学刊》2000 年第 2 期。

（二）矫正本位模式

矫正模式随着刑事实证学派的勃兴而盛行于19世纪末至20世纪中叶。矫正本位模式的产生，得益于犯罪理论研究的深入和人权思想的滥觞。首先，行为决定论认为，“犯罪并非意志力的趋势，而是个人长期或暂时处于自然环境、道德条件下，内部和外部的因果链条使他们倾向于犯罪”，“任何足以使人类社会不诚实、不完全满意的社会条件，都是引起犯罪的社会因素”①。既然犯罪并非犯罪人自身因素所唯一决定的，其他社会的和个人的因素也负有不可推卸的责任，那么，犯罪人仍应受到尊重，保证犯罪人的基本人权为改造犯罪人所必需。因此，行为决定论为犯罪人打开争取权利的大门提供了理论武器。其次，人权哲学成为犯罪人争取权利的精神动因。矫正模式接受现代人权哲学的基本价值，强调人的合理性和目的性。意图通过犯罪人处遇的人道化，赋予犯罪人更多的权利，促使其心灵升华，改恶从善。② 矫正模式由于在如何对犯罪人实施矫正的侧重点不同而分为若干具体模式，其中具有一定影响的有医疗模式和重新回归模式。矫正模式具有如下特点：

第一，价值目标的多元性。矫正模式以教育和矫正犯罪人、促其改恶从善、回归社会为价值目标。矫正模式注意到了一味的惩罚难以达到减少犯罪的目标，认识到强制力最高的刑罚对预防、控制和减少犯罪的作用微乎其微。在教育刑理念的指导下，刑罚执行从消极的监禁演进到积极的矫正，从单纯的报应与威吓演进到注重罪犯的再社会化进程。

第二，尊重并给予罪犯尽可能多的权利，调动罪犯积极改悔的主动性。矫正模式的理论主张，监禁刑仅仅是剥夺罪犯的人身自由，罪犯的其他权利和自由应当尽可能得到尊重和承认，从而逐渐恢复他们的自信心，提高其自律性，为将来复归社会创造条件。所

---

① ［意］恩里科·菲利：《实证派犯罪学》，郭建安译，中国人民公安大学出版社2004年版，第18页。

② 耿光明：《罪犯处遇论》，中国市场出版社2009年版，第96页。

以，监禁处遇应当尽可能避免让罪犯感受到自己与正常人的权利差距，从而产生失落感和抵触情绪，为其复归社会设置障碍。①

第三，处遇手段的个别化。罪犯处遇的核心是“以罪犯的重返社会为目的，分别考虑个人的性格进行处理”。它具体是以“处遇个别化”的要求体现出来的。因为罪犯的个体情况千差万别，为了实现其回归社会的价值目标，就必须针对不同罪犯的个体差异，有的放矢地提出矫正不同的方案。所以，各国推进罪犯处遇的模式虽不完全相同，但对个别化原则的推崇却是一致的。个别化是罪犯处遇制度中的关键词。罪犯处遇个别化始于犯罪人的分类，在此基础上实施累进处遇，根据罪犯的服刑表现，渐次改变其行刑处遇，以达激励罪犯改过自新的终极目的。

第四，监管行政机关与处遇对象法律地位的相对平等性。与惩罚模式的单向度运行不同，矫正过程是一个双向互动的过程，矫正目标的实现，取决于矫正者与矫正对象形成“双边合力”，即监狱行刑当局与犯人之间的合作。因此，矫正模式下，狱政机关的惩罚权力受到一定的限制，罪犯除丧失人身自由外，其他“残存的权利”可通过一定的途径得到救济。

（三）改造本位模式

改造本位模式是新中国成立后形成的具有中国特色的罪犯处遇模式。改造，是贯穿新中国行刑理论与实践的一个内涵极其丰富的法律概念。所谓改造，是指行刑机关在执行刑罚的过程中，通过狱政管理、教育改造、劳动改造等手段，转化罪犯思想，矫正恶习，培养其文化素质和社会生活技能，使罪犯成为守法公民和自食其力劳动者的活动。改造本位模式在特定历史时期全社会崇尚体力劳动的理想氛围的历史背景下，以计划经济体制所保障、无风险机制的监企合一的国有企业为依托，对罪犯采取偏重感化、教诲的罪犯教育处遇与富有特定实践意义的劳动处遇，这对当时罪犯的犯罪思想

---

① 左卫民、宗建文：《论监禁处遇》，载《法律科学》1994 年第 2 期。

第二章　犯罪人处遇的政策选择和基本原则

第一节　犯罪人处遇的刑事政策选择

作为应对犯罪的对应物，刑事政策是由犯罪这一“文明社会的野蛮现象”所引发的国家和社会的整体反应体系，旨在对犯罪进行防控，对犯罪人实施制裁。刑事政策有宏观与微观维度之分，也有应然与实然状态之别。但不管何种维度还是状态，对犯罪人的处置都是刑事政策的题中应有之义，因而对犯罪人的处遇离不开刑事政策的理性选择。我国的基本刑事政策经历了从“严打”到“宽严相济”的嬗变，相应地，犯罪人的处遇也在“严”与“宽”的向度上游移。

一、刑事政策的基本原理

（一）刑事政策的概念解读

按照学界的通说，德国是“刑事政策”一词的发源地。刑事政策的概念是德国法学教授克兰斯洛德和费尔巴哈所创。克兰斯洛德认为，刑事政策是立法者根据各个国家的具体情况而采取的预防犯罪、保护公民自然权利的措施；费尔巴哈则认为，刑事政策是国家据以与犯罪作斗争的惩罚措施的总和，是立法国家的智慧。[①] 自“刑事政策”这一概念问世以来，中外学者根据自己的刑事政策理念以及对刑事政策作用界域的界定来解读刑事政策，致使刑事政策的概念在学术上存在着广泛的分歧。[②] 正如“有一千个读者，就有

① 转引自卢建平：《刑事政策与刑法》，中国人民公安大学出版社 2004 年版，第 3 ~ 4 页。

② 梁根林：《刑事政策：立场与范畴》，法律出版社 2005 年版，第 4 页。

一千个哈姆雷特”，有多少个刑事政策研究者，就有多少个刑事政策的定义。按照刑事政策的作用界域，刑事政策的概念可以从最狭义、狭义与广义三个层面进行界定。从最狭义的层面上说，刑事政策是刑事实体法的法律政策，是使刑法的实体规定特别是刑罚措施如何更能发挥威慑作用的法律政策。上述费尔巴哈即从最狭义的层面对刑事政策进行界定的。从狭义层面上说，刑事政策是运用刑罚以及具有与刑罚类似作用的法律制度预防和控制犯罪的法律政策，包括刑事立法政策、刑事司法政策、刑罚执行政策等，刑事政策的作用界域扩大到刑罚以及与刑罚具有类似作用的制度领域。① 日本学者安平政吉教授认为：“刑事政策是以犯罪的镇压、预防及对犯人的处置为主要内容的刑罚手段，或类似手段以及与其他有密切关系的诸问题的总和。”② 我国学者一般也倾向于在此界域内解读刑事政策。如杨春洗教授认为：“刑事政策是指根据犯罪情况的变化运用刑罚及其有关制度，有效地同犯罪作斗争，以期实现惩罚和预防犯罪之目的的策略、方针、措施和原则。”储槐植教授指出：“刑事政策是国家或执政党依据犯罪态势对犯罪行为和犯罪人运用刑罚和有关措施以期有效地实施惩罚和预防犯罪目的的方略。”③ 从广义层面上说，刑事政策是国家和社会以预防及压制犯罪为目的的一切手段或方法，其作用界域扩展至一切与犯罪有关的领域。我国台湾学者张甘妹教授就是从广义层面来界定刑事政策的，她认为：“刑事政策之防止犯罪目的不必是直接、积极的或主要的，而凡与犯罪防止有着间接或从属的目的之方法亦可属之。申言之，广义的刑事政策并不限于直接的以防止犯罪为目的之刑罚诸制度，而间接的与防止犯罪有关的各种社会政策，例如居住政策、教育政策、劳动政策（失业政策）及其他公共保护政策等均应包括在内。”④ 德国刑法学家李斯特基于其犯罪学的知识背景和学术使命，超越纯粹

---

① 林山田：《刑事政策之概念及其最新趋势》，载《刑事法杂志》第31卷第2期。

② ［日］安平政吉：《刑事政策概论》，弘文堂1956年版，第7页。

③ 梁根林：《刑事政策：立场与范畴》，法律出版社2005年版，第5页。

④ 张甘妹：《刑事政策》，台北三民书局1979年版，第2～3页。

的刑事法立场而从更为广阔的视角关注刑事政策，提出了“最好的社会政策就是最好的刑事政策”的著名论断。法国著名刑法学家米海依尔·戴尔玛斯—马蒂教授也从广义的视角解读刑事政策，认为：“刑事政策就是社会整体据以组织对犯罪现象的反应的方法的总和，因而是不同社会控制形式的理论与实践。”① 三个层面的刑事政策概念，反映出刑事政策的主体和手段的差异：最狭义和狭义概念在主体上立足于国家，在手段上局限于刑事法律方法；广义概念在主体上注重国家与社会的共同作用，在手段上依赖于各种社会政策。刑事政策概念从最狭义、狭义到广义的发展演变，一方面反映了刑事政策观念的不断深化，另一方面则反映了国家和社会反犯罪斗争实践中刑事政策作用界域不断扩大的趋势。②

（二）刑事政策的结构与分类

1. 刑事政策的结构

我国学者立足于刑事政策的过程，将刑事政策的结构划分为定罪政策、刑罚政策和处遇政策。所谓定罪政策，就是刑法设置定罪规范的政策。定罪政策要解决的实际问题是如何编织刑事法网：刑事法网伸展到何处，即犯罪圈（打击面）划到多大，以及刑事法网的疏密程度怎样。③ 定罪政策虽然与本书主题——犯罪人处遇没有直接关联，但也不能切割其中的联系，因为定罪政策关乎犯罪圈的大小及疏密，因而也就决定犯罪行为实施者——犯罪人的范围大小。

刑罚政策，是指国家设定刑罚目的以及运用刑罚手段控制犯罪和预防犯罪的准则、策略、方针、计划和措施等的总称。④ 刑罚政策按其作用过程可分为制刑政策、量刑政策和行刑政策。其内容关涉刑罚圈的划定、刑罚量的设置、刑罚制度的设计、刑法裁量模式以及行刑模式的选择等。刑罚政策与犯罪人处遇关系密切，因为时

① 转引自［法］米海依尔·戴尔玛斯—马蒂：《刑事政策的主要体系》，卢建平译，法律出版社 2000 年版，第 1 页。

② 梁根林：《刑事政策：立场与范畴》，法律出版社 2005 年版，第 10 页。

③ 杨春洗主编：《刑事政策论》，北京大学出版社 1994 年版，第 16 页。

④ 赵秉志主编：《刑事政策专题研究》，中国人民公安大学出版社 2005 年版，第 239 页。

至今日，人类社会对犯罪人进行处置的主要手段仍然是刑罚，因而广义的犯罪人处遇政策应当包含刑罚政策在内。

处遇政策的提法在我国的有关文献中并不多见，有的称之为“处遇政策”，有的论者称之为“行刑处遇政策”，有的论著将行刑政策与处遇政策二者等同。之所以出现表述的含混，主要是对“处遇”概念的理解有异。在本书第一章，著者梳理了“处遇”概念的演进，狭义的处遇是指机构内处遇（矫正处遇），因此有论者将处遇政策的内容限定为“监狱（泛指罪犯矫正场所）管理、罪犯矫正和犯罪预防的方针、措施”。[①] 而广义的“处遇”不仅包括矫正处遇，而且还前置到司法处遇，后延至保护性处遇。广义的“处遇”概念越来越得到认同，因为长期以来的犯罪防控实践表明，单靠刑罚难以收到矫正罪犯、控制犯罪的效果，综合处遇的意识就是在这样的背景下萌发的。综合处遇政策的具体内容及其实现程度虽然在各个国家有所不同，但基本思路是一致的，即控制犯罪应当依靠司法力量和社会力量的有机结合。[②] 基于对广义“处遇”的理解，处遇政策的内容应当把国家和社会对犯罪人所采取的所有处置措施和待遇都囊括其中，其外延应涵括量刑政策、行刑政策和其他非刑罚政策。

可见，通过“刑罚”的串联，我们可以看出，刑事政策与犯罪人处遇之间有着密切的关联：定罪政策“其目的就是设定一些构成要件以便选出一批人，让他们来接受‘刑罚’”；刑罚政策是“要确定被选出的这一批人，是否真正符合条件，从而应接受何种程度的刑罚”；处遇政策的目的“不外乎如何执行刑罚，以符合刑罚原先设计的功能”[③]。

2. 刑事政策的分类

刑事政策有宏观与微观之分。我国学者李卫红教授提出，宏观

---

① 杨春洗主编：《刑事政策论》，北京大学出版社 1994 年版，第 20 页。

② 储怀植：《刑事一体化与关系刑法论》，北京大学出版社 1997 年版，第 373 页。

③ 郑善印：《两极化的刑事政策》，载《罪与罚——林山田教授六十岁生日祝贺论文集》，台湾五南图书出版公司 1998 年版，第 9 页。

刑事政策是对犯罪反应的战略和方针，它是国家、社会以人道主义为宗旨对已然犯罪人战略的被动处置措施。微观刑事政策是对已然犯罪反应的战术手段，它是国家、社会以人道主义为宗旨对已然犯罪人战术的被动处置措施。[①] 作为反犯罪斗争的战略、方针，宏观刑事政策主要体现于一国的根本刑事政策和基本刑事政策之中。根本刑事政策，又称为“元刑事政策”，是国家或执政党以控制和预防分裂性社会行为系统中各种蔑视社会秩序最明显、最极端的行为为直接目的而建构起来的政治战略。[②] 根本刑事政策是国家和社会在应对犯罪的全过程中具有全局性和终极性指导意义的特别行动纲领。基本刑事政策是一国在较长时期内在合理组织对犯罪反应中起主导作用的刑事政策。一项刑事政策是否构成基本刑事政策，可以从以下方面进行判断：（1）制定主体是否具有权威性；（2）适用范围是否具有广延性；（3）存续时间是否具有相当的稳定性；（4）是否具有准据性。[③] 作为反犯罪斗争的策略和方法的微观刑事政策，主要存在于具体刑事政策中。所谓具体刑事政策，是在犯罪防控的某一具体领域、阶段、环节或者方面起导向、调节作用的刑事政策。它是根本刑事政策和基本刑事政策的具体化和现实化，是根本刑事政策和基本刑事政策的可操作性的方案。[④] 具体刑事政策也体现在定罪、刑罚和处遇等应对犯罪的全过程。例如，定罪政策中的应对毒品犯罪、恐怖主义犯罪的政策等；刑罚政策中的自由刑政策、死刑政策等；处遇政策中的狱政管理政策、囚犯劳动政策等。

刑事政策有应然与实然之别。应然与实然是西方自然法理论提出的一对法哲学范畴，应然是指法的理想状态；实然则指法的现实状态。应然刑事政策与实然刑事政策的命题，是我国学者梁根林教授提出的。所谓应然刑事政策，是应当如此的刑事政策，是人类根据对犯罪现象客观规律的认识和把握而提出的合理的目的和合理的

---

① 李卫红：《刑事政策学》，北京大学出版社 2009 年版，第 71 页。

② 赵秉志主编：《刑事政策专题研究》，中国人民公安大学出版社 2005 年版，第 56 页。

③ 梁根林：《刑事政策：立场与范畴》，法律出版社 2005 年版，第 76～77 页。

④ 梁根林：《刑事政策：立场与范畴》，法律出版社 2005 年版，第 86 页。

预防与控制犯罪的准则、方略或措施。实然刑事政策是实际如此、现实运用的刑事政策，即国家与社会针对犯罪问题实际采用的刑事政策，包括以刑事司法为手段与刑事司法以外的其他措施为达致控制犯罪的目的所进行的国家活动。[①] 应然刑事政策是符合事理、法理和情理的刑事政策，属于刑事政策的理想状态；实然的刑事政策是为应对现实的犯罪问题而制定，属于刑事政策的现实状态。受制于刑事政策制定者的认识水平以及刑事政策的实际执行力，在抵制犯罪的具体实践中，实然的刑事政策往往会背离应然的刑事政策。因此，为提升实然刑事政策的绩效，我们应当以应然刑事政策为价值坐标，对实然刑事政策进行实证观察和理性批判。

（三）刑事政策的模式选择

1. 刑事政策模式的理论模型

刑事政策也是一种选择。法国著名刑法学家马克·安塞尔指出："刑事政策是由社会，实际上也就是立法者和法官在认定法律所要惩罚的犯罪，保护'高尚公民'时所作的选择。"[②] 刑事政策模式的选择是刑事政策选择的重要内容之一。刑事政策模式是由法国刑法学家米海依尔·戴尔玛斯—马蒂提出的，她设定了四个基本的常量：一是偏离社会规范的行为，具体包括犯罪行为（Ⅰ）和越轨行为（D）这两种行为类型；二是社会整体反应，包括来自国家的反应（Re）和源于市民社会的反应（Rs）。由上述几个常量演化出四大关系：犯罪行为与国家反应之间的关系（Ⅰ—Re）、犯罪行为与社会反应之间的关系（Ⅰ—Rs）、越轨行为与国家反应之间的关系（D—Re）、越轨行为与社会反应之间的关系（D—Rs）。这四种关系在某种意义上就是刑事政策的"原子"。马蒂教授根据这些联系来建构社会整体对偏离规范行为的反应的模式，并且以不同关系之间的等级高低为基础，将刑事政策区分为五种模式：统合于国

① 梁根林：《刑事政策：立场与范畴》，法律出版社2005年版，第23~48页。

② ［法］马克·安塞尔：《新刑法理论》，卢建平译，香港天地图书有限公司1988年版，第12页。

家的社会国家模式、专制国家模式、集权国家模式、统合于社会的自主社会模式和自由社会模式。①

继马蒂教授之后，我国也有学者对刑事政策模式进行了探讨。早在 20 世纪 90 年代初，储槐植教授就提出了犯罪控制的三种模式："国家本位型犯罪控制模式"、"社会本位型犯罪控制模式" 和 "国家·社会双本位型犯罪控制模式"。储槐植教授指出：以国家为本位控制犯罪，随着经济的发展，存在一个致命的弱点，就是国家控制犯罪的力和犯罪的力不对称。因为随着经济的发展，国家的触角不可能伸展到社会的每一个角落，凭这一点，就决定了国家为本位控制犯罪"力不对称"这么一个不可克服的致命弱点。②

近年来，严励教授运用马克斯·韦伯的"理想类型"的模式分析理论，将刑事政策模式分为以下三类：第一类是"国家本位型"，它是国家至上理念在惩罚犯罪中的表现形式。为了保护国家利益、社会利益，一切违反统治者主流道德的行为都被视为犯罪，并不惜采用严刑苛罚。③ 第二类是"社会本位型"，它是建立在无政府主义思潮和马克思主义国家消亡观的观念基础之上。"社会本位型"刑事政策排斥了一切国家反应，而以社会为本位，呈现出自主、自律，权力和权威共享的特征。在这种社会控制方式下，调整社会纠纷的组织多元化，通过谴责、调节、赔偿、补偿以及惩罚等方式，对违反规范行为进行处理，从而增强团结的凝聚力，达到社会和谐、稳定的目的。这是人们追求和向往的理想模式类型。④ 第三类是"国家·社会双本位型"刑事政策，其思想基础源于"社会优于国家"的理念。"国家·社会双本位型"刑事政策模式下，国家

---

① ［法］米海依尔·戴尔玛斯—马蒂：《刑事政策的主要体系》，卢建平译，法律出版社 2000 年版，第 51 页。

② 储怀植：《刑事一体化与关系刑法论》，北京大学出版社 1997 年版，第 89～90 页。

③ 严励：《国家本位型刑事政策模式的探讨——刑事政策模式研究之二》，载《山西大学学报》2003 年第 5 期。

④ 严励：《社会本位型刑事政策模式的探索——刑事政策模式研究之四》，载《山西大学学报》2004 年第 1 期。

和社会共同行使控制和预防犯罪的权力：国家只惩罚法定犯罪，越轨行为由社会处理；刑事政策以保障人权和保护社会为价值取向；国家对犯罪人通过惩罚、教育、改造使之重新回归社会。[①]

2. 刑事政策模式的实践选择

刑事政策的模式是一国进行刑事实践所可能采取的行动方略，刑事政策模式的理论模型只是为我们选择刑事政策的模式提供了备选方案。在实践中，刑事政策模式的选择还受制于以下因素：

（1）社会结构的形态。政治国家与市民社会是人类社会发展进程中的两种社会结构形态。中国社会自周秦以来就建立了以家族宗法制为基础，政治国家为根本的一元社会结构体系。政治国家不仅成为社会的统治者，而且完全取代社会，使社会丧失了独立的品格。新中国成立后，计划经济模式进一步强化了政治国家的基础和职能，政治国家不仅管理政治事务，而且几乎包揽所有的社会事务，甚至其触角还伸展至家庭和个人事务。与一元社会结构相呼应，我国长期以来对犯罪的反应方式基本上是国家本位的，国家垄断一切刑罚权力，社会和个人介入犯罪防控的空间非常狭小。改革开放以来，随着经济体制改革的逐步推进，特别是市场经济体制的构建，以政治国家为核心的一元社会结构逐渐衰亡，政治国家与市民社会相对分离的二元社会结构开始悄然崛起。随着社会结构的转型，由国家一元主体“单打独斗”地打击犯罪、控制和矫正罪犯的模式日益受到挑战。“国家本位模式”不仅运行成本居高不下，而且运行效益每况愈下。对此，我国学者储槐植教授指出，在当代社会背景下，提高罪犯改造效益的根本出路在于改变刑法运行模式，刑事执法权从国家手中分出一部分给（还给）社会，使刑罚运行模式由“国家本位”向“国家·社会”双本位过渡，加强国家力量和社会力量在罪犯改造方面的协调与配合。[②] 在“国家·社会”双

① 严励：《国家·社会本位型刑事政策模式的探索——刑事政策模式研究之三》，载《山西大学学报》2003年第6期。

② 储槐植：《刑事一体化和关系刑法论》，北京大学出版社1997年版，第409～410页。

本位模式下，国家可以将涉及犯罪“个人”的个别化知识或者个别化的侵害程度适度分离出来交给社会去判断和掌握，医疗机构、心理咨询机构可以承担部分犯罪的定性和定量的评价工作；社会和单位具备了参与一些罪犯进行开放性教育、改造工作的能力；家庭和学校也可以分担一些犯罪预防与罪犯复归社会的接受工作。[①]

（2）刑事政策的价值取向。秩序维护和人权保障是刑事政策价值取向的两极。秩序维护反映了功利主义的要求，人权保障则是人本主义的体现，二者都是刑事政策不可或缺的要素。[②] 在政治国家统揽一切的时候，国家至上的理念决定了，秩序维护是国家本位型刑事政策追求的价值使命。随着市场经济体制的逐步确立，人的主体性日益彰显，刑事政策的制定和实施中的人权保障呼声日隆。尤其是在构建和谐社会的大背景下，刑事政策也应当以人为本，“理解人、关心人、帮助人，满足和解决人的需要，尊重人性尊严，促进人的发展，注重人权保障，实现刑事政策的人文关怀”[③]。基于对人权保障的呼应，刑事政策模式应当回归社会本位模式。但是，正如我国学者所言：人类社会的自身组织程度在可预见的相当长的时期内还远远无法达到理想的水平，而社会发展的客观规律也决定了这种以国家消亡为前提的刑事政策模式在相当长时期内是可望而不可即的，因此，社会本位模式，对于目前来说，更多的只是具有概念上的意义。刑事政策模式选择应当具有现实性和可行性，立足于我国当前从正式国家的一元结构向政治国家和市民社会二元格局转型的现实，自由社会·国家混合模式不仅符合社会发展的客观趋势，而且兼顾了秩序维护和人权保障的需要，在价值取向上具有合理性，因而应当是我国当前刑事政策改革和发展的理性选择。[④]

事实上，“国家·社会”双本位型刑事政策已逐渐成为当今世

---

① 周光权：《刑法学的向度》，中国政法大学出版社 2004 年版，第 342 页。

② 蒋熙辉等：《刑事政策之反思与改进》，中国社会科学出版社 2008 年版，第 129 页。

③ 梁根林：《刑事政策：立场与范畴》，法律出版社 2005 年版，第 115 页。

④ 蒋熙辉等：《刑事政策之反思与改进》，中国社会科学出版社 2008 年版，第 129 ~ 130 页。

界的共识，并且已经在刑事司法实践中得到推行。在西方，政治国家与市民社会共同应对违法犯罪的反应机制得以构建，市民社会作为刑事司法合作者的身份得以确认。由于社会自治精神在刑事政策领域中的渗透在不同国家以不同的方式展开，有的表现为社会自治反应对国家正式反应的替代，如美国的刑事转处；有的则表现为社会自治团体对国家正式反应的参与，如盛行于欧美国家的社区刑罚，以及监狱私有化等社会反应，其实质都是市民社会直接参与国家对犯罪的刑罚反应过程，发挥社会自治的作用。[①] 近年来，我国社会力量参与刑事司法的热情与日俱增。刑事和解制度的“试水”，社区矫正制度的试行、推广和“入刑”，都以无可辩驳的事实证明，中国的市民社会正以一种不可忽视的力量，与政治国家分享刑事权力，合力应对犯罪的挑战。

二、“严打”刑事政策下的犯罪人处遇

（一）“严打”刑事政策概述

1983 年 8 月 25 日，中共中央作出了《关于严厉打击刑事犯罪活动的决定》，正式提出严厉打击严重刑事犯罪的刑事政策。是年 9 月 2 日，第六届全国人大常委会二次会议通过了《关于严惩严重危害社会治安的犯罪分子的决定》与《关于迅速审判严重危害社会治安的犯罪分子的程序的决定》，标志着严厉打击严重刑事犯罪的刑事政策取得了法律地位，成功登上符合我国当时国情的历史舞台。“严打”政策具有明显的法律工具主义色彩，内涵是：依法从重从快严惩严重刑事犯罪分子。有学者提出，“严打”政策与严厉打击严重刑事犯罪的刑事政策不是一回事，是下位政策与上位政策的关系，前者于 1983 年正式形成，而后者早就于 1980 年至 1983 年之间酝酿成形，前者是在贯彻后者的实践中产生偏差而得以产生

① 梁根林：《解读刑事政策》，载陈兴良主编《刑事法评论》（第 11 卷），中国政法大学出版社 2002 年版，第 23～24 页。

的。[1] 我们认为，严厉打击严重刑事犯罪刑事政策是中央文件和有关法律的书面成文的说法，该政策的基本精神是“严厉打击”，也要求“依法进行”，要依法从重，依法从快，但是在惩治犯罪的实践中，过于强调“从重”、“从快”时而忽视“依法”，甚至对于该政策的称呼直接简略为“严打”，这是“重结果轻程序”的传统思维表现，所以“严打”政策与严厉打击严重刑事犯罪的刑事政策没有本质的区别。至于它们出现的时间可以分出早晚，也不能说明二者有何不同，因为一项政策本身就有一个从酝酿到形成到正式出台的过程。

“严打”政策形成的历史背景，主要是在20世纪80年代改革开放伊始，治安犯罪、经济犯罪骤然增加，经历“文化大革命”洗礼的公、检、法机关力量薄弱，整个社会安全形势凸显严峻。1979年的刑事发案率是66万起，1980年是77万起，1981年则上升到89万起。以伤害、抢劫、盗窃、走私、投机倒把等犯罪尤为突出。国家第一反应是加强对犯罪的打击。1980年6月10日全国人大常委会将故意杀人、抢劫、爆炸等犯罪的死刑复核权下放给省级人民法院。1981年5月，中央政法委召开了京、津、沪等五城市治安座谈会，确定了依法从重从快惩治严重刑事犯罪活动的方针，对杀人、放火、抢劫、强奸、爆炸及其他严重危害社会秩序的现行犯罪分子必须严厉打击，之后出台了一系列专项严打通知。1983年中共中央《关于严厉打击刑事犯罪的决定》指出：当前社会治安“不正常”，“中央决定以三年为期，组织一次、二次、三次战役，按照依法‘从重从快，一网打尽’的精神，对刑事犯罪予以坚决打击”，“该劳教的劳教，该注销城市户口的注销城市户口，该判刑的判刑，该重判的重判，该杀掉的坚决杀掉”。[2]

“严打”政策起到短期内遏制犯罪的显著效果。通过集中有限

---

① 参见李汝川：《严厉打击严重刑事犯罪刑事政策初论》，载《刑法论丛》2010年第1卷，第429页。

② 参见孙中国、李健和主编：《中国严打的理论与实践》，中国人民公安大学出版社1998年版，第9页。

的人力、物力、财力重点打击几类严重危害社会治安的刑事犯罪，较快地扭转了“坏人神气，好人受气，积极分子憋气，基层干部泄气”的不正常状态，大大增强了人民群众的安全感。1984 年，全国立案数回落到 51 万起；1985 年至 1987 年略有回升。不过，好景不长，犯罪率又迅即反弹。1988 年始，发案数量大幅度上升，达 82.7 万起，1989 年达 197.1 万起，1990 年达 221.6 万起，1991 年达 236.5 万起。短短三四年间，全国年立案总数陡然上升 3 倍，为建国以来闻所未闻。以“严打”对象之一的拐卖妇女、儿童罪为例，1987 年，全国法院受理拐卖人口案件 2828 件，判处案犯 3372 人，分别比 1986 年上升 128.8% 和 118.96%；1988 年受理拐卖人口案件 5943 件，判处案犯 9599 人，分别比 1987 年上升 110.15% 和 184.67%；犯罪方式更为效率化，犯罪气焰十分嚣张。① 于是，又在 1996 年和 2001 年分别开展了第二次和第三次全国性大规模“严打”行动，以及其间在全国或一些地区开展的严厉打击拐卖妇女、儿童和卖淫嫖娼犯罪，严厉打击“六害犯罪”，严厉打击流窜犯罪，严厉打击车匪路霸，严厉打击毒品犯罪，严厉打击盗窃、走私文物犯罪，严厉打击制作贩卖、传播淫秽、反动出版物和非法出版、盗印犯罪等多次专项斗争。

（二）“严打”刑事政策下犯罪人处遇偏向从重

1. 重刑主义和频繁“严打”

我国重刑主义传统源远流长。“治乱世用重典”、“刑罚世轻世重”成为历代统治者治国安邦之道。传统的刑法理念历来重视镇压和惩罚职能，“刑，从刀，井声，刭也”。刑的本意就是一把刀，割人脖子的，我们长期以来也把审判机关理解为刀把子。② 重刑主义思想的祖师即法家。法家代表人物商鞅和韩非子的重刑理论最为著名，例如“禁奸止过，莫若重刑。刑重而必得，则民不敢试，故国

---

① 参见《刑事审判——林准文集》，吉林人民出版社 1998 年版，第 182 页。

② 参见高绍先：《重刑考》，载《现代法学》2003 年第 4 期。

无刑民”。[①]“以刑去刑，虽重刑可也”[②]。以刑去刑目的的实现，不仅要重罪重罚，而且还须轻罪重罚，因为“夫以重止者，未必以轻止也；以轻止者，必以重止矣”。[③]我国整个奴隶制和封建制时期的刑法都贯穿着严刑峻法的思想，刑法制度的特征无外乎刑种苛繁、罚不当罪、死刑残酷。而以法家思想为治国方略的秦朝，不仅律条上明载重刑，司法实践中更是大行重刑主义，不仅行刑残酷，而且惩罚思想，广为株连，并在人类历史上上演了一出“焚书坑儒”的惨剧。连以刑罚宽和适中为后世所称赞、号称“得古今之平”的唐律也有不少条款体现出重刑主义，例如“买奴婢牛马不立券，过三日，笞三十”；“毁人碑碣及石兽者，徒一年”。普通的民事违约或民事赔偿也要绳之以刑。甚至仅是对伦理道德的违反也诉诸重刑，如“诸居父母丧生子，徒一年”，“闻夫丧，匿不举哀，流二千里”。重刑传统不单为统治者所情有独钟，在国民心理上也有很大认同度。首先是报应思想根深蒂固。以其人之道还治其人之身，“父母之仇不共戴天，兄弟之仇不反兵”，“杀人者死”，自然会得到国人的赞同，这是刑罚报应主义最好的群众基础。其次，官本位思想浓重、崇尚“青天老爷”。国人把自身安危的保障寄希望于政府，至今如此，一旦受到伤害，遇有冤屈，都盼人民政府替其讨回公道。“好人不犯法，犯法非好人”，人们总认为自己是好人，政府不会冤枉好人，坏人被严惩是天经地义，最好除恶务尽。

新中国之后，没有大赦天下，轻刑减罚，而是对敌对势力进行了坚决的镇压。当然，如果说当时实行一定的重刑政策是符合社会形势的，那么在大规模的阶级斗争结束之后，就应该转向轻刑，不过事实是重刑主义很自然地运用于对付正常情况下的犯罪分子。改革开放之初面对各种严重犯罪和新型犯罪，“严打”几乎成了决策者的一个本能反应。具有最高权威的邓小平讲话也被片面理解，其

---

① 《商君书·赏刑》。

② 《商君书·画策》。

③ 《韩非子·六反》。

中关于“解决刑事犯罪问题，是长期的斗争，需要从各方面做工作”的论断基本被忽略，一味强调“从重从快集中打击，严才能治住”。[①] 以至于“严打”原本作为“非常时期解决非常犯罪问题的非常斗争手段”却变成了治理犯罪实践中的频繁进行的活动，主要表现为：全国规模的“严打”运动间隔时间越来越短，第二次是1996年4月开始，持续到1997年2月，历时约2年，打击重点为杀人、抢劫、强奸等严重暴力犯罪、流氓犯罪、涉枪犯罪、毒品犯罪、流氓恶势力犯罪以及黑社会性质的犯罪等严重刑事犯罪。第三次是2001年至2002年底，以“打黑除恶”为重点，分三阶段，先打击严重暴力犯罪和多发性侵财犯罪专项斗争，后开展治爆缉枪专项行动，再整顿和规范市场经济秩序，打击经济领域的犯罪。1986年第一次“严打”结束至1996年再度“严打”时隔10年，而1997年第二次“严打”结束至2001年三度“严打”仅时隔4年，频度增加了，效果却未见上升。竟然还有论者对“严打”断言：“事实证明，什么时候对这一方针坚持得好、贯彻得好，什么时候犯罪趋势就能得到遏制，犯罪出现反复的范围和程度就会小一些；反之，犯罪问题就更加突出。实践证明，这是一条完全正确的方针。”[②] 2001年4月2日至3日召开的全国社会治安工作会议上，上述认识得到了进一步的确认和强化。会议要求各种党委和政府：“‘严打’是打击严重刑事犯罪活动的长期方针，要坚持贯彻执行。”从1983年到2001年近20年间，除3次全国范围的“严打”战役外，我国还开展了连年不断的各种专项整治活动，虽然取得了

① 1983年邓小平讲话原文：“刑事案件、恶性案件大幅度增加，这种情况很不得人心。几年了，这股风不但没有压下去，反而发展了。原因在哪里？主要是下不了手，对犯罪分子打击不严、不快，判得很轻。对经济犯罪活动是这样，对抢劫、杀人等犯罪活动也是这样。为什么不可以组织一次、二次、三次严厉打击刑事犯罪活动的战役？每个大、中城市，都要在3年内组织几次战役。解决刑事犯罪活动，是长期的斗争，需要从各方面做工作。现在是非常状态，必须依法从重从快集中打击，严才能治住。搞得不疼不痒，不得人心。”《邓小平文选》（第3卷），人民出版社1994年版，第34页。

② 肖扬主编：《中国刑事政策和策略问题》，法律出版社1996年版，第156页。

一些明显的成效，但是社会治安好转的效应往往是短期的，长期来看惩治犯罪的效果呈递减趋势，犯罪现象不仅没有下降，还逐渐增加了。公安部的统计数字显示，1979 年全国刑事案件立案 63 万余起，发案率 0.066%；其中重大案件 4 万余起，占 6% 多。到 1997 年，刑事案件立案 161 万多起，发案率为 0.13%，其中重大案件 74 万起，占 46%。发案率翻了一番，重大案件的比重翻了七倍多。另据统计，1986 年，全国法院判处一审刑事案件299720件，共325505人，其中严重危害社会治安的犯罪88947件，共106461人。而到 1994 年，全国法院审结人犯547435人，其中严重危害社会治安的犯罪199528件。可见，8 年来刑事案件翻了将近一倍，严重危害社会治安的犯罪翻了一倍多。① 而至 2009 年，全国刑事立案数已经突破 500 万大关。

诚然，可以说“严打”与重刑之间并不存在必然的联系，但不可否认的是，由于“严打”的内涵之一追求的是“从重”，尽管中央三令五申“从重”是指“依法从重”，即在法律规定范围内从重，可在我国这样重刑主义传统积弊良久的国度，“依法从重”的“严打”精神在实践中很难得到贯彻，相反，积淀在人们头脑中的重刑主义因子反倒被“激活”，致使与重刑本来没有必然联系的“严打”不仅在实践中必然地衍生出种种重刑的恶果，例如，刑讯逼供、暴力取证，法定刑节节攀升，量刑畸重攀比等，而且使我国的刑罚适用模式长期处于以监禁刑为主的阶段，行刑转处、非监禁刑得不到应有的重视。②

2. 刑罚结构立法趋重

储槐植教授着眼于世界范围内刑罚结构的嬗变，对刑罚结构的类型作过论述，指出：生命刑和自由刑占主导的可称为重刑刑罚结构，自由刑和财产刑占主导的可称为轻刑刑罚结构。③ 我国刑法学

① 参见蔡定剑：《历史与变革——新中国法制建设的历程》，中国政法大学出版社 1999 年版，第 304 页。

② 参见陆敏：《非监禁刑论纲》，中国政法大学 2005 年博士学位论文，第 131 页。

③ 参见储槐植：《刑事一体化论要》，北京大学出版社 2007 年版，第 54 页。

者并没有人明确主张在我国刑法中实行重刑主义，但我国刑法的刑罚结构却是以死刑和自由刑为中心的重刑刑罚结构。

以 1979 年刑法为例，主要表现在刑法规定的 5 种主刑全部是自由刑（包括限制自由的管制、剥夺自由的拘役、有期徒刑、无期徒刑）和死刑，罚金和没收财产这两种财产刑以及剥夺政治权利、剥夺勋章、奖章、荣誉称号等资格刑仅能附加于自由刑或死刑之后适用。在刑法分则中，15 个条文规定了 28 种死刑罪名，对所有的犯罪都规定了期限不等的剥夺自由刑，其中，对相当一部分犯罪规定了无期徒刑，对绝大多数犯罪规定了最低刑为三年以上有期徒刑的法定刑，而规定可以适用罚金刑的罪名仅有 20 个，其中可单处罚金的罪名仅有 10 个。如果说，我国 1979 年刑法还体现了慎刑恤罚思想，那么 1983 年“严打”之后，犯罪圈不断扩大，刑罚结构日益趋重则是无可置疑的事实。学界普遍认为，我国实行的是重刑主义的刑事政策，1979 年以后的单行刑法、附属刑法带有浓重的重刑色彩。[①] 1978 年改革开放，社会控制放松后，犯罪高峰迭起，各种新型犯罪不断涌现，1979 年刚出台的刑法疲于应付，全国人大常委会陆续通过一系列存在明显的重刑主义倾向的单行刑法。据统计，自 1981 年 6 月至 1995 年 10 月，全国人大常委会先后通过了 24 部单行刑法，其中规定有死刑的条文有 37 条，新增死刑罪名 48 个，加上刑法典规定的 28 个死刑罪名，我国当时刑法实际挂有死刑的罪名多达 76 个，几乎占现行刑法全部罪名的三分之一。由于罪与罪之间的刑罚要协调，死刑的增多必然导致刑罚投入向上攀比，致使立法上可以判处无期徒刑和长期徒刑的罪名相应增多，可以判处 3 年以下有期徒刑、拘役或管制的罪名寥寥无几，只可判处罚金的几乎等于零。

以 1997 年刑法为例，由于立法本着“不增不减，维持现状”的原则，死刑延续了 1979 年刑法及其后来的单行刑法立法状况，

① 参见游伟：《重刑化的弊端与我国刑罚模式的选择》，载《华东政法学院学报》2003 年第 2 期。

死刑过多的局面并未改变。死罪的范围包括了刑法分则规定的10类犯罪中的9类，即除刑法分则第9章渎职罪没有死刑罪的规定之外，其他9章所规定的9个大类别的犯罪均有死罪的规定。数量多达68个，除以致死他人为内容的犯罪外，经济犯罪、单纯财产犯罪、妨害社会秩序的犯罪、贪污贿赂犯罪等不以致死他人为内容的犯罪也有死刑罪的规定。不以剥夺他人生命为内容的犯罪规定为死刑罪的占全部死刑罪名的1/3。相比之下，世界上保留死刑的国家死罪数量却少得多：日本的死刑罪名为13个，泰国28个，俄罗斯2个，美国1个（即谋杀罪），印度对谋杀和绑架罪中实施的谋杀规定了死刑。在我国，除死罪数量多之外，出现了绝对的死刑立法模式，涉及有7个罪名，绝对死刑的特殊情况下死刑适用具有不可避免性。另外，重刑结构还有几个表现：其一，法定最高刑过高（包括某一罪的法定最高刑过高和一罪中最重的一个罪刑阶段的法定最高刑过高两种情况），既侵犯财产同时侵犯人身之复杂客体犯罪的抢劫罪（刑法第263条）与单纯侵财的盗窃罪（刑法第264条），两罪的法定最高刑相同，都是死刑。而最重的罪刑阶段中盗窃罪的法定刑高于抢劫罪的法定刑。其二，法定最低刑过高，表现为，一种是作为个罪的法定最低刑过高，如绑架罪（刑法第239条），法定最低刑为10年有期徒刑，其刑罚远远高于故意杀人罪法定最低刑的3年有期徒刑；另一种情况就是作为一个罪中的不同罪刑阶段之法定最低刑过高的情况，盗窃罪最高罪刑阶段之法定最低刑为无期徒刑；而抢劫罪加重犯之法定最低刑为10年有期徒刑。其三，财产刑的广泛并科适用增加了刑罚的严厉性。由于我国的财产刑主要以并科为主，在自由刑的基础上再科处罚金或者没收财产，而且这种并科不是授权司法者进行适用与否的裁量，而是用立法的方式规定确定的罚金或者没收财产。如此导致的是刑罚愈重，使作为轻刑的财产刑走向反面，成了重刑的表现形式。[1]

---

① 参见李洁：《遏制重刑：从立法技术开始》，载《吉林大学社会科学学报》2009年第3期。

综上，我国刑罚结构凸显为以死刑和自由刑中心的重刑刑罚结构，以死刑、无期徒刑和3年以上有期徒刑为代表的重刑在刑罚结构中比重过大，而以管制、拘役、3年以下有期徒刑和罚金刑、资格刑为代表的轻刑在刑罚结构中地位偏低，死刑、自由刑与财产刑、资格刑的比例不协调，刑罚量在总体上处于高位，继续上调的余地已极为有限。[①] 这种重刑刑罚结构必然导致刑罚的报应和威慑功能被不适当地夸大，而社会主义刑罚结构所应有的教育改造功能被削弱的后果。

（三）“严打”刑事政策下犯罪人处遇偏好监禁刑

自由刑尤其是监禁刑的立法设置和适用情况是衡量一国刑罚政策轻重的重要标准。[②] 所谓监禁刑，是指以剥夺犯罪人人身自由为主要内容的刑罚方法，如拘役、有期徒刑、无期徒刑等不同的刑罚种类，都属于监禁刑的范畴。[③] 也有的称自由刑，如我国台湾地区学者张甘妹指出，“自由刑是以拘禁犯罪人于监狱为要件的一种刑罚，因为其主要内容是剥夺犯罪人的自由，所以称为自由刑”。[④] 仅在一定程度上限制犯罪人人身自由的刑罚（如管制等）则不属于监禁刑的范畴。无论是1979年刑法还是1997年刑法，我国的刑罚体系立法都是以监禁刑为主。主刑除死刑、管制外，其余三种是拘役、有期徒刑和无期徒刑，从种类上监禁刑占三分之二。刑事立法设计刑罚结构时超量投入刑罚资源，必然导致刑事司法过程相应地超量投入刑罚成本。主要表现为：监禁刑适用规模偏大，非监禁刑不受重视，缓刑、假释适用率偏低。

1. 监禁刑适用规模偏大

1997年全国在押犯达到14457601人；而根据2001年12月中

---

① 储槐植：《论刑法学若干重大问题》，载《北京大学学报》（哲社版）1993年第3期。

② 参见杨春洗主编：《刑事政策学》，北京大学出版社1994年版，第398页。

③ 在有些国家或地区，徒刑与监禁刑内涵不同，其各自行刑条件差异很大，当然，在一些国家各类不同用语的监禁刑在个别特征上也有一定的区别。参见米健等：《澳门法律》，澳门基金会1994年版，第151页。笔者在此统称为监禁刑。

④ 张甘妹：《刑事政策》（增订新版），台湾三民书局1997年版，第275页。

国监狱学会罪犯改造理论研讨会上所提供的信息：截至2002年10月底，全国监狱关押罪犯151万名，达到历史最高峰，而且这个数字目前仍呈稳步攀升势头。由此可以判断，监狱拥挤的严重性将有增无减。[①] 非监禁刑刑种（如管制、罚金、没收财产、剥夺政治权利、驱逐出境等）和非监禁刑制度或措施（如缓刑、假释、暂予监外执行以及赦免等）都没有受到应有的重视。以管制为例，虽然该刑种立意极好、符合行刑社会化、非监禁化潮流，但近20年的行刑统计资料表明，管制几乎已陷入名存实亡的境地。1997年刑法颁行前，管制适用率为2‰，近些年各地平均不过1%左右。据统计，1999年全国各级法院判处刑罚的罪犯总数为608259人，其中被判处管制的有7515人，占总数的1.23%；2000年646431人，其中被判处管制的为7822人，占1.21%；2001年为751146人，其中被判处管制的为9481人，占1.26%。[②] 罚金刑更是低效运行，几乎沦为主刑的附庸，刑法规定的罚金刑达156个之多（不包含单位的罚金刑条文），但实践中适用不仅数量畸低，而且多数情况下都是与其他主刑合并适用，即使这样，1998年全国也才仅有4万起刑事案件单处或附加判处了罚金，占全部已审结刑事案件的7.1%，单独适用的情况十分少见，有些法院甚至根本就没有单独适用过罚金，最高的罚金刑适用率也没有超过3%。[③]

2. 缓刑和假释适用率偏低

缓刑，作为最基本的监禁刑替代措施和最能体现刑罚社会化的刑罚制度之一，也是目前界上最受欢迎的刑事制裁制度之一，一般具有较高的适用率。虽然各国缓刑适用情况不甚平衡，但多数国家长期以来基本上保持在40%以上的适用率（即占监禁人数的40%

---

① 参见张伯平：《行刑成本与帮教社会化——谈立法上的一些思考》，载《犯罪与改造研究》2002年第10期。

② 转引自郭建安等：《略论改革和完善我国的社区矫正制度》，载《法治论丛》2003年第3期。

③ 参见陆敏：《非监禁刑论纲》，中国政法大学2005年博士学位论文，第119页。

以上)[①]。但我国的情形则大不相同，2005年、2006年、2007年全国法院适用缓刑的比例分别是21.88%、23.23%、24.43%，而同期广东省各级法院适用缓刑的比例分别为4.25%、4.62%、5.05%。[②] 从2003年到2006年，北京铁路运输法院的缓刑适用率为11.28%、17.86%、15%、15.5%，天津铁路运输法院的缓刑适用率为20.8%、41%、30.1%、25%，石家庄铁路运输法院的缓刑适用率为38%、40%、57%、48%。缓刑适用率为每年判处缓刑人数与裁判犯罪总人数之比。各法院缓刑适用率最高一年接近60%，最低一年刚刚超过10%。[③] 除适用率偏低外，缓刑还存在适用对象“内外有别”，适用前多被羁押的特征。以广东省为例，从适用对象的户籍结构看，外来人员适用缓刑的比例较低。2005年至2007年三年来广东全省法院判处缓刑的罪犯中属于外来人员的分别是962人、1200人、1461人，分别占判处缓刑人数的25.72%、27.77%、29.58%，其余适用缓刑人员均是本地人，比例达七成多。可见，外来人员缓刑适用率较低。其中，江门市新会区法院三年间判处外地人犯罪的有2488人，其中适用缓刑的只有38人，适用比例仅为1.53%。这种“内外有别”的不公平现象值得重视。从适用对象的强制措施看，多数缓刑犯审前处于被羁押状态。2005年至2007年三年间法院受理案件时已被取保候审的分别有962人、1062人、1417人，占全部缓刑人数的比例分别是25.72%、24.58%、28.69%。被告人是否已先行被取保候审对缓刑的适用影响不大，大多数适用缓刑的被告人在法院受理案件时处于被羁押状态，并没

---

① 参见李贵方：《自由刑比较研究》，吉林人民出版社1992年版，第300～302页。

② 广东省高级人民法院刑四庭调研课题组：《关于我省法院缓刑适用情况的调研报告》，来源于：http://www.gdcourts.gov.cn/gdcourt/front/front!content.action?lmdm=LM52&gjid=21519。访问日期：2013年3月2日。

③ 贾毅：《关于适用缓刑的调研报告》，来源于：中国法院网，http://www.chinacourt.org/article/detail/2008/03/id/292664.shtml。访问日期：2013年3月2日。

有被取保候审。[1]

另一最能体现行刑社会化理念的刑罚制度——假释，适用率比本来不算高的缓刑的适用率还要低得多。从下表可知，我国假释的绝对数量和比例都非常低，而且没有明显的增长趋势，在某些地区、某些年份甚至有下降的迹象。与假释受到的冷遇形成鲜明对比的是，我国行刑实践中减刑的适用率一直在较高水平之上。近几年来，全国假释的罪犯仍不到减刑罪犯的1/10，行刑调控目标的实现仍然主要依靠减刑制度的适用。我国的假释率与减刑率之间存在着较大的差距，二者之比始终在1:10到1:15之间。换言之，被假释的罪犯数量最多一方面是对犯罪分子的鼓励，另一方面对其出狱后的行为有一定的威慑和约束，具有缓冲、过渡监禁生活的功能，这是减刑制度所不具备的。但由于实践中司法机关对假释的前提条件也只占被减刑罪犯数的1/11，占整个在押犯数的1%。[2] 然而，减刑无法替代假释，因为假如“确有悔改表现”、“不致再危害社会”缺乏可操作的预测指标，相对减刑、假释更容易引发责任风险，加重监督任务，所以难以被青睐。

1995～2001 年全国监狱假释情况统计一览表[3]

年度	假释数（人）	假释率（%）
1995	29950	2.3
1996	36552	2.68
1997	41993	2.93
1998	29541	2.07

① 广东省高级人民法院刑四庭调研课题组：《关于我省法院缓刑适用情况的调研报告》，来源于：http://www.gdcourts.gov.cn/gdcourt/front/front! content.action? lmdm=LM52&gjid=21519。访问日期：2013 年 3 月 2 日。

② 参见李静硕士学位论文：《假释的理论与实践》，中国政法大学印行，转引自柳波：《中国假释制度的适用现状、原因探究及其完善》，载《犯罪与改造研究》2002 年第 4 期。

③ 数据转引自陆敏：《非监禁刑论纲》，中国政法大学 2005 年博士学位论文，第 123 页。

续表

年度	假释数（人）	假释率（%）
1999	25888	1.81
2000	23550	1.65
2001	17368	1.16

三、宽严相济刑事政策下的犯罪人处遇

（一）宽严相济刑事政策的确立、内容和意义

1. 宽严相济刑事政策的确立

2004年12月22日，时任中共中央政治局常委、政法委书记的罗干同志在中央政法委工作会议上指出：正确运用宽严相济的刑事政策，对严重危害社会治安的犯罪活动，严厉打击，决不手软。同时要坚持惩办与宽大相结合，才能取得更好的法律和社会效果。这是宽严相济刑事政策的第一次提出。2005年12月5日至6日，罗干同志在全国政法委工作会议上的讲话中第一次将“宽严相济”作为独立的刑事政策提出，他指出宽严相济的刑事政策“指对刑事犯罪区别对待，做到既要有力打击和震慑犯罪，维护法制的严肃性，又要尽可能减少社会对抗，化消极因素为积极因素，实现法律效果和社会效果的统一。宽严相济刑事政策是我们在维护社会治安的长期实践中形成的基本刑事政策。在和谐社会建设中，这一政策更具现实意义”。2005年9月，最高人民检察院印发的《关于进一步深化检察改革的三年实施意见》中也明确提出：在检察工作中要进一步完善贯彻宽严相济刑事政策的工作机制和工作制度。2006年3月，第十届全国人民代表大会第四次会议上，最高人民检察院检察长和最高人民法院院长在各自的工作报告中，都明确强调要“贯彻宽严相济的刑事政策”。2006年10月11日通过的《中共中央关于构建社会主义和谐社会若干重大问题的决定》（以下简称《决定》）中明确指出，“实施宽严相济的刑事司法政策，改革未成年人司法制度，积极推行社区矫正”。2006年12月28日最高人民检察院通过的《关于在检察工作中贯彻宽严相济刑事司法政策的若干意见》

（高检发研字〔2007〕2号，以下简称《2007最高检意见》）中指出：宽严相济是我们党和国家的重要刑事司法政策，是检察机关正确执行国家法律的重要指针。2010年2月，最高人民法院在《关于贯彻宽严相济刑事政策的若干意见》（法发〔2010〕9号，以下简称《2010最高法意见》）中明确提出：宽严相济刑事政策是我国的基本刑事政策，是司法机关惩罚犯罪，预防犯罪，保护人民，保障人权，正确实施国家法律的指南。

可见，在《决定》出台以前，人们对宽严相济政策的定位并无异议，认为“宽严相济是我们在维护社会治安的长期实践中形成的基本刑事政策”。但在《决定》出来后，不同的看法也提出了，“认为宽严相济只应说是刑事司法政策，而不应说是基本刑事政策”。比较最高人民检察院和最高人民法院贯彻指导意见的两个文本，也可发现两者对于宽严相济的理解与定位有很大差距：一个是“重要刑事司法政策”，一个是“基本刑事政策”。司法文件都有如此不同的解读，一定程度上反映出对宽严相济刑事政策的认识混淆，无疑会影响不同司法机关的具体实践。对此，我国已故的刑法学泰斗马克昌教授特别撰文主张：“党中央决定中的提法并未否定罗干同志的提法，因为那是从不同角度提出的。《决定》是针对刑事司法领域而言的，所以将宽严相济表述为‘刑事司法政策’。罗干同志的讲话是就总体而言的，所以将宽严相济表述为‘基本刑事政策’，二者并不矛盾。”基本刑事政策是相对于具体刑事政策而言的，它的适用范围很广，对各种犯罪和犯罪人都能适用；不仅对刑事司法，而且对刑事立法和刑事执行都起到了指导作用。宽严相济具有上述一切功能，因而它应当是基本刑事政策。况且“惩办与宽大相结合”历来被认为是基本刑事政策，宽严相济刑事政策既然是“惩办与宽大相结合”刑事政策的继承和发展，自然应当是基本刑事政策。在它指导刑事司法时，也就可以说它是刑事司法政策。不能因为党中央《决定》中用了“宽严相济的刑事司法政策”的提法，就否定宽严相济是基本刑事政策。同时，也不能因为说宽严相济是基本刑事政策，就不能提宽严相济是刑事司法政策。① 从此后公、检、法等部门的具体实践和学界深入的研究来看，宽严相济政策获得了基本刑事政策地位是毋庸置疑的，但是为更好地统一认识，避免不必要的分歧，其实完全可以通过宽严相济政策法典化来解决，即将宽严相济刑事政策明确写入我国刑法。这将有利于保障我国刑事司法改革在法治的轨道上进行，也将会是我国刑事法治进步的显著标志。②

2. 宽严相济刑事政策的含义

关于宽严相济刑事政策的具体含义，2006 年 11 月 27 日中央政法委书记罗干同志在全国政法工作会议上发表讲话时曾经指出："严，就是集中力量依法严厉打击严重刑事犯罪。宽，就是要坚持区别对待，应依法从宽的就要从宽处理。对情节轻微、主观恶性不大的犯罪人员，尽可能给他们改过自新的机会，依法从轻减轻处罚。"③ 迄今为止，上述解释可以堪称是决策者对宽严相济刑事政策最为权威的解释。

与之相较，学术界对于宽严相济刑事政策的理解似乎更为宽泛和具体。著名刑法学家陈兴良教授认为，宽严相济中的"宽"是指宽大、轻缓。刑罚的轻缓具有"该轻而轻"和"该重而轻"两层含义。该轻而轻是指对于那些较为轻微的犯罪，本来就应该处以较轻的刑罚，这是罪刑均衡原则的应有之意。该重而轻是指所犯罪行较重，但被告人具有法定和酌定情节的，法律上予以宽大，在本该判处较重之刑的情况下判处较轻之刑。④ "宽"在立法上表现为合理设置（尽量收缩）犯罪圈，以及刑罚的配置总体趋轻；在司法上表现为在侦查、起诉、审判阶段，有条件从宽的尽可能从宽处罚，

① 参见马克昌：《论宽严相济刑事政策的定位》，载《中国法学》2007 年第 4 期。

② 参见卢建平、翁小平：《论宽严相济刑事政策的法典化》，载《人民检察》2010 年第 17 期。

③ 罗干：《政法机关在构建和谐社会中担负重大历史使命和政治责任》，载《求是》2007 年第 3 期。

④ 陈兴良：《宽严相济刑事政策研究》，中国人民大学出版社 2007 年版，第 11 页。

包括司法上的非犯罪化和非刑罚化。宽严相济的“严”是指严密、严厉和严肃。严密是指法网严密，有罪必罚。把值得处刑的危害行为均包容进来，以满足治理犯罪的需要。严厉是指刑罚苛厉，从重惩处，使所造成的危害与所受到的处罚成正比，但并非任意从重或者加重处罚。严肃是指循法而治，不徇私情。“严”在立法上表现为严密设定犯罪圈，并在罪刑均衡原则下对重罪配置较重的刑罚；在司法上表现为对犯重罪者处以重刑，以及司法活动恪守司法程序，维护司法正义。宽严相济的“济”，具有救济、协调、结合、平衡之义。“济”是“宽”与“严”两方面运行的基本模式，“相济”，则指两种或两种以上原本具有不同特性和功能的事物组合在一起时，相互间应当取长补短、相互促进、彼此支撑，发挥出组合运用所具有的功能，有利于实现预期的目标。只有通过相互补充、相互协调的运行方式，二者才能各尽其能，相得益彰。作为一项具体指导刑事立法和刑事司法的基本刑事政策，宽与严二者之间的“相济”运行，正是这一刑事政策的灵魂所在，也是作为反犯罪活动的刑事政策在观念构想上的策略性与实践层面上的艺术性的生动体现。但宽与严具有一定的相对性，有宽就有严，有严也就有宽，宽与严之间应保持平衡，可以根据当前的形势随时调整，做到因时而宜、因地而宜、因罪而宜。事实上，宽与严都是惩罚和预防犯罪的必要手段，应当宽严并用，而不能片面强调一种手段的重要性。二者并用的同时，可以有所侧重。在治安形势严峻时期，刑罚适用整体趋严，但对于具有法定或者酌定从宽处罚情节的，还是要依法从宽；在治安形势较好的时期，刑罚适用整体趋宽，但对于罪行严重或者具有从重处罚情节的，还是要依法从严。①

因此，宽严相济的基本含义就是：针对犯罪的不同情况，区别对待，该宽则宽，该严则严，有宽有严，宽严适度。具体分为：（1）该宽则宽，该严则严。即对于具有不同性质或者不同情节的犯

---

① 参见郑淑灵：《宽严相济刑事政策下的死刑制度研究》，山西大学2011年法学硕士学位论文，第14~15页。

罪行为，在立法、司法和执行过程中分别给予从宽或从严处理。（2）宽中有严，严中有宽。刑罚中的宽与严是相对的，二者还可能存在交叉。例如死刑立即执行相对于死缓是一种严厉的处罚；但无期徒刑相对于死缓却是一种宽缓的处罚。即使同样的犯罪行为，也可能同时存在从宽处理的因素和从严处理的因素。（3）宽以济严，严以济宽。“宽”与“严”作为矛盾的对立面，既对立又统一，相互依存、相互渗透、相互补充、相互作用。（4）宽严有度，宽严适宜。“宽”不是法外施恩，“严”也不是无限加重，而是要严格依照《刑法》、《刑事诉讼法》以及相关的刑事法律，根据具体的案件情况来惩罚犯罪，做到“宽严相济，罚当其罪”。① 总之，“宽严相济”刑事司法政策中的“宽”与“严”是一个有机统一的整体，二者相辅相成，必须全面理解，全面把握，全面落实，既要防止只强调“严”而忽视“宽”，又要防止只强调“宽”而忽视“严”。

3. 宽严相济刑事政策的时代意义

宽严相济刑事政策作为我国当前基本刑事政策，它贯穿于刑事立法、刑事司法和刑罚执行的全过程，是惩办与宽大相结合政策在新时期的继承、发展和完善，也是对既往“严打”刑事政策的调整，代表着一种全新的思路，还表明了我国刑事司法对国际上“轻轻重重”刑事政策的关注与回应，具有重要的时代意义。

第一，宽严相济是刑事司法领域贯彻和谐社会理念的表现。虽然建设社会主义和谐社会是人们的共同追求和理想，但对于刑事司法领域是否也应将和谐的理念体现出来，却存在着不同的想法，刑事活动面对的是有着危害社会、危害国家行为的人，他们触犯了国家的刑事法律，应当受到刑罚处罚，而刑罚本身就代表着法律最严厉的态度，和谐并不是对所有人都适宜的。所以，长期以来我国司法界存在重刑倾向。我们认为，罪犯是社会的一个特殊群体，即便是处于监禁状态，他们与社会也存在着千丝万缕的联系，更不要

① 参见高铭暄：《宽严相济刑事政策与酌定量刑情节的适用》，载《法学杂志》2007年第1期。

说他们当中的绝大多数人终将回归社会，社会对他们的态度与他们如何看待社会是互动的，而且从犯罪原因多元化角度看他们本身并不是犯罪的唯一原因，国家对他们采取的刑罚应当是在全面考虑犯罪原因的基础上所采取的合理反应。实施宽严相济，就是将和谐的理念在更大的范围上进行了传播，“宽”就是，即使对已然的犯罪人，也有宽大的处理，并非采取一味严厉的方式，为其洗心革面提供机会，最大限度减少社会矛盾、减少对抗性的冲突，化消极因素为积极因素，为整体、长远的和谐创造良好的基础；“严”则说明，继续对抗社会、破坏和谐的犯罪行为将受到更为严密的监控，遭遇空前的孤立和压力，这有利于降低其发生的概率，减少其存在的空间。

第二，宽严相济刑事政策体现了区别对待的方针。各式各样的犯罪现象中，因犯罪人的主观恶性不同、犯罪的手段和危害性各不相同，实际上呈现出极其复杂多样的状况，如果不加区别地采取完全相同的应对策略，就无法产生较好的效果，无法在罪犯之中进行分化、攻心，罪犯的个性特征和主观努力的不同就得不到相应的待遇，也就无法实现刑罚个别化，预防和减少犯罪的刑罚目的也将无从实现。我们不是为了惩罚而惩罚，刑罚手段的运用以及运用的力度，均应与刑罚的这一目的保持高度的一致，否则就背离了法律的本意。宽严相济的刑事政策在区别对待中运用“宽”和“严”，激励和约束的力量“相互配合”，为刑罚目的的进一步实现提供了有力的武器。

第三，宽严相济是对司法资源的优化和有效配置。在我国社会高速发展的现阶段，由于社会环境的巨大变迁、社会阶层的快速分化、新旧观念的激烈冲突，犯罪这种社会现象难以避免，某些时候在某些方面，犯罪现象还有可能出现结构性的增长，而我们的司法资源却不可能完全随着犯罪现象的多与少进行等量的调整，况且司法资源具有稀缺性、有限性的特征，作为一种不得不采取的也是最后的手段，也不允许我们有任何的滥用。宽严相济的刑事政策强调该宽则宽、该严则严，以“宽”所节约下来的司法资源运用到最为需要的地方去，使“严”也得到了保障，既避免了司法资源不合理配置所带来的诸如反应过度或疲于应付的种种弊端，又能集中力量确保重点，使那些对人民生命财产、社会秩序、国家安全有重大危害的犯罪被有效遏制。

（二）重罪与轻罪的划分

区别对待是宽严相济刑事政策的核心，而重罪与轻罪在立法层面的区分显然体现了宽严相济刑事政策的基本要求。我国历史上虽有“十恶”重罪的规定，但新中国刑法上一直没有犯罪分层的制度设计，而是强调违法与犯罪的二元划分，以“定性+定量”的方式设置犯罪门槛，配置刑罚。与国外的刑法相比，我国的刑法俨然是一个重罪重刑的“小刑法”、重刑法，整体上处于犯罪高发期，社会治安形势不容乐观，进一步严密刑事法网是必然选择，应当是宽严相济刑事政策中“严”的重要方面。同时也需要考量“宽”的要求，不能不加区别的大范围的犯罪化，辅之以严厉的法定刑。刑事立法在“严”的同时也需兼顾“宽”的要求，以真正实现宽严相济。[①] 划分重罪和轻罪具有十分重要的刑事政策上的意义。不明轻重，何以宽严？在刑法适用中，“宽严”首先应当和“轻重犯罪”相对应。以“严打”为例，“严打”的法律依据包括全国人大常委会制定的《严惩严重破坏经济的罪犯的决定》、《严惩严重危害社会治安的犯罪分子的决定》、《严惩拐卖、绑架妇女儿童的犯罪分子的决定》和《严惩组织、运送他人偷越国边境犯罪的补充规定》等，这些犯罪从客观的社会危害、法律规定的刑罚相比较，显然不是在同一个层次上的。而他们都成为被“严惩”的对象，可见划分严重犯罪的标准比较随意。正是由于犯罪轻重标准的法律依据缺失，不仅会导致“严打”方针的严重走样，而且也会使人们对宽严相济刑事政策的认识和执行产生偏差。解决办法就是“通过犯罪分层立法化，坚持贯彻对严重犯罪实行严厉惩处的方针，提倡对轻

---

① 参见高长见：《轻罪制度研究》，中国社会科学院研究生院2010年博士学位论文，第70页。

微犯罪实行宽大政策；立法化以满足法治的形式化、稳定化需要，宽严相济以满足改善治安的政治需要”。① 此外，在立法上将犯罪划分为重罪、轻罪可使司法者和普通民众对具体犯罪的严重程度一目了然，这也是罪责刑相适应原则的必然要求。它使得刑法更为科学、严谨，并将其固有的评价、引导、威慑功能得到进一步加强。

世界上绝大部分国家的刑法都将犯罪按照轻重分类，不过具体的规定方法、划分标准不尽相同。分类模式有二分法、三分法、四分法和多层次分类法。如（1）德国、奥地利、挪威等：重罪与轻罪；（2）瑞士、法国：重罪、轻罪与违警罪。德国刑法以前亦作如此划分，但1976年刑法取消了违警罪这一类型；（3）西班牙：重罪、较重罪、轻罪。如果同时是较重罪和轻罪，则被认为是重罪；（4）意大利：一般犯罪与违警罪；（5）俄罗斯：刑法只明文规定了重罪，其余犯罪可推定为轻罪，与俄罗斯刑法相反，泰国刑法只明文规定了轻罪，其余犯罪可推定为重罪。（6）美国：一级重罪、二级重罪、三级重罪、轻罪、微罪、违警罪。各国犯罪分类具体的划分标准包括四种：一是以法定刑的刑期为区分标准，如法国重罪与轻罪之间的界限为10年监禁，违警罪则处罚金和资格刑，西班牙重罪与较重罪的界限是3年徒刑；二是通过刑种相区分，如在意大利，被判处徒刑或罚金的行为属于重罪，依法应当被判处拘役或罚款的行为属于违警罪；三是列举具体的犯罪类型以示区别，如英国早期普通法，重罪有谋杀、非预谋杀人、夜盗、破门侵入住宅、盗窃、重婚、强奸等，轻罪有伪证、共谋、欺诈、诽谤等，这种区分方式后来被刑事活动方式取代；四是以具体的刑事诉讼活动（例如起诉、逮捕）方式相区别，如英国分可逮捕罪和不可逮捕罪。该方式还是要落实到刑期和刑种上。②

我国立法尚未对轻罪重罪进行划分，但学界已有积极的呼吁和

---

① 卢建平教授语，见田兴洪：《宽严相济语境下的轻罪刑事政策研究》，法律出版社2010年版，第4～5页。

② 参见王文华：《论刑法中重罪与轻罪的划分》，载《法学评论》2010年第2期。

倡议，不过学界关于轻重犯罪的划分存在诸多争议，如以犯罪危害性大小或刑罚轻重为标准，以法定刑或宣告刑为标准，法定刑标准又有3年和5年之争。法定刑的轻重是划分重罪与轻罪、反映行为的社会危害性轻重的最重要、最明晰的界限，便于认知、理解与执行。对“宽严有度”的“度”的完整解读，应当是既指处罚的幅度，也指处罚的标准。我们赞成以5年有期徒刑为轻重罪的分界线，重罪指法定最低刑为5年有期徒刑以上刑罚的犯罪行为，轻罪指法定最高刑为5年有期徒刑以下（含5年）刑罚的犯罪行为。理由如下：首先，这符合立法者的倾向，因为各罪第一档法定刑配置中，拘役、管制与有期徒刑的最上限衔接点不是3年而是5年有期徒刑。而且我国整个刑罚结构偏高偏重，所以必须设置较高的轻罪法定刑的上限，以使更多的犯罪归入轻罪的范围幅度，适用针对轻罪所设计的较缓和的轻刑化处理措施，从而在一定程度上减轻重罪结构的范围和弊害。其次，这符合我国的司法统计惯例。在我国的司法统计中，一般是以5年有期徒刑作为区分重刑和轻刑的分界线。最高人民法院和最高人民检察院的历年工作报告中，几乎都是采用这一分界线。最后，为我国刑法中轻重罪比例更协调而考虑。一般而言，轻罪应在全部犯罪总数中占较大比例，重罪则相对少一些，以5年有期徒刑为界大致可以使轻罪占70%～80%。同时这样也就符合司法实践中的“二·八”理念，即在司法工作中，一般是运用20%的力量办好80%的常规性事情，用80%的力量研究解决20%的疑难（非常规性）问题。对于轻重犯罪的治理，司法实践中应当以80%的力量治理20%的重罪而以20%的力量治理80%的轻罪。①

① 参见田兴洪：《宽严相济语境下的轻罪刑事政策研究》，法律出版社2010年版，第54～55页。

（三）宽严相济刑事政策下的重罪处遇

1. 重罪处遇的原则和理念

根据《2007最高检意见》和《2010最高法意见》等贯彻宽严相济刑事政策的具体规定，结合我国现阶段社会经济和治安状况的实际情况，对于重罪的处遇原则毫无疑问是“严厉打击”，处遇理念即重罪重刑。贯彻宽严相济刑事政策，必须毫不动摇地坚持依法严惩严重刑事犯罪的方针。这些严重刑事犯罪主要包括：（1）严重危害国家政权巩固和社会治安的刑事犯罪，如危害国家安全犯罪、恐怖组织犯罪、邪教组织犯罪、黑社会性质组织犯罪、恶势力犯罪、故意危害公共安全犯罪等，故意杀人、故意伤害致人死亡、强奸、绑架、拐卖妇女儿童、抢劫、重大抢夺、重大盗窃等严重暴力犯罪和严重影响人民群众安全感的犯罪，走私、贩卖、运输、制造毒品等毒害人民健康的犯罪；（2）严重破坏市场经济秩序的犯罪，如当前和今后一段时期，对于集资诈骗、贷款诈骗、制贩假币以及扰乱、操纵证券、期货市场等严重危害金融秩序的犯罪，生产、销售假药、劣药、有毒有害食品等严重危害食品药品安全的犯罪，走私等严重侵害国家经济利益的犯罪，造成严重后果的重大安全责任事故犯罪，重大环境污染、非法采矿、盗伐林木等各种严重破坏环境资源的犯罪等；（3）严重的职务犯罪，如对于国家工作人员贪污贿赂、滥用职权、失职渎职的严重犯罪，黑恶势力犯罪、重大安全责任事故、制售伪劣食品药品所涉及的国家工作人员职务犯罪，发生在社会保障、征地拆迁、灾后重建、企业改制、医疗、教育、就业等领域严重损害群众利益、社会影响恶劣、群众反映强烈的国家工作人员职务犯罪，发生在经济社会建设重点领域、重点行业的严重商业贿赂犯罪等，要依法从严惩处。2008年至2012年5年间，人民法院对故意杀人罪，绑架罪，组织、领导、参加黑社会性质组织罪，强奸罪，爆炸罪，抢劫罪，走私、贩卖、运输、制造毒品罪等严重犯罪判处的重刑率始终处于高位。[①]

2. 重罪处遇的刑罚制度设置

全世界保留死刑的国家已经不多，我国作为少数保留死刑的国家之一，必须严格限制死刑，减少死刑适用。宽严相济刑事政策中的从“严”，主要是指对于罪行十分严重、社会危害性极大，依法应当判处重刑或死刑的，要坚决地判处重刑或死刑；对于社会危害大或者具有法定、酌定从重处罚情节，以及主观恶性深、人身危险性大的被告人，要依法从严惩处。对于被告人同时具有法定、酌定从严和法定、酌定从宽处罚情节的案件，法官一般要综合各方面情况，做出从严或者从宽的分析判断。法官在死刑案件审理过程中严格执行并准确理解“保留死刑，严格控制和慎重适用死刑”政策，确保死刑只适用于极少数罪行极其严重的犯罪分子。对于极端仇视国家和社会，以不特定人为侵害对象，所犯罪行特别严重的犯罪分子，该重判的要坚决依法重判，该判处死刑的要坚决依法判处死刑。

宽严相济刑事政策的精髓是区别对待，对于不同的犯罪行为和犯罪分子，坚持区别对待的原则。严惩严重刑事犯罪，必须充分考虑被告人的主观恶性和人身危险性。对于事先精心预谋、策划犯罪的被告人，具有惯犯、职业犯等情节的被告人，或者因故意犯罪受过刑事处罚、在缓刑、假释考验期内又犯罪的被告人，要依法严惩，以实现刑罚特殊预防的功能。在对较轻犯罪依法从轻处罚的同时，对具有累犯、毒品再犯等法定从重处罚情节和屡教不改、群众反映强烈等酌定从严处罚情节的犯罪，在量刑上考虑从严。要依法从严惩处累犯和毒品再犯。凡是依法构成累犯和毒品再犯的，即使犯罪情节较轻，也要体现从严惩处的精神。尤其是对于前罪为暴力犯罪或被判处重刑的累犯，更要依法从严惩处。原刑法典对

---

① 《刑案审判如何把握“宽”“严”——最高人民法院有关负责人就宽严相济刑事政策答记者问》，来源于：http：//news. xinhuanet. com/legal/2013 - 02/27/c_ 114826803. htm。访问日期：2013 年 3 月 2 日。

累犯和部分重罪犯限制假释。《刑法修正案（八）》又增加新举措：（1）延长“生刑”，即有期徒刑数罪并罚原最高不超过20年，现修改为“有期徒刑总和刑期不满三十五年的，最高不能超过二十年，总和刑期在三十五年以上的，最高不能超过二十五年”。（2）扩大特别累犯范围，除原危害国家安全犯罪外，现增加恐怖活动犯罪、黑社会性质组织犯罪都可构成特别累犯的规定。（3）限制减刑，判处无期徒刑的，减刑以后实际执行刑期由原来不得少于10年改为不得少于13年，而判处死缓的减为无期徒刑后的减刑原来几乎没有限制，现在也改为实际执行刑期不得少于25年和不得少于20年两种，并且，“对被判处死刑缓期执行的累犯以及因故意杀人、强奸、抢劫、绑架、放火、爆炸、投放危险物质或者有组织的暴力性犯罪被判处死刑缓期执行的犯罪分子，人民法院根据犯罪情节等情况可以同时决定对其限制减刑”。（4）扩大禁止假释的范围，原来规定对累犯及因杀人、爆炸、抢劫、强奸、绑架等暴力性犯罪被判处10年以上有期徒刑、无期徒刑的犯罪分子不得假释，现在增加因放火、投放危险物质或者有组织的暴力性犯罪被判处10年以上有期徒刑、无期徒刑的犯罪也不得假释。

（四）宽严相济刑事政策下的轻罪处遇

1. 轻罪处遇的原则和理念

根据《2010最高法意见》，宽严相济刑事政策中的从“宽”，主要是指对于情节较轻、社会危害性较小的犯罪，或者罪行虽然严重，但具有法定、酌定从宽处罚情节，以及主观恶性相对较小、人身危险性不大的被告人，可以依法从轻、减轻或者免除处罚；对于具有一定社会危害性，但情节显著轻微危害不大的行为，不作为犯罪处理；对于依法可不监禁的，尽量适用缓刑或者判处管制、单处罚金等非监禁刑。

首先，用足从宽处罚的量刑情节。如：（1）被告人的行为已经构成犯罪但犯罪情节轻微，或者未成年人、在校学生实施的较轻犯罪，或者被告人具有犯罪预备、犯罪中止、从犯、胁从犯、防卫过当、避险过当等情节，依法不需要判处刑罚的，可以免予刑事处罚。对免予刑事处罚的，应当根据刑法第 37 条规定，做好善后、帮教工作或者交由有关部门进行处理，争取更好的社会效果。(2) 对于所犯罪行不重、主观恶性不深、人身危险性较小、有悔改表现、不致再危害社会的犯罪分子，要依法从宽处理。对于其中具备条件的，应当依法适用缓刑或者管制、单处罚金等非监禁刑。同时配合做好社区矫正，加强教育、感化、帮教、挽救工作。(3) 对于自首的被告人，除了罪行极其严重、主观恶性极深、人身危险性极大，或者恶意地利用自首规避法律制裁者以外，一般均应当依法从宽处罚。对于亲属以不同形式送被告人归案或协助司法机关抓获被告人而认定为自首的，原则上都应当依法从宽处罚；有的虽然不能认定为自首，但考虑到被告人亲属支持司法机关工作，促使被告人到案、认罪、悔罪，在决定对被告人具体处罚时，也应当予以充分考虑。(4) 对于被告人检举揭发他人犯罪构成立功的，一般均应当依法从宽处罚。对于犯罪情节不是十分恶劣，犯罪后果不是十分严重的被告人立功的，从宽处罚的幅度应当更大。(5) 对于较轻犯罪的初犯、偶犯，应当综合考虑其犯罪的动机、手段、情节、后果和犯罪时的主观状态，酌情予以从宽处罚。对于犯罪情节轻微的初犯、偶犯，可以免予刑事处罚；依法应当予以刑事处罚的，也应当尽量适用缓刑或者判处管制、单处罚金等非监禁刑。

其次，对于未成年人犯罪、老年人犯罪、民间矛盾激化的犯罪以及被告人积极赔偿和解的犯罪均应以宽为先。(1) 对于未成年人犯罪，在具体考虑其实施犯罪的动机和目的、犯罪性质、情节和社会危害程度的同时，还要充分考虑其是否属于初犯，归案后是否悔罪，以及个人成长经历和一贯表现等因素，坚持“教育为主、惩罚为辅”的原则和“教育、感化、挽救”的方针进行处理。对于偶尔盗窃、抢夺、诈骗，数额刚达到较大的标准，案发后能如实交代并积极退赃的，可以认定为情节显著轻微，不作为犯罪处理。对于罪行较轻的，可以依法适当多适用缓刑或者判处管制、单处罚金等非监禁刑；依法可免予刑事处罚的，应当免予刑事处罚。对于犯罪情节严重的未成年人，也应当依照刑法第 17 条第 3 款的规定予以从轻或者减轻处罚。对于已满 14 周岁不满 16 周岁的未成年犯罪人，一般不判处无期徒刑。（2）对于老年人犯罪，要充分考虑其犯罪的动机、目的、情节、后果以及悔罪表现等，并结合其人身危险性和再犯可能性，酌情予以从宽处罚。（3）对于因恋爱、婚姻、家庭、邻里纠纷等民间矛盾激化引发的犯罪，因劳动纠纷、管理失当等原因引发，犯罪动机不属恶劣的犯罪，因被害方过错或者基于义愤引发的或者具有防卫因素的突发性犯罪，应酌情从宽处罚。（4）被告人案发后对被害人积极进行赔偿，并认罪、悔罪的，依法可以作为酌定量刑情节予以考虑。因婚姻家庭等民间纠纷激化引发的犯罪，被害人及其家属对被告人表示谅解的，应当作为酌定量刑情节予以考虑。犯罪情节轻微，取得被害人谅解的，可以依法从宽处理，不需判处刑罚的，可以免予刑事处罚。

值得指出的是，轻罪从宽处罚，并不等于对轻罪“法外开恩”、姑息纵容，相反必须及时惩治。正如贝卡里亚曾说，公开惩罚那些容易打动人心的较轻犯罪的刑罚，可起到阻止人们进行较轻犯罪的同时，更使他们不可能去进行重大的犯罪。曾任美国联邦法院大法官的勃兰代斯也说：“我们政府是威力强大无所不在的教员，教好教坏，它都用自己的榜样教育人民。”① “轻罪法庭审理的案件的实际数量要多，因为就像动物中产卵率最大的往往都是体积较小的低等动物一样，在犯罪当中轻罪（像小额盗窃、诈骗、流浪等）也往往占多数。”② 目前，轻罪案件已经在我国刑事犯罪总量中占有很大比例。比如，某区这类案件已经占到刑事案件总量的 60% 左右。在一定程度上，对于轻罪的及时惩治是减少和遏制重罪发生的重要前提。如果政府忽视轻罪的治理，那么相当多的人在日常生活中，在车站、码头等公共场所使用暴力，将导致社会的流氓化、暴力化倾向，形成严重犯罪的肥沃土壤。因而，惩治轻罪是我国社会治安

---

① 转引自［美］艾伦·德肖微茨：《最好的辩护》，唐文本译，法律出版社 1994 年版，第 90 页。

② ［意］恩里科·菲利：《犯罪社会学》，郭建安译，中国人民公安大学出版社 2004 年版，第 114 页。

根本好转的必由之路。①

同时，轻罪处遇的理念应当是轻刑且以教育矫正为主，促进非监禁化、非刑罚化。对于数量庞大的轻罪采取轻缓的刑事政策，无疑有利于教育、改造、挽救大多数犯罪人，减少社会的对立面。对于轻微刑事案件中犯罪嫌疑人认罪悔过、赔礼道歉、积极赔偿损失并得到被害人谅解或者双方达成和解并切实履行，社会危害性不大的，可以依法不予逮捕或者不起诉。确需提起公诉的，可以依法向法院提出从宽处理的意见。对属于被害人可以提起自诉的轻微刑事案件，由公安机关立案侦查并提请批捕、移送起诉的，检察院可以促使双方当事人在民事赔偿和精神抚慰方面和解，及时化解矛盾，依法从宽处理。据有关资料显示，将某区域近 5 年内被判处 3 年以下有期徒刑分别被监禁或适用缓刑的罪犯作比较：被监禁者刑满释放后的重新犯罪率为两位数；而被适用缓刑、纳入社区矫正者的重新犯罪率接近于零。可见，对轻罪犯罪人多适用缓刑、社区矫正等轻缓性、开放性刑罚，罪犯就有条件保全家庭、保留工作，不会产生与社会隔离后回归社会方面的困难或障碍，因此他们对法院代表国家作出的宽大处理一般都怀有感恩心态，也就十分珍惜悔过自新的机会，这对于构建和谐社会的重要性是不言而喻的。②

2. 轻罪处遇的制度构建

（1）调整刑罚结构。在宽严相济刑事政策的指导下，以往的重刑结构必须加以改革，做到轻罪轻处、轻罪轻罚，并使整个刑罚结构轻重有序、整体趋于轻缓。我们建议：首先，增设资格刑刑种。现行刑法，资格刑只有剥夺政治权利、驱逐出境和剥夺军衔。后两种均分别适用于外国人和军人，实际上对于普通公民犯罪只有剥夺政治权利一种资格刑，而政治权利的剥夺主要起到的是政治性利益和政治地位的削减，在阶级斗争中能发挥不错的作用，但是由于其

---

① 参见李化祥：《惩治轻罪：中国社会治安根本好转的必由之路》，载《培训与研究》（湖北教育学院学报）2003 年第 4 期，第 36～38 页。

② 参见田兴洪：《轻罪刑事政策视野下的我国刑罚制度改革研究》，载《刑法论丛》第 16 卷，第 400 页。

失去了作为刑罚本来的底蕴，在非以阶级斗争为主的社会里就难以起到限制或剥夺犯罪人再犯能力的功能。[①] 在国外刑法中，资格刑是德国、法国、意大利、瑞士、俄罗斯、西班牙、美国等主要发达国家普遍规定的，可以分为对自然人适用和对法人适用的两大类。对自然人适用的资格刑是指剥夺从事特定职业的资格，包括剥夺营业的权利、剥夺行医的权利、剥夺驾驶车辆的权利、剥夺担任教师、牧师、职业经理人等的权利。对法人适用的资格刑主要是解散法人和禁止犯罪法人从事特定业务两种具体类型，以法国的立法最为翔实。我国对于犯罪法人也就是单位犯罪中的单位主要是罚金刑，惩罚性并不充分，应当增设相应的资格刑。“为了发挥资格刑的功能，还需要增设资格刑的减刑、复权、前科消灭、缓刑以及资格刑执行的监督考察等配套制度。”[②] 其次，提高罚金刑的适用。我国刑法中罚金刑是附加刑，并且多以与主刑“并处”的形式出场，无疑未能体现罚金刑的应有地位，也变相地加重了刑罚结构。在国外，罚金刑对于轻罪的适用率已经超过了自由刑，成为抗制轻罪的主要手段，[③] 它可以防止罪犯在狱中交叉感染，不妨害犯罪人的家庭和社会交往，有利于犯罪人再社会化，尤其对于逐利性的犯罪具有“针锋相对”的惩罚。我们建议：将罚金刑的地位提高为主刑，将罚金适用范围从牟利性犯罪扩大到所有的过失犯罪、轻微的非经济性犯罪、财产型故意犯罪，以更好的满足抵制轻罪的现实需要，同时规定作为主刑也可以与其他刑罚方法并科。鉴于罚金刑具有因贫富差异导致刑罚效果不平等的局限，建议确立日额罚金、罚金缓刑和罚金易科短期自由刑等灵活的执行方式。

(2) 构建保安处分。保安处分是指以特殊预防为目的，以人身危险性为适用基础，对符合法定条件的特定人所采用的以矫正、感化、医疗等方法，改善适用对象、预防犯罪的特殊措施。[④] “国家

---

① 参见吴平：《资格刑研究》，中国政法大学出版社 2000 年版，第 118、309 页。

② 田兴洪：《宽严相济语境下的轻罪刑事政策研究》，法律出版社 2010 年版，第 193 页。

③ 参见梁根林：《刑罚结构论》，北京大学出版社 1998 年版，第 287～288 页。

④ 参见马克昌主编：《刑罚通论》，武汉大学出版社 1995 年版，第 759 页。

为确保法益的安全，维护法社会赖以为存的法秩序，并建立法规范不容破坏的尊严，若只有依靠刑罚的手段，常有疏漏之处……因此，在现代双轨制的刑法中，保安处分也与刑事刑罚具有同样的重要性，两者相辅相成，互为补充，关系极为密切。”① 我国刑法上没有规定保安处分制度，但是在行政执法实践中却并不鲜见类似保安处分的强制性措施，如对轻微违法犯罪行为人适用的各种行政性强制措施，包括劳动教养、收容教育、强制戒除等。从惩罚力度看，这些强制措施对于人身自由或财产权利的限制或剥夺并不逊色于刑罚，甚至还大于部分刑罚的严厉性，比如管制、拘役等，但从其适用程序看，却缺乏有效的司法审查，主要由公安机关独自决定适用，难免侵犯公民的基本人权。从社会安全防卫的需求来看，对于无刑事责任年龄和无刑事责任能力、限制刑事责任能力人和有特殊危险的有刑事责任能力人，在刑罚无从或不应该适用的情形下，保安处分恰好能够起到特殊防卫的作用，弥补刑罚防卫社会之不足，并且，保安处分对被适用对象移诸社会救助、感化的办法正是行刑民主化、社会化的反映，对改恶迁善者免予行刑，也是刑罚经济化的表现。修改后的刑事诉讼法专门设立一章“依法不负刑事责任的精神病人的强制医疗程序”，这使得强制医疗在有法可依方面迈进了一大步，但是对于强制医疗的性质定位（究竟是刑罚还是保安处分）、适用条件和适用程序仍然缺乏明确而细致的可操作规定。我们建议，尽快将保安处分制度纳入我国刑法，一方面对于现有的行政性保安处分措施进行清理：一些有悖法治和人权保障的措施，坚决予以废止；一些直接涉及人身权和财产权的措施，如劳动教养、收容教育、强制医疗等，予以刑法化；一些间接涉及人身权和财产权的措施如吊销营业执照、禁止或限制驾驶等，继续由行政机关适用。另一方面，要丰富和完善保安处分措施的可操作性立法。

（3）完善开放式处遇。在国外，对于轻罪的政策以非犯罪化、非刑罚化、非监禁化和刑罚轻缓化为总的趋势和目标，体现出更加

---

① 林山田：《刑罚学》，台湾商务印书馆股份有限公司1983年版，第335页。

人道和宽容的精神。[①] 西方各国通过多种途径对刑事立法和监狱制度进行了改革，以实现非监禁化，这些措施包括：限制监禁刑的实际适用，广泛适用缓刑、假释，广泛推行社区矫正制度。我国在贯彻宽严相济刑事政策的过程中，对于轻罪也应当以非监禁化为目标，以开放式处遇为主。据测算，我国每年用二百多亿元的资金维持监狱的运转。[②] 贯彻轻罪刑事政策，对轻罪尽可能多地采用社区矫正等非监禁刑，则不仅可以节省司法资源，而且还能提高司法效率，顺应当前建设节约型社会的发展潮流。司法部副部长赵大程曾对中外记者表示，全国累计接收的社区矫正对象 116 万个，累计解除矫正的有 65 万多人，社区矫正人员的再犯罪率保持在 0.2% 左右的低水平，这在全世界都是一个非常奇迹的数字。[③]

近十几年来，我国刑事案件以及判刑人数一直处于上升时期，如 2012 年最高人民法院工作报告显示，2011 年各级法院共审结一审刑事案件近 78 万件，判处罪犯共 100 万余名，比 1999 年分别增长了 13 万件和 40 万人。然而，近十几年来全国监狱在押犯人数并未大幅度上升，一直处于较为平稳的状态。2012 年全国人大常委会上，监狱工作报告称全国监狱在押犯共 164 万人，仅比 1999 年多了 13 万人左右，未像学者十多年前所隐忧与预测的那样暴涨至 200 万之多，打破了以往“双升”的惯性，这种局面的取得实属来之不易。[④] 但是，非监禁刑适用比重还有很大的上升空间。如 2008 年全国各级法院判处刑罚的罪后，我国唯一的一种社会化处遇的主刑——管制的适用比例还相当低。而管制之所以出现较低的适用率，这与管制刑本身的执行监督不力、惩罚改造力度有限是密不可

① 参见陈兴良主编：《宽严相济刑事政策研究》，中国人民大学出版社 2007 年版，第 297 ~ 299 页。

② 参见贡华维：《轻罪刑事政策研究》，来源于：《天津市政法管理干部学院学报》2006 年第 3 期。

③ 参见赵大程：《中国的监狱改造工作独树一帜》，载 http://news.jcrb.com/jxsw/201211/t20121113_985427.html。访问日期：2013 年 3 月 2 日。

④ 参见袁登明：《刑罚制度更新与变革：监禁刑与非监禁刑并重局面》，载《人民法院报》2012 年 6 月 18 日。

分的。2003 年罪犯总数为 989992 人，其中被判处管制 18065 人，占 1.82%。[①] 在宽严相济刑事政策提出四年后，我国开始了社区矫正试点工作，并于 2009 年在全国全面试行，社区矫正的迅速发展有助于管制刑的执行，加上 2011 年《刑法修正案（八）》对禁止令的引入，必将有效扩大非监禁刑的适用。事实也正是如此，近年来，法院生效判决中符合适用条件的非监禁刑率稳中有升，从 2007 年的 28.76% 上升到 2012 年的 33.37%。[②]

第二节　犯罪人处遇的基本原则

一、处遇人道化原则

联合国《公民权利和政治权利国际公约》对处遇人道化原则作出了明确规定。《公约》第 7 条规定："任何人均不得加以酷刑或施以残忍的、不人道的或侮辱性的待遇或刑罚，特别是对任何人均不得未经其同意而施以医药或科学实验。"第 10 条规定："所有被剥夺自由的人应给予人道及尊重其固有的人格尊严的待遇。"因此，处遇人道化原则是罪犯处遇中首先要遵循的原则。

（一）处遇人道化原则的概念厘定

人道原则是犯罪人处遇最基本的原则，它来源于对犯罪人人性的关切及对其主体性和自主性的尊重。现代意义上的"人道"，起源于人道主义思潮。人道主义（humanism）一词源自拉丁文 Humanitas，意指有人性、人格；仁爱、友好等含义。根据我国学者朱龙华、刘荫伯的考证，人道主义提出之初是与神道相提并论的一个概念。朱龙华教授指出，西方资产阶级人道主义的来源是文艺复兴时期的人文主义，它提倡人道以反对神道，提倡人权以反对君权，

---

① 参见《2008 年全国法院系统审理刑事案件被告人判决生效情况统计表》，载《中国法律年鉴（2009）》，中国法律年鉴社 2009 年版。

② 《刑案审判如何把握"宽""严"——最高人民法院有关负责人就宽严相济刑事政策答记者问》，来源于：http://news.xinhuanet.com/legal/2013-02/27/c_114826803.htm。访问日期：2013 年 3 月 2 日。

提倡个性解放以反对中世纪的宗教桎梏及其一切残余。[①] 刘荫伯教授也认为：人道主义否认的是神权中心及其附带的来世主义和禁欲主义，要求以人为本位，争取个性自由、理性至上和人的全面发展的生活理想。[②]

人道主义作为一种思想体系，其基本观点是认为人本身就是最高的价值或尊严。之所以这样说，一方面是因为人对于人具有最高价值。每个人的一切利益，都是人类社会给予的，人类社会对于每个人具有最高价值，而人类社会又不过是每个人之和。所以，人类社会是每个人的最高价值意味着，归根结底，每个人对于每个人具有最高价值。在另一方面，人本身是社会及其发展等一切事物的目的，一切社会都不过是为人服务的手段而已。正因为人本身是最高价值，所以，对于任何人，不管他多么坏，他给予社会和他人的损害，固然应予相应的惩罚，应把他当坏人看；但首先应因其是人、最高价值而爱他、善待他、把他当人看。[③]

可见，最初作为欧洲文艺复兴时期产生的一种思潮，人道主义历经千年的传承，已经发展成为一个重要的社会原则。其要旨是：第一，人性是人道的基础。人道主义“将人当作人”的要求需要研究人的基本属性，强调尊重人性，号召人与人互爱，提倡恢复人权；第二，否定神权，强调人的重要性，突出人在社会中的地位；第三，强调个人的自由意志和存在价值。[④] 人道主义的实质是“人如何对待人”，人道主义的中心在于“人”，以人为根本目的和最高价值，维护人的尊严，关注人的权利，促进人的幸福。[⑤]

处遇人道化原则就是人道主义在犯罪人处遇领域中的体现，其基本内涵包括三个方面：

1. 处遇适度和宽和。众所周知，刑罚在犯罪人处遇措施中扮

---

① 朱龙华：《人道主义探源》，载《世界历史》1984 年第 2 期。

② 刘荫伯：《什么叫人道主义》，载《社会科学》1982 年第 4 期。

③ 王海明：《伦理学原理》，北京大学出版社 2001 年版，第 216～217 页。

④ 夏宗素：《狱政法律问题研究》，法律出版社 1997 年版，第 157 页。

⑤ 冯卫国：《行刑社会化研究》，北京大学出版社 2003 年版，第 49 页。

演最主要的角色。适度是强调不要将刑罚量的一次投入作为不可更改的事情，而是要根据服刑人的服刑表现，及时地调整刑罚量。犹如病人，其药量要根据病情适时增减；服刑中的罪犯，其刑期可通过缓刑、减刑和假释等刑罚手段予以调控。与此同时，处遇方法的设计和使用应当尽量宽和，绝不能将刑罚当作摧残、折磨人的工具。诚如法国学者福柯所言，“人们绝不应对一个罪犯，哪怕他是一个叛逆者或怪物，使用‘非人道’的惩罚”，“把惩罚减到最低限度，这是人道的命令，也是策略的考虑”。①

2. 尊重和保障犯罪人人权。随着“国家尊重和保障人权”这一纲领性的人权原则入宪，标志着我国人权保障事业迈上一个新台阶。对一国人权保障体系而言，衡量其发展程度的最直观标准是对社会弱势群体尤其是对犯罪人人权的保障样态。南非前总统纳尔逊·曼德拉说过：有一种说法，即没有在监狱待过的人不能真正了解一个国家。要评判一个国家，不应该看它如何对待最高层的公民，而应该看它如何对待其最下层公民。② 确立犯罪人人权理念的精神基础应是“人道”。如前所述，人道的核心是将人当作人来看待。对犯罪人实行人道主义，是刑事处遇制度设立的价值起点。处遇人道的逻辑结构首先是犯罪人作为独立的生命体必需的人道待遇，其次是犯罪人作为社会成员之一与其他成员同位阶的人道要求，最后是犯罪人基于特定身份和处境产生的特殊人道要求。③

3. 帮助受刑人复归社会。对于执行自由刑的受刑人而言，他们中的绝大多数最终还是要回到我们生活的社会之中。“自由刑的受刑人，只要其最终仍要返回社会，则对其进行改造，使其成为不再犯罪的市民而重返社会的过程，不仅在刑事政策上极为重要，也

---

① ［法］米歇尔·福柯：《规训与惩罚》，刘北成、杨远婴译，三联书店 1999 年版，第 100～102 页。

② 转引自于爱荣等：《矫正技术原论》，法律出版社 2007 年版，第 99 页。

③ 徐显明：《从罪犯权利到受刑人人权》，载《学习与探索》2005 年第 3 期。

是尊重个人尊严的人道主义的要求”。[1] 而且，“在某种意义上讲，关注个人社会价值的复归、个人尊严的复归，更能反映人道主义的真谛，表现对人的关怀”。[2] 因此，一个负有社会国家原则义务的国家，不能仅仅满足于对违法者的处罚，而且还必须考虑到，在刑罚执行完毕之后，他能够在社会上重新找到一个适当的位置。[3] 所以，现代社会理应以宽容之心接纳罪犯，创造各种条件促进和帮助其复归社会，使其能够重新融入正常的社会生活而不致重蹈覆辙。

(二) 人道主义对犯罪人处遇的影响

人道主义在人类历史上源远流长，其对人类的社会制度和社会实践活动的影响深远而广泛。犯罪人处遇制度和实践作为人类社会制度和实践活动的组成部分，自然概莫能外。人道主义思潮的勃兴，大大推动了近代以来的刑罚制度变革和罪犯处遇模式的转换。“现若从历史的脉络观之，罪刑法定主义思潮的兴起及确定，罪刑均衡的适用，乃至于减少或废除死刑、身体刑，以及限制使用自由刑，扩大适用罚金刑、缓刑、假释，特别是第二次世界大战结束后，各国宪法所强调的人权保障，及重视犯罪者之再社会化，被害者之保护等，均是人道主义的具体表现。”[4] 从犯罪人处遇的视角来看，人道主义的影响主要表现在以下两方面：

一方面，人道主义对犯罪人处遇理念的影响。纵观人类处遇理念的演化进程，人道主义思想在其中发挥了决定的作用。正是在人道主义思想的熏陶下，处遇的本质才逐渐由同态复仇观的单纯报复，发展到古典学派的绝对报应主义和相当报应主义，再发展到关注人类自身的目的刑理论，进一步发展到认为处遇就是为改善人而

---

① ［德］汉斯·约阿希姆·施耐德：《犯罪学》，中国人民公安大学出版社、国际文化出版公司 1990 年版，第 928～929 页。

② 翟中东：《刑罚个别化研究》，中国人民公安大学出版社 2001 年版，第 190 页。

③ ［德］汉斯·海因希里·耶塞克、托马斯·魏根特：《德国刑法教科书（总论）》，徐久生译，中国法制出版社 2001 年版，第 1097 页。

④ 陈兴良：《刑法哲学》，中国政法大学出版社 1997 年版，第 10 页。

服务的教育刑和改善刑的思想，更进一步发展到认为应把尊重和保障人权作为处遇人道主义的核心内容。可以说，人道主义思想对人类处遇理念的演化起到了根本性的作用，而处遇理念的改变又必然地影响着刑罚种类的演变和刑罚体系的建构。[①]

另一方面，人道主义对犯罪人处遇制度的影响。如果说处遇理念的演变是人道主义思想对处遇的影响在抽象的理论领域的反映，而处遇种类的演变和体系的建构则是人道主义思想对犯罪人处遇的影响在具体的实践领域的表征，是人道主义思想最直观的体现和产物。[②] 本书第一章已经大体勾勒出犯罪人处遇历史演进的轨迹，而在犯罪人处遇的历史进程中，刑罚作为国家主体性的惩罚性制裁措施担当了主要角色。立足于报应的目的和威慑、恐吓的功能，前资本主义社会的刑罚极其残酷，死刑和以残害罪犯身体的肉体刑大行其道，牢牢占据刑罚体系的中心宝座。英国学者法林顿在《刑罚的历史》一书中叙述道："以高度文明自傲的欧洲人也无法相信他们的先人曾经发明过那么多的折磨犯罪嫌疑人的手段。直至近代，被宣布有罪的人通常只有两条道路——死亡或者奴役。仅是英伦一国，适用死刑的罪名就超过了200种。而处决的方式至少包括了生祭、活埋、沸煮、溺毙、钉死、绞吊、斩首、由动物咬噬或用石头砸死等。这些花样迭出的酷刑的发明者名单里不乏国王、贵族、神职人员以及备受尊重的专业人士。难以现象的还在于，在很长的时间里，欧洲的民众总是兴高采烈的过节般的围观酷刑的执行场面。"[③] 整体而言，在漫长的奴隶社会和封建社会，刑罚执行以惩罚和折磨犯罪人为己任，人道主义没有适合其生长的社会土壤。"文明伴随血腥而成长，历史终于翻过沉重的一页，我们到底看到酷刑渐渐让位于较为人性的惩罚。"[④] 随着资本主义经济的出现与发展，与之相适应的以自由、平等、民主、人道等内容的资本主义

---

① 舒洪水：《刑罚人道主义与死刑》，载《刑法论丛》（第13卷），第113页。

② 舒洪水：《刑罚人道主义与死刑》，载《刑法论丛》（第13卷），第113页。

③ ［英］法林顿：《刑罚的历史》，陈丽红、李臻译，希望出版社2003年版，第2页。

④ ［英］法林顿：《刑罚的历史》，陈丽红、李臻译，希望出版社2003年版，第2页。

文化逐渐大行其道。在人道主义思想的影响下，资本主义时代的刑罚体系发生了显著的变化，刑罚进化的列车驶入博爱时代。刑罚的体系和种类，事先由法律明文规定，从而为社会一般公众制定了明确的行为规范，使犯罪的法律后果得以明确化，公众因摆脱了封建刑罚神秘恐怖的气氛而具有安定感。刑罚也由前朝的严酷而走向缓和，肉刑被抛弃，死刑得到限制，自由刑开始取代死刑和肉体刑在刑罚体系中占据首要地位。进入 20 世纪以来，随着人权运动的勃兴和人道主义的张扬，刑罚轻缓成为各国刑事立法的指导性原则，处遇多元则逐渐被奉为刑事司法的圭臬。死刑的废除由理想变成了现实，至今已有百余国家在事实上或法律上废除了死刑，尚未废除死刑的国家也严格限制死刑的适用；缓刑、假释、管制、社区服务等非监禁刑得到创设并广泛适用。可见，一部刑罚（或处遇）的进化史，其实就是人道主义的发展史。

（三）犯罪人处遇的人道诉求

1. 禁止酷刑

犯罪人处遇人道化的内容，从消极的层面看，就是禁止酷刑。何谓酷刑？《布莱克法律辞典》将“酷刑”定义为：“为了施与惩罚、获取口供或信息或为了施虐的快乐，而给人的身体或心理造成剧烈痛苦。”联合国大会于 1984 年 12 月 10 日第 39146 号决议通过的《禁止酷刑和其他残忍、不人道或有辱人格的待遇或处罚公约》第 1 条对酷刑所作的定义是：为了向某人或第三者取得情报或供状，为了他或第三者所作或涉嫌的行为对他加以处罚，或为了恐吓或威胁他或第三者，或为了基于任何一种歧视的任何理由，蓄意使某人在肉体或精神上遭受剧烈疼痛或痛苦的任何行为，而这种疼痛或痛苦是由公职人员或以官方身份行使职权的其他人所造成或在其唆使、同意或默许下造成的。纯因法律制裁而引起或法律制裁所固有或附带的疼痛或痛苦不包括在内。① 《牛津法律词典》对酷刑概

---

① ［英］奈杰尔·S. 罗德雷：《非自由人的人身权利——国际法中的囚犯待遇》，毕小青、赵宝庆译，三联书店 2006 年版，第 79 页。

念的理解以英国《1998年刑事审判法令》第134条为依据。在该条文中，酷刑是指一类对任何人在任何场所由公共执法人员故意实施的或者默许的对身体或精神造成严重痛苦的行为。在法国学者米歇尔·福柯看来，惩罚要成为酷刑的话，必须符合三条基本标准：首先，它必须制造出某种程度的痛苦，这种痛苦必须能够被精确地度量，至少能被计算、比较和划分等级。其次，死刑也是一种酷刑，因为它不仅剥夺了人的生存权，而且它也是经过计算的痛苦等级的顶点，它包括从斩首、绞刑、火刑和轮刑到肢解活人。最后，极刑是一种延续生命痛苦的艺术，它把人的生命分割成“上千次的死亡”，在生命停止之前，制造“最精细剧烈的痛苦”。酷刑是以一整套制造痛苦的量化艺术为基础的。不仅如此，这种制造痛苦的活动还是受到调节的。酷刑将肉体效果的类型、痛苦的性质、强度和时间与罪行的严重程度都联系起来。制造痛苦有一套法律准则。在用酷刑进行惩罚时，绝不会不加区别地同等地对待肉体。人们会根据具体的规则进行计算：鞭笞的次数、打烙印的位置，在火刑柱火轮刑上制造痛苦的时间，戕残身体的方法。这些不同的因素扩大了惩罚方式，并根据法庭情况和罪行而加以组合。① 酷刑的方法数不胜数，只要是人所能想象到的，应有尽有。但比较常用的方法包括：长时间的殴打（尤其是对脚底或外阴部的殴打）、粪便浸泡、半窒息、强奸和其他暴力性攻击、烧灼以及电击等。心理酷刑的技术比较先进，因为他们在身体上留下的痕迹不多。这些技术包括：使受害者长时间处于黑暗之中或无声响的环境中、剥夺其睡眠时间、使其失去一般的方向感、以残害或处死相威胁、模拟处死等。在许多情况下，最具威力的方法是威胁对囚犯的亲人实施肉刑。②

我国学者按照《国际刑事法院罗马规约》的标准，将酷刑分为

---

① ［法］米歇尔·福柯：《规训与惩罚》，刘北成、杨远婴译，生活·读书·新知三联书店2007年版，第36～37页。

② ［英］奈杰尔·S. 罗德雷：《非自由人的人身权利——国际法中的囚犯待遇》，毕小青、赵宝庆译，三联书店2006年版，第10页。

三类：第一类是作为刑罚方法的酷刑，可称为实体酷刑。这类酷刑通常被称为“残酷狠毒的刑罚”。近代以前许多国家普遍实行的以追求犯罪人受到最大痛苦的死刑和以残害犯罪人身体并使之遭受痛苦的肉刑，都属于酷刑。第二类是作为刑事强制方法的酷刑，可称为程序酷刑。这一类酷刑不是对行为人判处的刑罚，而是公职人员获取情报和供述的手段，如刑讯逼供。第三类是对某种制裁方法滥用以后造成的酷刑，即某种刑罚方法本身并不具有酷刑的性质，由于执法人员不正确地运用了这种惩罚措施，因而造成酷刑。比如对罪犯进行关押本不属于酷刑，但如果监狱当局违反监狱法和联合国公约确定的关于囚犯最低待遇标准准则，不让罪犯吃饭、睡觉或者强迫其从事超体力劳动，或者打骂侮辱罪犯人格的，视为监狱当局对罪犯实施了酷刑。①

在犯罪人处遇中之所以禁止酷刑的存在，是基于如下的理由②：首先，酷刑的存在与犯罪人处遇的目标相悖。犯罪人处遇的最终目标是通过对犯罪人的行刑处遇活动，使其改恶从善，重新接受社会主流文化意识形态；通过处遇工作者真诚、严肃、关怀的态度，来感染犯罪人，软化其犯罪心理结构。但是，酷刑的存在使行刑处遇活动的积极功效消失殆尽，它使犯罪人对现存的“合法权力”产生严重的质疑，强化其内心对于社会的反抗意识甚至是仇恨意识，结果是其犯罪心理可能变得更加偏激，犯罪人可能变得更坏。其次，酷刑的存在直接侵犯整个人类的尊严、违背人类文明的价值。有学者指出，彻底地反对酷刑的逻辑主要有三个支撑点：第一是人类的内心直觉，也就是人之作为人对自己的同类所遭受痛苦与不幸的天然同情与不忍；第二是以康德为代表的自由主义哲学价值观，强调人从实践理性的主体层面来看，是理性的存在，是自为目的的存在，是不为其他任何工具的存在；第三是人权，它借助语言把人之作为人都应当具备的要求、利益、资格和权利宣布为不可让渡、不

① 付晓雅：《酷刑的定义》，载《法制与社会》2008年第5期。
② 廖斌：《监禁刑现代化研究》，法律出版社2008年版，第139～141页。

可剥夺、不可侵犯的，并且让公共权力承担起予以保护的法律责任和义务。

2. 保障犯罪人人权

人权是人在社会生活中的权利及其观念的反映。“人权是一定时代作为人所应当具有的，以人的自然属性为基础、社会属性为本质的人的权利。”[①] 犯罪人人权是指犯罪人依其自然属性和社会本质所享有和应当享有的权利。犯罪人因其犯罪行为而被限制或剥夺一定的人身权、财产权，以此让犯罪人感受到痛苦作为惩罚，这是刑罚的惩罚性质使然，是社会正义的必然选择。犯罪人除了依法被限制或剥夺的权利外，宪法赋予的其他权利不得予以限制或剥夺。但在事实上，诚如我国台湾地区学者林山田教授分析的那样，由于以下几个方面的原因，监狱极有可能成为侵犯受刑人人权的地方：一是监狱作为一个高度闭锁而极度隐蔽的社区，一般人若非身在其中，根本无从了解这一社区中的情形；二是管理人员与受刑人之间存在着显著对立的本质，因为管理人员强调监狱的纪律与安全，而受刑人则希望获得更多的自由；三是有些管理人员具有不正确的观念，如因出于对犯罪的偏见，以及日常工作中受到受刑人的敌视，而会衍生出“替天行道”的错误思想，或予以受刑人不必要的痛苦，或者予以差别对待；四是由于社会大众对于犯罪与犯罪人的诸多偏见，而不愿投资在监狱的兴建与狱政的改革上，故使监狱拥挤不堪，且不足以提升管理人员的素质。[②] 正因如此，犯罪人的权利才需要加以特别的关注和保障，犯罪人人权保障的程度在某种意义上折射出一国法治文明的程度。

二、处遇个别化原则

联合国《囚犯待遇最低限度标准准则》第 69 条对处遇个别化原则作了明确规定：“在囚犯入狱并对刑期相当长的每一囚犯的人格作出研究后，应尽快参照有关他个人的需要、能力、性向的资

---

① 卓泽渊：《法律价值》，重庆大学出版社 1994 年版，第 294 页。

② 林山田：《谈法论政》，台湾故乡出版社 1987 年版，第 308 ~ 309 页。

料，为他拟定一项待遇方案。”

（一）处遇个别化原则的内涵与演变

个别化是刑事实证学派建立的犯罪人处遇制度的关键词之一。个别化有一个从刑罚个别化向处遇个别化的演变过程。① 一般认为，刑罚个别化原则由德国学者瓦尔伯格（Wahlberg）率先于 1869 年提出，后由法国著名法学家萨累伊（Suleilles）进一步理论化。萨累伊所提倡的刑罚个别化是着眼于增加选择刑、放宽法定刑幅度、多设置裁量上的加重或减轻情节，以此放宽法官的裁量范围为目的的刑罚个别化。在 19 世纪后半叶到 20 世纪初，受意大利实证学派的影响，并随着精神障碍者的保安处分和不良少年的保护处分形成处遇体系，处分的个别化和再社会化中个别化处遇的问题，就成了犯罪者处遇的中心课题。我们从中不仅可以看到法官选择和决定适合于犯罪者人格的刑事裁判的重要性，而且也可以看出在矫正处遇阶段里所进行的个别化的重要意义。②

萨累伊在其所著《刑罚个别化》一书中曾提到，个别化的阶段有法律上的个别化、裁判上的个别化以及行政上的个别化三种个别化。所谓法律上的个别化，是指法律预先着重以行为为标准，细分其构成要件，规定加重或减轻等。法律上的个别化是个别化运动的基础，但仅有法律上的个别化是不够的，还需要裁判或量刑上的个别化。裁判上的个别化是指刑事程序上的司法性的个别化，主要是体现法官根据犯人的主观情况所作出的刑事制裁（刑罚、保安处分、保护处分）的选择和决定之中的个别化。随着对犯罪人处遇形态的多样化，法官应选择何种处遇形态，已经成为一个重要课题。法官在作出处遇决定时，应充分考虑犯罪者改造可能性以及再适应能力。所谓行政上的个别化，是指在矫正处遇和保护性处遇的阶段里由行政机关所进行的执行个别化③。这里的行政上的个别化，实

---

① 陈兴良：《罪犯处遇的法理分析》，载《河北法学》1997 年第 1 期。

② ［日］森下忠：《犯罪者处遇》，白绿铉译，中国纺织出版社 1994 年版，第 35 页

③ ［日］森下忠：《犯罪者处遇》，白绿铉译，中国纺织出版社 1994 年版，第 11～12 页。

际上就是行刑个别化，也是处遇个别化。可见，处遇个别化是量刑个别化的继续，是刑罚个别化的有机组成部分。

在刑罚个别化思想发展的前期，处遇个别化通常被理解为处遇与犯罪者人身危险性相一致。人身危险性是19世纪末随着刑事实证学派的崛起而产生的一个概念，是其在批判旧派自由意志论的过程中提出来的。这个概念一经提出，便成为新派理论的核心，构成新派观点的基石。

古典学派立足自由意志论来解释人为什么会犯罪。他们关注的是犯罪行为而非犯罪人。"在刑事古典学派的理论构造中，刑法学的全部内容就是犯罪的判断和惩罚方式的确定。"[①] 正如美国学者沃尔德所指出的：刑事古典学者的理论注重法律中的一般公正，而忽略了个别公正，他们为同等的犯罪行为规定了等级明确的刑罚论注，而没有考虑实施犯罪的个人情况，也没有考虑犯罪实施中的特殊情节，其结果导致刑法适用中的不公平现象。[②] 刑事实证学派将理论的触须伸展至犯罪人，实现了刑法学研究视角从行为到行为人的转换。

在刑法演进史上，最早主张定罪量刑考虑犯罪人自身情况的学者当数龙勃罗梭。龙勃罗梭立足犯罪人的具体情况进行分类的基础上，提出相应的刑事对策。加罗法洛将人身危险性解读为某种犯罪倾向性，他在1880年出版的《危险状态的标准》一书中将人身危险性视为某些人变化无常的、内心所固有的犯罪倾向。[③]

由于人身危险性理论过分强调犯罪人个人状况对刑罚适用的影响，同时其司法可操作性又较差，因而遭致报应刑论者的猛烈抨击。刑事新派在争论中不断修正刑罚个别化理论，提出刑罚个别化应当是刑罚与犯罪人的犯罪人格相一致的全新观点。"二战"后新

---

① 周光权：《刑法学知识传统中的"人"》，载《金陵法律评论》2001年春季卷。

② George B. Vold, Theoretical of Criminology, New York: Oxford Nniversity Press, 1986, pp. 25 ~ 26.

③ ［俄］B. K. 茨维尔布利等：《犯罪学》，曾庆敏译，群众出版社1986年版，第184页。

社会防卫论的代表人物、法国著名刑法学家安塞尔将“行为人格”用于调和新旧学派在人身危险性和道义责任上的对立，认为两者都是人格的表现，与行为人紧密相连，并一起作为行为人受处罚的依据。犯罪人格包括犯罪人重新犯罪的可能，但也反映着犯罪人的经历、所受教育程度、需要、个人经济状况，甚至犯罪人的生物性等方面的内容。这样，同犯罪人格相一致的刑罚就不能局限在刑罚量（即刑期）上，刑期上的伸缩并不能与犯罪人人格的多样性和变化成为一一对应关系，而应当考虑刑罚执行的处遇问题，即罪犯在刑罚执行期间所得到的实际待遇。于是，行刑个别化的内容由刑罚（刑期）与犯罪人人身危险性相一致转向刑罚（处遇）与犯罪人人格相一致，行刑个别化拓展至处遇个别化。[①] 据此，所谓处遇个别化，是指行刑机关在罪犯矫正过程中充分考虑其人格状况，根据罪犯的人格特征和素质，选择实施对其矫治和重返社会适合的处遇方法。

（二）处遇个别化的根据

既然处遇个别化是根据犯罪人不同的人格状况予以不同的处遇，因此，犯罪人人格就成为处遇个别化的根据。人格是心理学上的概念，当其进入刑法视野后，人们就将其与人身危险性联系在一起，使人格成为一种评估人身危险性的可操作性工具，在处遇实践中通过人格调查把握犯罪人的人身危险程度。[②] 为此，早在1955年联合国预防犯罪与罪犯处遇大会就提出：“实行个别化处遇应从人犯之调查分类入手，必先根据精密的调查，由是进而决定个别处遇之方法，始便于分类的收容。”由于人格是用于评估人身危险性的工具，因此人格调查的核心内容是被告人的人身危险性和再犯可能性。而人身危险性和再犯可能性虽然以行为人的犯罪倾向性的人格为基础，但犯罪倾向性人格的形成、具有犯罪倾向性人格的人是否犯罪、何时犯罪，以及这种倾向性人格将如何变化，都与其生活的

① 夏宗素：《狱政法律问题研究》，法律出版社1997年版，第89页。

② 翟中东：《刑法中的人格问题研究》，中国法制出版社2003年版，第41页。

环境密切相关。因此，量刑调查不仅是对被告人人格的调查，还需要对被告人再犯的环境因素进行调查。可见，人格调查根据影响再犯可能性的因素的不同，可分为社会危险性调查和人身危险性调查。前者是对受环境的影响犯罪率高低的各种因素的聚合状态的调查，后者是对来自于个体的影响犯罪可能性高低的各因素的聚合状态的调查。

1. 社会危险性情况

社会危险性情况包括被告人的家庭环境、教育环境和居住环境：

（1）家庭环境。主要涉及：①家庭结构。首先了解家庭成员构成，被调查人的家庭结构是否存在缺陷，缺损家庭要比完整家庭更容易使孩子造成人格障碍；其次还要了解被告人家庭的和睦情况，调查被告人父母关系与行为表现，家庭内氛围等。②家庭教育状况，家庭教育方式对子女的人格发展具有很大影响。在一项关于反社会人格障碍与父母养育方式的研究中发现，父母的不当教育易使子女成为人格障碍的高危人群。而人格障碍与负责行为具有相关性已经为许多调查所证实。

（2）教育环境。包括被告人的受教育程度，学习成绩，老师及同学对其的评价，是否存在逃学、旷课、作弊等不良学习习惯，学校周边环境等因素。

（3）居住环境。主要调查社区治安状况、邻里和睦情况、居住地基层组织对被告人的评价、帮教条件等。

2. 人身危险性情况

人身危险性情况涉及犯罪人个体情况与犯罪情况两个方面：（1）罪犯人个体情况。主要是反映犯罪人身心的诸多因素，如年龄、健康状况、智力状况、需要状况、气质和性格、兴趣爱好或不良嗜好、人际交往等。（2）犯罪情况。犯罪人的犯罪情况根据时间可分为三个阶段：犯罪前的行为表现、犯罪中的行为表现和犯罪后的行为表现。犯罪前的行为表现主要考察犯罪人的前科情况，是初犯还是累犯、是偶犯还是惯犯、有无受过纪律处分或治安处罚等；

犯罪中的行为表现主要了解本次犯罪动机和目的、犯罪手段、与被害人的关系、被害人有无过错等；犯罪后的行为表现主要考察是否有自首、立功情节，自愿认罪、悔罪情况，是否退赃，对被害人有无赔偿等。①

（三）处遇个别化的内容

犯罪人处遇个别化的内容主要根据犯罪人的人身危险性以及其他个体情况制订和实施矫治和处遇方案，其个别化的处遇方案主要包括教育个别化、劳动个别化、保护辅导个别化。

1. 教育个别化

现代处遇制度一般都重视对受刑人的教育，因材施教原则同样适用于对受刑人的教育。教育个别化是在文化教育、法制教育、职业技能教育、心理矫治等方面突出受刑人的个体需要，针对受刑人年龄、文化程度、职业背景等个性特征制订适宜的教育方案。

2. 劳动个别化

劳动是各国刑事法律规定的重要的处遇技术。安排受刑人参加不同形式的劳动，可以矫治其犯罪人格，并且为其将来回归社会准备条件。劳动个别化是在考虑受刑人具体特征的基础上规定不同的劳动方式与劳动内容。年龄、刑期长短、职业背景、人格状况等通常是劳动个别化需要考量的因素。

3. 保护辅导个别化

现代行刑不仅应当有严格的处遇措施，还应当有充分的人文关怀。受刑人尤其是长期受刑人，长时间的封闭式、标准化的处遇生活，导致其在观念认识、生活认知等方面与社会产生隔阂，将来回归社会时很难适应正常的社会生活。保护辅导就是为调适受刑人的心理落差、帮助其解决实际问题而由狱政机关专人从事的体现人文关怀的处遇。由于不同的受刑人其心理适应能力有差异，家庭状况亦不相同，因此，在给予其人文关怀处遇时亦应当因人而异，唯其

① 参见张先昌等：《量刑调查制度研究》，载《法学杂志》2011 年第 1 期。

如此，才能取得良好的矫治效果。①

三、处遇社会化原则

（一）处遇社会化的内涵

处遇社会化这一命题是由犯罪人再社会化的理念引发出来的。社会化是社会学上的专业术语，我国著名社会学家费孝通先生认为："社会化就是指个人学习知识、技能和规范，取得社会生活的资格，发展自己的社会性的过程。"从严格的角度说，人的社会化过程就是个人接受社会文化的过程，也就是作为个体的生物人成长为社会人，并逐渐适应社会生活的过程，经由这一过程，社会文化得以积累和延续，社会结构得以维持和发展，人的个性得以形成和完善。② 由于社会结构的复杂性和人生经历的多变性，决定了社会化的种类是多种多样的。社会学家把人的社会化过程分为三种基本类型：（1）基本社会化；（2）继续社会化；（3）再社会化。其中，基本社会化和继续社会化是每个人一生都要经历的过程，而再社会化是指那些在基本社会化或继续社会化过程中失败的人所接受的重新社会化的过程，它是一种强制性的教化过程，往往由诸如监狱、劳教所、工读学校等一些特别的机构组织实施，其对象主要是那些具有人格缺陷和越轨行为之人。③ 处遇社会化是在社会化过程中的强制再社会化，是指在犯罪人处遇过程中，通过放宽受刑人自由、拓宽受刑人与社会的联系、促使受刑人掌握生活技能与相关社会知识、塑造符合社会正常生活的信念和人格，最终促成犯罪人回归社会。④

处遇社会化的内涵包括三个方面：（1）处遇场所的社会化；（2）处遇主体的社会化；（3）处遇内容的社会化。⑤ 处遇场所的社

---

① 廖斌：《监禁刑现代化研究》，法律出版社 2008 年版，第 320～325 页。

② 郑杭生：《社会学概论新修》，中国人民大学出版社 2001 年版，第 105 页。

③ 冯卫国：《行刑社会化研究》，北京大学出版社 2003 年版，第 37 页。

④ 谢望原、翟中东：《对我国行刑社会化的思考》，载《法学评论》2000 年第 1 期。

⑤ 许成磊等：《行刑社会化及其理论基础探讨》，载《山东公安专科学校学报》2002 年第 2 期。

会化意味着对犯罪人的处遇要突破传统监狱封闭式的高墙，延伸至开放的社会公共性场所，强化受刑人与社会的接触，使其感受社会日新月异的变化。处遇主体的社会化强调专门处遇机关与社会力量的协同和配合，共同做好对犯罪人的处遇工作。随着处遇主体和场所的变化，犯罪人处遇的内容必然会相应发生变化。

（二）处遇社会化的根据

处遇社会化是基于对监禁处遇之弊端的反思而提出的命题。传统的监禁处遇的最大特征是其封闭性，即与社会相隔离。“监狱的首要原则是隔离。使犯人与外部世界、与促成犯罪的一切事物、促成犯罪的集团隔离开，使犯人彼此隔离开。”① 这一特征导致罪犯在监禁前的生活条件与监禁后的生活条件之间存在着严重的矛盾。自由刑的行刑目标是矫正、改善罪犯，使其重新适应正常的社会生活而复归社会；而自由刑达成这一目标的手段却是使其与社会完全隔离，其过程是封闭的。这样，自由刑的行刑目标与行刑过程之间就形成了一对悖论。因此，要有效缓解自由刑行刑悖论，改善自由刑处遇的效果，唯一的出路就是弱化自由刑行刑的封闭性，增强行刑过程的开放性。一言以蔽之，也就是实行自由刑处遇的社会化。

对于受刑人来说，监禁前后生活条件之间的严重矛盾主要表现在以下三个方面：（1）受刑人处于专门的监禁场所，那里集中了许多招致道德谴责和法律制裁的人，这降低着他们的自我评价，激发着他们在道德上恢复名誉和自我确认的要求。（2）受刑人的许多需求（物质的和精神的）的满足受到限制，这导致他们竭力去探寻满足这些需求的方式而违背规范和禁忌。（3）罪犯被一视同仁地纳入最初的犯罪团伙，从而产生根据自己的个性品质和需求在这一团体中占据一席之地的愿望。

由于上述三方面的影响，罪犯对监禁生活充满了恐惧、担忧、紧张、敌意、多疑、沮丧、自我毁灭感等消极的心理状态；与此同时，罪犯还产生着积极的自我组织的过程，形成罪犯之间的非正式

---

① ［法］福柯：《规训与惩罚》，刘北成、杨远婴译，三联书店2003年版，第265页。

组织——罪犯团体。

罪犯自我组织的需求，缘于其与社会的隔离以及随之而来的专门诉讼程序引致的社会评价和自我评价的降低。很自然，罪犯会由此产生补偿需求和自我辩护需求。而这种需求只有在自己的同类人中才能得到满足。于是，在这种背景下，罪犯产生了凝聚的自觉性，他们把自己联结为某种团体——“我们”，而与所有生活在自由状态下的人——“他们”相对立。与此同时，罪犯还赋予自己的团体以道德价值。这一切都有助于罪犯从消极的心理状态中解脱出来。但也正是这种团体的存在，使罪犯更疏远社会，更强烈地对社会抱戒备和敌视态度。一般来说，监禁制度越严厉，监禁时间越长，罪犯团体的凝聚力就越强。在一种情况下，他们实施更为严重的或更为频繁的犯罪活动，这导致更为严厉的道德谴责和法律制裁，并因而引起更为强烈的恢复自我价值和名誉的需求，于是更紧密地依赖犯罪团体；在另一种情况下，他们逐渐削弱同生活于自由状态下的家人和朋友的联系，并且兴趣逐渐转移到自己的团体上来。罪犯自我组织的过程，是罪犯同现实社会渐行渐远的过程，也是被许多学者称为“监狱化”的过程。①

“监狱化”的概念，最早是由美国社会学家唐纳德·克莱默提出来的。按他的解释，监狱化是指罪犯对监狱文化的学习与内化的过程，具体包括三方面：一是对监狱亚文化的学习与接受；二是对监狱当局制定的正式规则和制度的学习与接受；三是对监狱普通文化的学习与接受。其中，监狱化的核心内容和主要结果是对监狱亚文化的学习与接受。② 监狱亚文化是罪犯群体在监禁生涯中逐渐形成的、自觉或不自觉地信奉和遵行的，与社会主流文化偏离或对立的价值标准、行为方式和现象的综合体。③

监狱亚文化本质上是一种反文化，它的生成，与其说是监狱外

---

① 参见陈和华：《论监禁的困境与改善》，载《法学》2005 年第 4 期。

② 王平：《中国监狱改革及其现代化》，中国方正出版社 1999 年版，第 112 页。

③ 许章润：《监狱学》，中国人民公安大学出版社 1991 年版，第 74～75 页。

的犯罪亚文化的直接输入与移植，不如说是监狱生活的特殊产物和罪犯为减轻监禁中的孤独与痛苦而作出的暂时性反应更为准确。[①]在罪犯自我组织成罪犯团体的同时，也产生了相应的行为准则和规范。一般而言，罪犯团体行为准则和规范的形成以及发挥作用，须具备以下几个相互联系的条件：（1）按照某些原则划分某个团体并根据某些原则使该团体与社会对立，团体所有成员意识到自己与团体的关系；（2）借助团体力量能很好地满足罪犯的重要生活需求；（3）团体所有成员意识到反映他们共同利益的行为准则和规范的重要性；（4）团体所有成员意识到需要行为调节者，这种调节不仅依赖于行为准则和规范的威信，而且还依赖强制手段。这些条件相互作用的结果，使得罪犯团体行为准则和规范一经形成，就极其稳固，难以改变。同时，这些行为准则和规范具有明显的致罪性，他们直接要求对抗监狱当局、以戒备态度提防别人、残酷惩罚离心者和破坏者等。观察和研究表明，罪犯在监禁场所的犯罪，绝大多数都是对破坏罪犯团体行为准则和规范的制裁和惩罚。[②]

由此可见，由于在监禁条件下罪犯的一些基本需求根本不可能满足或很难满足，为了保持已经获得的利益，避免出现更为糟糕的处境，罪犯们会抱团取暖，形成自己的非正式群体，并确立该群体的行为准则和规范以供成员一体遵行。罪犯特有的规则与价值观能够形成罪犯亚文化，并提供给其成员通过非正式手段获得在监狱内的权力和地位，随着罪犯接受和认可监狱生活和罪犯价值标准，就可导致“监狱化”。[③]

由于监狱化是对与社会主流文化相背离的监狱亚文化的学习与内化的过程，所以，监狱化与重新社会化是截然相反的两个过程，由于前一个过程的发生与存在，往往使后一个过程受到抑制或抵消，从而使在剥夺罪犯自由条件下改造罪犯的种种设想与尝试归于

---

① 赵宝成：《罪犯“监狱化”初探》，载《政法论坛》1992年第4期。

② 陈和华：《论监禁的困境与改善》，载《法学》2005年第4期。

③ Christopher Hensley：Prisson Sex，Lynne Rienner Publishers London 2001，p. 14.

失败。监狱化对罪犯再社会化所产生的抑制或抵消作用具体表现在以下四个方面[①]：（1）监狱化是一个反社会化过程，其最终结果是使具体罪犯接受罪犯社会的价值与习惯，并逐渐加入和适应罪犯社会。罪犯个体监狱化实质上是在遭到正常社会排斥之后而进行的一种非病态的心理逃避和补偿，这种逃避和补偿的另外一面便是对正常社会的愈加疏远和愈加难以回归。（2）监狱化过程是一个个性化过程，通过这个过程，罪犯人格会发生一定程度的变异或重塑，表现为极度自卑，缺乏自主性、自尊性和责任感，刻板、麻木和对外界事物感知迟钝等。（3）在一定程度上说，监狱化过程也是一个犯罪化过程。一方面，在监狱化过程中，罪犯彼此传习犯罪技巧和其他恶习，使罪犯由入狱时的“单面手”变成出狱时的“多面手”；另一方面，被监狱化了的罪犯接受了罪犯社会的非正式的价值、习惯和规范，同时也就产生了一种对社会主导价值和监狱当局的正式规则的“免疫力”，对抗和销蚀着社会主流文化对罪犯的规劝、教育效果，使得行刑功效大打折扣。因此，监狱化过程的发生，不仅可能使罪犯改造和重新社会化备加困难，而且可能加深罪犯的反社会性程度，产生众多的累犯和惯犯。（4）监狱化过程还是一个烙印化过程，即把罪犯这一恶的名声与某一个人或某一类人固定地联系在一起，形成一种标签效应。如果说适用刑罚可以使罪犯意识到自己已经被社会划入“另册”，那么，对监狱生活的具体体验则可以使罪犯清楚地认识到自己已经属于社会的“另类”。

既然自由刑在行刑过程中不可避免地会引发“监狱化”为内核的行刑悖论并最终制约自由刑行刑的效能，那么，该如何破解这一难题呢？我国学者储怀植教授为此开出了“良方”，那就是处遇社会化。处遇社会化的理念，可归结为“三方互动，双边合力”。“三方互动”是指行刑机构、犯罪人和社会三者之间的互动过程：行刑机构通过对犯罪人执行刑罚，力求实现惩罚犯罪、改造犯罪人、保卫社会的目的；由普通民众、各类社团和社区组成的社会，

① 赵宝成：《罪犯“监狱化”初探》，载《政法论坛》1992年第4期。

通过配合行刑机构的专门工作，参与对犯罪人的监督改造，接纳犯罪人以合格公民的身份重返社会；犯罪人则在接受惩罚和改造的过程中，会根据行刑的环境、状况和社会对犯罪人的态度及反应，而不断调整自己的心态和行为，对行刑工作及社会施加某种影响。①“双边合力”，具有两层含义：一层含义是国家行刑当局与犯人之间的合作；另一层含义是国家行刑当局与社会的合作。自由刑行刑目的与过程的悖论决定社会参与是自由刑运行机制本身的要求。② 因此，“三方互动，双边合力”的处遇社会化运行机制，要求在自由刑行刑过程中，加强国家行刑当局与社会之间的合作，弱化监禁处遇的封闭性，增加社区性处遇，从而使罪犯能尽可能适应社会生活的变化，最终回归并融入正常的社会生活中去。

（三）处遇社会化的路径

处遇社会化的推行路径主要有狱内处遇的社会化和社区处遇的扩大化。其中，狱内处遇社会化是典型的处遇社会化。理由是：其一，狱内行刑是自由刑执行的主要形式。自由刑在刑罚体系中的中心地位决定了它在刑罚体系中的独特作用，即自由刑是连接死刑和非自由刑的主体刑种。对于死刑而言，如果欲在实践上或立法上限制死刑，那么为确保刑罚的惩罚与威慑作用，自由刑将是必然的也是唯一的可选择的替代措施。监狱不是最普遍的刑罚惩罚形式，也许从案件的适用数量上将会出现这种情形，但最普遍并不等于最重要，事实上那些适用自由刑的犯罪行为是所有犯罪行为中最严重的那一部分，是犯罪行为之核心。其二，狱内行刑社会化较集中体现了自由刑与社会化的矛盾或冲突，实现处遇社会化的难度最大，因而具有代表性。③

1. 狱内处遇的社会化

综观各国罪犯处遇的实践，狱内处遇社会化基本采取“走出

① 储怀植等：《刑法机制》，法律出版社2004年版，第222页。

② 储怀植：《论刑法学若干重大问题》，载《北京大学学报》1993年第1期。

③ 马贵翔：《狱内行刑社会化的价值及其实现》，载《复旦学报》2005年第2期。

去”和“请进来”的做法：所谓“走出去”，就是让服刑罪犯“走出”监狱与社会接触；“请进来”就是邀请监狱外的社会力量“走进”监狱，参与对罪犯的矫治。

在西方，各国采取的让罪犯“走出去”的措施主要有开放式处遇制、累进处遇制、请假离监制以及组织罪犯参与监外劳动等。

在我国，监狱系统主要通过分级处遇制度、离监探亲制度、假释制度以及开放式教育等举措推行“走出去”战略，让受刑人早日接触社会。

2. 社区处遇的扩大化

西方国家在20世纪70年代后大力拓展社区性处遇，大量的罪犯留在社区进行矫正。由于社区矫正的广泛推行，使得西方国家的罪犯处遇制度已经从监禁性处遇为主的阶段进入了以非监禁性处遇为主的阶段。在许多国家，适用社区处遇的人数大大超过监禁处遇人数。如早在1987年，美国伊利诺伊州设施内处遇的比率为26.6%，而社会内处遇的比率为73.4%，两者的比例为1：2.8。[①]到2000年，加拿大适用社区矫正的比例在全世界最高，达到79.76%，澳大利亚达到了77.48%，新西兰为76.15%，法国为72.63%，美国为70.25%，韩国和俄罗斯较低，但也分别达到45.9%和44.48%。[②]

我国的社区处遇虽起步较晚，但发展势头迅猛。基于对社区处遇是西方舶来品、本土化推进存在一个水土适应问题的考量，我国决策机关在推行社区处遇时采取了渐进式策略，将社区处遇本土化推进分成三个阶段：（1）起始阶段：自2003年起，先行在北京、上海、江苏、浙江和山东等六省市开展社区矫正试点工作；（2）扩大试点阶段：在先期试点取得较好司法成效的基础上，2005年扩大试点范围，将重庆、广东、广西、河北等12个省（区、市）列为第二批社区处遇试点地区；（3）全面推广阶段：2009年社区处遇在全国范围

① 转引自刘崇亮：《对我国社区矫正模式的反思》，载《江西社会科学》2012年第3期。

② 梁根林：《刑事政策：方式与选择》，法律出版社2005年版，第45～46页。

内全面推开。司法先行带来立法的及时跟进，2011 年《刑法修正案（八）》正式把社区矫正写入刑法，标志着我国社区内处遇与社会内处遇并存的二元结构的罪犯处遇模式已初露端倪。

四、处遇谦抑化原则

（一）处遇谦抑化的内涵

处遇谦抑化原则来源于刑法的谦抑性原则。刑法谦抑性，也称为刑罚谦抑性或刑罚谦抑。谦抑是一个外来概念，仅从字面上可理解谦和、抑制之意，这两层含义看似矛盾实则统一。德国学者耶林曾说："刑罚如两刃之剑，用之不得其当，则国家与个人两受其害。"所谓刑法的谦抑，即对刑罚两刃性的一种应对措施：谦和，意在限制刑罚的泛滥；抑制，旨在将刑罚的宽和程度控制在正义的范畴之内。①

学界普遍认为，刑法谦抑性最早是由日本学者平野龙一提出，他认为："即使行为侵害或威胁了他人的生活利益，也不是必须直接动用刑法，可能的话，采取其他社会统治的手段才是理想的，可以说，只有其他社会统治手段不充分时，或者其他社会统治手段（如私刑）过于强烈，有代之以刑罚的必要时，才可以动用刑法。这叫刑法的补充性或谦抑性。②

近年来我国也有学者开始使用刑法谦抑性这一术语，并且拓展了刑法谦抑性的意蕴。陈兴良教授从经济分析视角对刑法谦抑性进行界定："刑法的谦抑性，是指立法者应当力求以最小的支出——少用甚至不用刑罚（而用其他刑罚替代措施），获取最大的社会效益——有效地预防和控制犯罪。"③ 张明楷教授在论及刑法谦抑性时指出：日本刑法学者关于刑法谦抑性只谈了对处罚范围的"抑制"，没有谈处罚程度的"抑制"，根据我国的实际情况，刑法谦抑性应当包括处罚范围和处罚程度两个方面。基于这样的认识，他

---

① 转引自杨燮蛟：《在人性观视野下对刑法谦抑性的诠释》，载《政法论坛》2010 年第 3 期。

② ［日］平野龙一：《刑法总论Ⅱ》，日本有斐阁 1972 年版，第 47 页。

③ 陈兴良：《刑法的价值构造》，中国人民大学出版社 2006 年版，第 292 页。

认为："刑法的谦抑性，是指刑法应根据一定的规则控制处罚范围和处罚程度，即凡是使用其他法律足以抑制某种违法行为、足以保护合法权益时，就不要将其规定为犯罪；凡是使用较轻的制裁方法足以抑制某种犯罪行为、足以保护合法权益时，就不要规定较重的制裁方法。"① 从张明楷教授对刑法谦抑性所下的定义上不难看出，他所指称的刑法谦抑性，主要包括两方面的内容：一是非犯罪化；二是轻刑化。

从以上对刑法谦抑性内涵的梳理，可以揭示处遇谦抑化的定义：处遇机关对犯罪人进行处遇时，尽可能缩减刑罚的适用范围或适用烈度，代之以较轻的刑罚或其他非刑罚制裁方法。

（二）处遇谦抑化的根据

从本书第一章犯罪人处遇的历史演进中我们可以看出，从古至今，刑罚在犯罪人处遇中担当着主要角色。但刑罚本质上是一种"害恶"，刑罚并非是万能的，刑罚有其限度，它的使用有其极限。刑事处遇的谦抑化正是人们基于对刑罚限度的理性把握与正确认知所得出的逻辑结论。

1. 刑罚功能的局限性

刑罚作为国家对于犯罪人适用的、以剥夺其某种权益为内容的强制手段，能产生诸多积极的社会功能，因而作为社会对犯罪反应的手段，刑罚的存在是十分必要的。但与此同时，刑罚的功能又是有限的，对刑罚功能的过高期望和过度使用，不仅会产生一种新制度经济学所说的痴迷于刑罚的路径依赖，同时也会使刑罚趋向极限呈饱和状态，从而出现刑罚危机。刑罚功能的局限主要表现在②：一是刑罚预防犯罪功能的有限性。借助刑罚的威慑力来达到预防犯罪的目的，这是刑罚最基本的功能。但是，刑罚的预防功能是有限的：一方面，刑罚对诸如激情犯、过失犯、性情鲁莽者等犯罪人难收威慑之效；另一方面，刑罚的威慑效果具有暂时性，人们对刑罚

① 张明楷：《论刑法的谦抑性》，载《法商研究》1995 年第 4 期，第 55 页。

② 黄华生：《论刑罚轻缓化》，中国经济出版社 2006 年版，第 52～60 页。

的感受力容易随着时间的推移而变得迟钝，这会减弱刑罚的威慑力。二是刑罚的恶害性。对于受刑者来说，刑罚具有“制造”犯罪的负面效应。形成于20世纪30年代，至70年代发展到高峰的“标签理论”对刑罚的致罪作用进行了深入的研究。该理论认为犯罪人乃是遭受刑事司法机关之标签所致。一个人受到标定以后，便会产生烙印效应和自我修正、自我认同的犯罪者形象，因而脱离社会加深其犯罪性而成为真正的犯罪者。

2. 刑罚本质的谦抑性

刑罚的作用与功能受制于刑法自身的性质。刑法具有不完整性，刑法无论在规范内容方面，抑或在规范功能方面，均具不完整性。从规范内容来看，刑法在事实上不可能将所有应当予以刑罚制裁的不法行为毫无遗漏地加以规范，因为犯罪之实质内涵并非一成不变，而是随着社会状况及价值观，相对地呈现浮动现象。一些新兴的犯罪形态，刑法就可能没有加以规范，此即形成刑法规范内容的不完整性。从规范功能上看，刑法只是所有社会控制体系或社会规范体系中最具强制性的一种法律手段。刑事司法制度需要与其他社会控制之机构，例如家庭、学校等密切合作，始能有效维持社会共同生活所需要的法社会秩序。因此，刑法只不过是整个社会规范体系中的一个重要环节，其在规范功能上具有相当的不完整性。因此，在防止犯罪的反犯罪政策与措施上，绝不能唯刑法是赖，而应当在刑法手段之外，另配合其他社会控制手段。①

3. 刑罚资源的稀缺性

从经济学的角度看，任何资源都是有限的，国家的司法资源同样如此。刑罚作为国家司法资源的一部分，它的投入与使用需要国家大量的成本耗费，而且一定成本的投入并不必然产生相应的抵制犯罪的效果。② 正是基于刑罚资源的稀缺性、刑罚的“报酬递减”

---

① 林山田：《刑法通论》，台湾大学法律系1996年版，第16～17页。

② 蔡道通：《刑事法治：理论诠释与实践求证》，法律出版社2004年版，第389页。

规律与成本效率的考量，世界各国在处置犯罪人时重视对刑罚投入的成本与效益的核算。在刑罚资源稀缺现状难以有效改观的情况下，刑事处遇的谦抑是理性的选择。

（三）处遇谦抑化的路径

学界普遍认为，处遇谦抑化的可能路径是轻刑化与非刑罚化。尽管轻刑化与非刑罚化都是实现处遇谦抑的途径，但二者的侧重点还是不同的。轻刑化是要求刑罚在轻重程度上的降低，即对于犯罪，刑罚的规定要尽量的轻缓；非刑罚化是要求刑罚在势力范围上的缩小，即在组织对犯罪的反应时，尽量以非刑罚的方法来替代刑罚，使刑罚的适用处于一种不得不为和尽量少为的状态上，使刑罚及其可控制的罪行范围尽量的缩小。前者是对刑罚资源的慎用，后者是对重刑资源的克制，是否启动刑罚是两者的最大区别。①

1. 轻刑化

轻刑化是与重刑化相对应的一个概念，在处遇谦抑化概念之下所探讨的轻刑化是指：在刑事司法上，对于已经确定为犯罪的行为，如果适用较轻的刑罚即可，就没有必须要适用较重的刑罚。轻刑化本身是一种对刑罚“度”的限制，必须具有两层含义：一是意味着至少，是说刑罚的“度”不能超过其规制犯罪的最大限度；二是意味着足够，即刑罚的“度”必须足以实现其惩治犯罪、保障法益的基本功能。② 在我国，轻刑化的现实途径是：

（1）削减和限制死刑的适用。在我国现行刑罚体系中，死刑是重刑的主要表现。因此，我国轻刑化走向首先需要对死刑制度进行变革。基于对我国现实国情和犯罪态势的理性分析，死刑制度在相当长的历史时期仍有其存在的必要。这种对死刑制度的基本判断并不妨碍我们为最终废除死刑所作的现实努力：立法上的削减死刑罪名和司法上的限制死刑适用。令人欣喜的是，《刑法修正案（八）》取消了近年来较少适用或基本未适用的 13 个经济性非暴力犯罪的

---

① 卫磊：《刑事政策的当代发展》，中国法制出版社 2010 年版，第 206 页。

② 杨燮蛟：《在人性观视野下对刑法谦抑性的诠释》，载《政法论坛》2010 年第 3 期。

死刑，在轻刑化改革方面迈出了坚实的一步。虽然现行刑法中还有55个罪名挂有死刑，但司法实践中限制死刑的适用也是轻刑化的重要举措。现阶段，我国大幅度限制死刑的实际适用并不存在制度上的障碍，因为我国刑法分则中挂有死刑的罪名，一般都将死刑与无期徒刑、10年以上有期徒刑并列，这就为审判机关选择对严重犯罪不判死刑预留了空间。关键是改变某些司法者对死刑的路径依赖思想，认识到刑罚不是越重越好，死刑不是越多越好，并把这种认识转化为限制死刑适用的实际行动。

（2）增强罚金刑的可操作性，扩大罚金刑的适用力度。针对许多犯罪的贪利性特征，西方国家越来越强调罚金刑的运用，罚金刑在其刑罚结构中居于主导地位。而我国现行犯罪的刑罚配置中却弱化了罚金刑的作用，致使其在惩治贪利犯罪中的应有功能难以有效发挥。因此，实践中应当加大罚金刑的处罚力度。同时，鉴于现行刑法无限额罚金制的规定在司法实践中易造成量刑偏差的弊病，建议采用较为科学的“限额罚金制”或“倍比罚金制”，以增强罚金刑适用的可操作性和灵活性。

（3）丰富资格刑的内容。在人类控制行为中，机会比社会目标具有更大的作用。资格刑，就其本质特性而言，就是剥夺犯罪人据以利用其特有的资格来实施犯罪的条件，使其无法再凭借自身的联系网络和工作安排获得经济收入，而且其获得相关领域信息的能力也会因此减弱。正因为资格刑的特殊预防功能，西方国家十分注重资格刑在惩治犯罪中的作用。我国现行刑法中的资格刑只有剥夺政治权利一种，由于其剥夺的是政治权利，导致其在适用时受到很大限制。而国外资格刑的内容相当丰富，如禁止从事证券、期货业务，禁止驾驶，剥夺行医资格，剥夺监护资格等。由于资格刑内容的丰富性，导致其适用的高频性。因此，我国有必要借鉴国外的做法，充实资格刑的内容，强化资格刑在惩治和预防犯罪方面的功效。同时，由于资格刑是作为附加刑而存在，当其与主刑并用时，还可以降低主刑的厉度，从而以另一种途径，实现轻刑化。

2. 非刑罚化

非刑罚化是与刑罚化相对应的一个概念，代表了现代社会宽容轻微犯罪人的最新趋向。所谓非刑罚化，是指尽管行为构成了犯罪，依法应当追究刑事责任，但在决定对犯罪行为的反应方式时，严格控制对犯罪行为适用刑罚的条件，在能不适用刑罚、采用其他非刑罚处理手段也能达到预防和控制犯罪的目的时，即排除刑罚的适用，改用非刑罚处理手段。综合考察当今世界各国刑法改革中的非刑罚化运动，通过非刑罚化对刑罚圈进行实质限制的方式和途径主要有：(1) 通过规定免刑制度和免除处罚情节，对刑罚的适用范围进行实质限制；(2) 通过非刑事制裁措施对刑罚的适用范围进行实质限制；(3) 通过保安处分，弥补刑罚功能的不足，限制刑罚的适用范围。①

一个现实的问题是，在当代中国，非刑罚化的理念抑或刑事政策，目前主要停留在学术研究的层面，多为刑法理论研究者提倡，司法实务部门尤其是社会公众对非刑罚化的改革尚存疑虑甚至缺乏认同。近 20 年来，我国的刑事司法机关在非刑罚化改革方面进行了一些有益的尝试，但是总体而言，非监禁刑罚和非监禁行刑制度实际适用率仍然很低，管制刑 20 多年基本不用，处于“虚置”状态；作为附加刑的罚金刑单独适用的也很少，缓刑的适用也很低。②所有这些都说明，我国的非刑罚化程度还较低，在当下中国大规模地提倡和整体推行非刑罚化显然为时尚早。但是，非刑罚化是我国刑罚发展中将会实际遇到的一个问题，在理论上及早开展这方面的思辨和实证的研究是十分必要的。笔者认为我国的非刑罚化的实现问题，可以在以下两个层面展开：一方面，在刑事立法层面，创设替刑和易科制度：将社区服务刑种引入我国刑罚体系；创设短期监禁刑易科非监禁刑制度。另一方面，在刑事司法层面，推行“前门策略”，实行刑事和解；减少监禁刑宣告，扩大适用缓刑。

---

① 梁根林：《非刑罚化——当代刑法改革的主题》，载《现代法学》2006 年第 6 期。

② 储怀植、宗建文：《刑法机制》，法律出版社 2004 年版，第 32 页。

第三章　犯罪人的司法处遇

司法处遇，是指在从犯罪的立案开始到刑罚的执行或改造保护终了为止的一连串的刑事司法过程中，从特定犯罪人的搜查到决定处遇的刑事审判为止的阶段上的犯罪人处遇。[①] 司法处遇所处的阶段是对犯罪人（严格而言，在刑事审判之前应称之为犯罪嫌疑人）进行处置的第一个阶段。司法处遇是微观刑事政策在司法领域展开的结果，它的任务主要是对犯罪人选择适用何种处置措施——刑罚、保安处分还是保护处分。司法处遇是犯罪人处遇乃至刑事政策的主要内容，是刑事政策及犯罪人处遇理念的制度性落实和贯彻，通过建立具体的司法制度来体现刑事政策及犯罪人处遇的理念和原则。[②] 我国既有的犯罪人处遇研究偏重从静态或规范方面阐释犯罪的处置方法及措施，未将犯罪人处遇放在动态的刑事司法运行阶段考察。面对目前日趋复杂、变化的犯罪问题，这种单一的刑事实体处遇措施显得力不从心。司法机关需要转变思路，从刑事司法程序的视野摸索犯罪人处遇问题，对犯罪人处遇按照诉讼程序环节逐步展开，对不同类型的犯罪人分别处遇。

第一节　侦查阶段的犯罪人处遇

在刑事司法体系中，警察是最早接触犯罪人的人员。警察针对不同类型的犯罪人，可以采取不同的处遇方式。犯罪人实施犯罪后，可能是被警察主动发现的，也有可能是被动发现的。所谓主动发现，是指警察在日常的业务工作中发现行为人正在实施犯罪，从而对其采取法定的处遇的方式。所谓被动发现，是指行为人实施犯

---

① ［日］大谷实：《刑事政策学》，黎宏译，法律出版社2000年版，第163页。

② 张志泉：《日本犯罪者处遇研究》，山东人民出版社2010年版，第40页。

罪后，被害人或其他发现犯罪的人向警察举报、控告，从而启动警察处遇。从诉讼经济的角度出发，提起公诉和交付法院审判是处理犯罪人最不经济的行为，因此，在侦查阶段，各国警察在处遇犯罪人时一般都是采取简易程序，将案件从诉讼程序中分流出去。例如在英国，警察在作出是否起诉以及以何种罪起诉决定时是非常迅捷的。对于未成年人的轻微犯罪，英国警察可以作出警告及不起诉的处分。在日本，警察享有轻微罪处分的权力，当判明犯罪非常轻微而没有必要进行刑事处罚时，由司法警察予以训诫而免予追究刑事责任。

一、侦查阶段犯罪人处遇概述

我国警察处置犯罪人可根据不同阶段处遇。在立案阶段，如认为犯罪人罪行轻微，可将刑事案件的处理转为行政处罚等非刑罚措施，最终将犯罪人过滤出刑事程序。在侦查阶段，对犯罪人的处遇措施主要体现在讯问和适用强制措施上。

（一）对犯罪人的讯问

2012年新修改的《刑事诉讼法》对于讯问犯罪嫌疑人作出了新的规定。其中第33条第1款、第2款规定："犯罪嫌疑人自被侦查机关第一次讯问或者采取强制措施之日起，有权委托辩护人；在侦查期间，只能委托律师作为辩护人。被告人有权随时委托辩护人。侦查机关在第一次讯问犯罪嫌疑人或者对犯罪嫌疑人采取强制措施的时候，应当告知犯罪嫌疑人有权委托辩护人。人民检察院自收到移送审查起诉的案件材料之日起三日以内，应当告知犯罪嫌疑人有权委托辩护人。人民法院自受理案件之日起三日以内，应当告知被告人有权委托辩护人。犯罪嫌疑人、被告人在押期间要求委托辩护人的，人民法院、人民检察院和公关机关应当及时转达其要求。"

上述规定表明，律师介入刑事诉讼的时间已经提前到了侦查阶段。这是一个比较大的修改，标志着长期以来基本上是秘密进行的侦查活动将逐步公开化。此举具有重要意义：一方面有利于促使侦查机关严格依法办事，防止刑讯逼供、诱供等违法现象发生，切实维护当事人的合法权益，避免冤假错案的发生；另一方面解决了长期以来存在的律师介入刑事诉讼的时间过迟，律师由于没有充分甚至必要的时间阅卷、会见犯罪嫌疑人和进行出庭前的准备工作，致使辩护往往流于形式，难以真正有效地为犯罪嫌疑人提供法律帮助的问题。

此外，修改后的《刑事诉讼法》第 270 条规定，对于未成年人刑事案件，在讯问和审判时，应当通知未成年犯罪嫌疑人、被告人的法定代理人到场。无法通知、法定代理人不能到场或者法定代理人是共犯的，也可以通知犯罪嫌疑人、被告人的其他成年亲属，所在学校、单位、居住地基层组织或者未成年人保护组织的代表到场，并将有关情况记录在案。到场的法定代理人可以代为行使未成年犯罪嫌疑人、被告人的诉讼权利。确立合适成年人在场制度，不仅可以帮助未成年人与讯问人沟通，根据修改后的刑事诉讼法第 270 条第 2 款规定，还可以对讯问过程是否合法、合适进行监督，保护未成年人的合法权益不受侵害。需要指出的是，根据修改后的刑事诉讼法第 270 条第 5 款规定，如果被害人、证人是未成年人，询问时也应当通知其法定代理人到场，法定代理人无法到场时应通知合适的成年人到场。

但是，由于现在人口流动性加大，流窜作案增加等情况的客观存在，合适成年人参与讯问的情况并不多，特别是在外来未成年人作案的情况下，合适成年人的参与权更难以实现。这在一定程度上已经影响了我国未成年犯罪嫌疑人在刑事诉讼过程中的地位。

（二）对犯罪人适用的强制措施

目前，世界各国通过严密的立法对侦查阶段的逮捕权的滥用进行了限制，充分说明“逮捕如两刃之剑，用之不得其当，则国家和个人两受其害”。在审前程序中慎用逮捕措施、尽量减少对犯罪人的羁押，已成为世界各国的共识，并已成为公民的一项基本权利。在英美国家，逮捕犯罪嫌疑人必须具有足够的客观基础，即除非有合理证据（probable cause）证明实施了某项犯罪，国家不得启动刑事诉讼程序。因此在英美国家，合理证据构成重要的人权保障机制。其另一层含义是慎之又慎地使用强制措施。

而在我国，关押是原则，取保候审属于例外，这与国外未决犯的“保释是原则，羁押属例外”正好相反。尤其是在人口流动量大的沿海经济发达地区，“慎用逮捕措施”有时是很难贯彻到位的。特别是大量的外来未成年犯，由于绝大多数在作案地没有固定住所，既无父母监护，又无学校管教，因此即使是犯罪情节轻微，往往仍被逮捕。简单地说，这并不像外界想象的那样，是一个“地域歧视”的问题，它实际上交织着当地经济发展对劳动力需求与劳动力过量流入的矛盾，事实上是一个非常复杂的社会问题。而且，在可预见的未来一段时间内，这一局面恐怕很难有根本改观。因此，如何在这一特殊的社会流动与转型期，恰当把握对外来犯罪人运用强制措施的方式和力度，在实践中是个十分值得重视和研究的问题。

针对犯罪人应减少使用严厉强制措施，尽量不剥夺犯罪人的自由。对一般犯罪人，警察采取强制措施遵循比例原则和必要性原则，而对于一些特殊的群体，例如老年人、未成年人，考虑到年老体衰、社会危害性小的因素，可以适当降格为宽缓的强制措施，如从拘留、逮捕等转为取保候审或监视居住等。同时，对待犯罪人，可减少强制措施的审批层级，安排专门负责人审核，以确保强制措施的正当适用。另外，除涉及危害国家安全、恐怖犯罪案件外，警察实施讯问可允许犯罪嫌疑人的辩护人或亲属到场陪同。

二、侦查阶段犯罪人处遇的新探索——刑事和解

我国修改后的《刑事诉讼法》规定，公诉案件，犯罪嫌疑人、被告人真诚悔罪，通过向被害人赔偿损失、赔礼道歉等方式获得被害人谅解，被害人自愿和解的，双方当事人可以和解。刑事和解已经被我国纳入到法制化的轨道。在提倡多元纠纷解决机制、促进社会和谐的当下，刑事和解的显著优势和强大的生命力已经在司法实践中展现出来。

（一）侦查阶段刑事和解引入之争

“刑事和解”被称为“加害人与被害人的和解”（Victim—Offender Reconciliation，简称 VOR）[①]。肇始于20世纪70年代加拿

① 陈光中、葛琳：《刑事和解初探》，载《中国法学》2006年第5期。

大安大略省基陈纳市的一次“被害人——加害人”和解尝试方案，体现了“恢复性司法”的刑事新思潮，对各国刑事立法和司法实践产生了深远的影响。1978 年，美国印第安纳州埃克尔哈特市首次将“被害人——加害人”和解方案引入美国，自此，该方案迅速遍及整个美洲和欧洲。刑事和解是指在刑事诉讼程序运行过程中，被害人和加害人（即被告人或犯罪嫌疑人）以认罪、赔偿、道歉等方式达成谅解之后，国家专门机关不再追究加害人刑事责任或者作为对其从轻处罚的一种案件处理方式。[①] 这是一种新型的刑事司法关系，随着宽严相济刑事政策的实施和建立和谐社会目标的提出，刑事和解制度在我国的刑事司法实践中日益受到重视并得到一定程度的适用。[②] 刑事和解的目的是修复因犯罪人的犯罪行为而破坏的加害人和被害者原本具有的和睦关系，并使罪犯因此而改过自新，复归社会。我国学者卞建林教授曾将其定义为新型的解决刑事案件的方法，是一种平和的、协商的、合意的结案方式，是程序分流的重要途径，是解决刑事纠纷、确定被告人刑事责任的一种方式，而并非对民事赔偿的协议，刑事和解解决的是刑事问题。

从目前我国的刑事司法实践和理论研究的情况来看，在侦查、审查起诉和审判这三个阶段均可进行刑事和解。实践中由法官主持的和解一般争议不大，对于审查起诉阶段的和解，因为我国《刑事诉讼法》规定检察机关享有不起诉裁量权，所以检察机关对轻微刑事案件展开刑事和解也存在着一定的合法性。目前，争议较多的是刑事和解在侦查阶段的适用问题。侦查阶段处于刑事诉讼的前沿，它直接影响到后续刑事诉讼程序的启动与运行。在侦查阶段进行刑

---

① 陈兴良：《宽严相济刑事政策研究》，中国人民大学出版社 2007 年版，第 567 ~ 569 页。

② 《刑法修正案（八）》增设的《刑法》第 276 条之一：“以转移财产、逃匿等方法逃避支付劳动者的劳动报酬或者有能力支付而不支付劳动者的劳动报酬，数额较大，经政府有关部门责令支付仍不支付的，处三年以下有期徒刑或者拘役，并处或者单处罚金；造成严重后果的……”“有前两款行为，尚未造成严重后果，在提起公诉前支付劳动者的劳动报酬，并依法承担相应赔偿责任的，可以减轻或者免除处罚。”该条被认为是体现刑事和解精神，保障受害人与行为人双赢的典型法条。

事和解，意味着部分具有社会危害性的犯罪案件将因为和解的成功而被分流，采取非刑事诉讼程序予以解决。刑事诉讼法虽然已经修正，但对侦查机关刑事和解的规定显得较为原则，且面临着较多的质疑。因此，有必要对侦查阶段刑事和解适用问题进行研究。

我国学界对侦查阶段是否适用刑事和解，一直存在较大的争议。持异议者的理由是：

首先，侦查阶段的任务就是收集证据，查明犯罪事实，抓获犯罪分子，使未暴露的犯罪事实最大限度地“还原”。如果在侦查阶段过早适用了刑事和解，就会放松对侦破案件的追求，丧失保护国家、社会和公民合法利益不受侵犯的动力。①

其次，公安机关没有定罪权，不能最终认定犯罪嫌疑人是否有罪。公安机关在侦查阶段因刑事和解成功而撤案的前提是认定犯罪嫌疑人的行为已构成犯罪，这会导致侦查机关拥有事实上的定罪权，但是定罪是法院的专有权利，侦查机关拥有定罪权有违司法最终裁决的法治原则，故刑事和解应当在审判阶段进行为宜。②

最后，侦查阶段赋予公安机关对刑事和解成功的案件以撤案权，会导致公安机关权力滥用。根据我国现行的刑事司法模式和刑事司法实践，我国公安机关拥有广泛的侦查权力，同时侦查过程缺乏有效的外部监督和控制。在这种现实状况下，如果赋予公安机关在侦查阶段刑事和解的权力，将更加如虎添翼，权力越发不受制约，更易发生权力滥用的危险。③

笔者主张在侦查阶段适合刑事和解，主要基于以下理由：

第一，查清事实真相固然是公安机关的职责，但对于一些主要案件事实清楚的伤害案件，没有必要查清案件的每一个细节。从保护当事人的角度看，刑事和解是双方当事人在自愿的基础上而达成

① 邹娅：《析侦查阶段不宜刑事和解》，载《公安学刊》2010 年第 3 期。

② 黄京平、甄贞主编：《和谐社会语境下的刑事和解》，清华大学出版社 2007 年版，第 7 页。

③ 邹娅：《析侦查阶段不宜刑事和解》，载《公安学刊》2010 年第 3 期。

的协议，因此，双方之间的相互谅解是达成刑事和解协议的关键。因此即使案件的某些细节没有查清楚，也不会给双方当事人的合法权益造成侵害。

第二，从侦查权的目的和性质来看，侦查权的目的就是侦查机关通过侦查行为来发现犯罪事实，打击犯罪，保障被害人的权益，侦查权设立的最终目的就是为了解决纠纷，促进社会的和谐稳定。在侦查阶段进行刑事和解，也是一种很好的纠纷解决的方式，符合侦查权设立的目的。此外，从侦查权的性质来看，侦查权总是和裁量权相伴而生，这意味着侦查人员可以在法律认可的范围内，对于权力范围内的事由进行合理的裁量。

第三，刑事和解作为一种新的刑事纠纷解决机制并不会造成处罚权的滥用。刑事和解的进行是在多方参与下进行的，是对案件处理的一种自我抉择。必须由涉案双方基于自愿的意思表示方可进行，公安机关在案件中不能越俎代庖，也就是说，在法律许可的框架下，公安机关在是否适用和解的问题上是没有自由裁量权的。如果公安机关在刑事案件中强硬表态，强制和解，则应当禁止。但是，这并不是说公安机关在和解中没有任何发言权，比如对于双方的合理引导则是可以的，但不得影响双方的意思表达。应该尊重受害人选择的权利，而不能假设受害人都是宽容和慷慨地接受和解，他可以选择不和加害人协商而要求司法机关给予其刑罚处罚。因此，只要在刑事法律中对刑事和解予以确认，其就不会影响到国家刑罚权的滥用。在和解中通过被害人与加害人的对话，有利于修复受害人的心理，也有益于加害人的回归。如果双方难以达成协议，则应当依法进行处罚。这既可以防止处罚权的滥用，也有利于刑法平等原则的落实。

此外，从我国现行对警察工作的考核机制来看，“破案率”是一个重要的考核标准。个别侦查人员往往采取“先破后立”或“不破不立”的方式，来保证破案率。这也直接导致了很多的轻伤害案件无法得到解决，当事人之间的矛盾愈演愈烈，社会秩序进一步恶化，上访不断。而因上访所催生出的二次诉讼将会占用更多的司法资源。如果在侦查阶段双方当事人能够进行刑事和解，则可以更好地达到修复性司法的目的。“在传统的司法体制和司法理念中，对立性特征十分明显，但是在现代司法体制和司法理念中，鉴于对权力推定的警示，国家公权力与个人之间的和解获得了一种平衡。”① 所以，在侦查阶段实行刑事和解是司法实践的最好选择。此外，刑事诉讼法对于侦查阶段适用刑事和解的案件范围是有严格限制的。根据修改后的《刑事诉讼法》第277条规定，刑事和解只适用于可能判处3年有期徒刑以下刑罚的侵犯公民人身权利、民主权利犯罪案件、财产犯罪案件和可能判处7年以下有期徒刑的渎职犯罪之外的过失犯罪案件，这类案件的社会危害性相对较低。

（二）侦查阶段刑事和解的基础

1. 思想文化基础。我国是一个农业大国，小农经济占主导，人们之间的关系比较密切。儒学大师钱穆曾指出：“中国人乃在异中求同，其文化特征乃为一和合性。”传统中国的自然经济和家国一体的社会结构，使得这种“和合”观念深入人心，人际关系的和谐是传统伦理观念与法律文化的终极目标。② “以和为贵”的“和合思想”在我国传统文化中根深蒂固，影响极其深远。因此我国的老百姓从古至今在处理纠纷时常常会产生“厌讼”情绪。“厌讼”作为一种中国所特有的社会现象，它是在一定历史条件制约下形成的趋利避害的行为态势或行为习惯。

因此对于一些社会危害性较小的案件，我们可以采取新的解决纠纷的方式，以实现更好的社会效果。刑事和解就是一种很好的尝试。刑事和解体现的人文精神与“和合思想”相吻合，它为当事人双方提供了面对面交流的平台，摒弃了以往的敌我对峙的状态，双方通过协商，能够更好的化解矛盾，恢复和谐状态。由此可见，传统文化对民众法律思维和行为方式的影响，为刑事和解制度的建立提供了深厚的文化基础。

---

① 孙万怀、黄敏：《现代刑事司法和解精神的基础》，载《法学》2006年第4期。
② 转引自彭海青：《论恢复性司法》，载《中国刑事法杂志》2004年第3期。

2. 刑事政策基础。宽严相济的刑事政策是我们进行刑事和解的政策依据。宽严相济的刑事政策中的“宽”是指本应按照刑法规定作为犯罪处理的，但由于犯罪情节轻微，社会危害性较小，在司法上作为非犯罪化处理，体现了刑法的轻缓化。宽严相济的刑事政策中的“严”是指对那些犯罪情节比较恶劣，严重危害社会的行为，要严格按照刑法的规定，在司法适用上，该受到刑事处罚的决不纵容姑息。“相济”即宽严相互补充、相互协调、相互结合。做到严中有宽、宽中有严、宽严适度。具体到司法适用中，就要具体问题具体分析，对不同严重程度的案件，应有不同的处理方式，争取以更优更便捷方式达到预期的效果。

刑事和解是一种轻缓、非刑罚化的方式来解决当事人之间，当事人与社会利益之间矛盾的一种方式。它主要适用于一些轻罪案件。比如，对未成年人犯罪、偶犯、过失犯、初犯等社会危害性小的轻微犯罪。刑事和解体现了刑罚轻缓化的刑事司法发展趋势，强调以人为本，尊重和保护人权，通过比较温和的方式来缓和或消除人与人之间、人与社会之间的对立、矛盾、冲突，促进社会和谐，达到良好的社会效果。对轻微刑事案件从轻处罚或进行社会化转处，以节约司法资源；对严重危害社会的案件必须从重、从严处理，以维护社会秩序以及法律的权威。正是由于对轻微刑事案件从轻处理节约了司法资源，为从重处理严重危害社会的案件提供了人力、物力以及时间上的保障。所以，在侦查阶段进行刑事和解，有利于提高整体的司法效益，符合我国宽严相济刑事政策的理念要求。

（三）侦查阶段和解制度之实施

要发挥法律制度的规制与引导作用，要实施刑事和解就必须设置一套切实有效的机制对侦查人员的自由裁量行为进行积极的引导和有序的规范，以使相关的权力可以被科学而公正地行使，从侦查阶段适用刑事和解所遵循的原则、和解适用的案件范围、和解的具体程序、和解中的监督等方面进行制度设计。修改后的《刑事诉讼法》虽然确立了刑事和解的基本框架，但其具体实施仍需要引导与规范。

1. 遵循原则

（1） 自愿原则

自愿原则是刑事和解的前提和基础并贯穿于刑事和解的整个过程。首先，刑事和解的启动权应由犯罪嫌疑人或被害人及其家属行使，公安机关没有启动刑事和解的权力。其次，犯罪嫌疑人必须真诚地忏悔并作出相应的赔偿。最后，被害人的谅解也必须是心甘情愿的，并非强迫的。

（2） 被动原则

公安机关在刑事和解中处于消极被动的地位。如前所述，公安机关无权启动刑事和解。在刑事和解的过程中，公安机关只审查犯罪嫌疑人和被害人之间和解协议是否违反自愿、公平的原则。但是当事人之间的和解必须是在公安机关的主持下进行。

（3） 法定原则

法定原则是刑事和解最基本的原则，是指刑事和解必须严格遵循法定的条件和程序进行，防止公安机关滥用权力侵害犯罪嫌疑人和被害人的程序性权利和实体性权利。

2. 和解适用的案件范围

刑事和解是对刑事司法理念与刑事政策的积极反应，而刑事司法理念与刑事政策应该贯彻到整个刑事司法之中，所以，刑事和解也可以在刑事司法的各阶段实施。轻微的刑事案件可以在刑事和解的基础上进行诉讼分流，从而节约司法资源；而对于较严重的刑事案件而言，也可以在一定的条件下适用刑事和解。因此，就刑事和解制度本身而言，其所应适用的案件范围是广泛的。

相较于检察阶段和审判阶段的刑事和解，侦查阶段的刑事和解意味着经由和解的案件只要是被确认符合条件就可以从刑事诉讼的程序中分流出去。被害人在放弃程序上的权利时当然放弃了诉讼权利，也就不再追究加害人的刑事责任。所以，可以在侦查阶段分流的案件一定是按照现行的刑事法律可以被免刑或者可以被比照免刑的，只能适用比较轻微的刑事案件或者因为加害主体的特殊性而需要特别考虑的案件。出于犯罪预防的考虑，这类案件应仅限于过失犯、初犯、偶犯和胁从犯。根据修改后《刑事诉讼法》第277条的规定，刑事和解的案件包括：可能判处3年有期徒刑以下刑罚的，除渎职犯罪以外的可能判处7年有期徒刑以下刑罚的过失犯罪案件。犯罪嫌疑人、被告人在5年以内曾经故意犯罪的，不适用刑事和解的程序。这就为公安机关进行刑事和解划定了原则性的界限。

3. 和解的具体程序

（1）和解的启动

公安机关在案件侦查结束后，对于认为条件符合刑事和解条件的案件，应告知双方是否愿意进行调解。当事人双方都愿意接受调解的，应当在被告知后，向公安机关提交调解申请。双方都在场情况下也可以口头申请，由公安机关作记录，双方在调解记录上签字即可。公安机关在收到申请之后应及时安排双方会见进行调解。犯罪嫌疑人和被害人提起刑事和解的时间是公安机关立案侦查之日起到侦查终结移送审查起诉前。

（2）和解的准备

刑事和解前的准备过程是由公安机关、犯罪嫌疑人和被害人三方共同的参与下完成的，这一过程主要是由公安机关居中调解。公安机关的职责是让双方当事人能够很好的沟通，并建立起良好的信任关系，积极的创造各种有利于和解的条件。公安机关还应当就双方期待和解内容的可能性与合理性进行评估，为进入和解程序做好各种准备。

（3）和解的实施

这一阶段是刑事和解的关键阶段。公安机关将会积极促成犯罪嫌疑人和被害人之间的协商对话，交换看法；犯罪嫌疑人一般情况下会承认自己的错误，并表达歉意，而被害人也可能因为犯罪嫌疑人的积极认错而对其表示宽恕。最终在公安机关的主持下，双方达成刑事和解协议。和解协议的内容一般包括：①向被害人赔礼道歉；②亲笔书写悔过书；③向被害人支付一定金额的损害赔偿；

④向政府或指定的公益机构支付一定的损害赔偿；⑤犯罪嫌疑人的亲友预防其再犯所承担的义务；⑥不再要求公安机关对犯罪行为人刑事追究或请求公安机关对犯罪行为人依法从宽处理等。

此外，在确定和解协议中赔偿金支付期限的时候，应当综合考虑到犯罪嫌疑人家庭实际情况，不一定要在达成协议时全部付清赔偿款，可由当事人协商一定的赔偿期限，让经济上有困难的犯罪行为人也有和解的机会。

（4）和解后的处理

犯罪嫌疑人和被害人达成和解协议，案件将被撤销。但是，如果和解不成功，公安机关仍然可以将案件移送检察机关起诉或直接处理，在移送检察机关的同时，应将刑事和解的情况一并移送。

（四）侦查阶段刑事和解的监督

“权力趋于腐败，绝对的权力趋于绝对的腐败。”① 孟德斯鸠说，“一条万古不易的政治经验是，握有权力的人容易滥用权力，直到遇到某种外在限制为止。因此，要想防止掌权者滥用权力，必须以权力制约权力”。② 诚如有学者所言，在我国现行刑事司法模式下，由于侦查过程缺乏有效的审查和控制，实践中检察机关的侦查监督也由于各方面的原因很难到位，如果将刑事和解置于侦查阶段，则滥用的可能性极大。③ 为了防止适用和解时发生放纵犯罪、侵犯犯罪嫌疑人与被害人合法权益等现象的发生，我们应当强化监督，构建全方位、立体化的刑事和解监督网络。

1. 检察机关监督。刑事和解的良性运行需要办案机关的相互监督，侦查阶段的刑事和解必须有检察机关进行监督。具体而言，检察机关的人员可以不列席刑事和解的会议。但是，当案件当事人有不安感而申请检察机关派员列席时，检察机关必须接受，公安机关也不得拒绝，并且这一点要在侦查阶段和解程序启动时侦查机关

---

① ［英］阿克顿：《自由与权力》，侯建、范亚峰译，商务印书馆2001年版，第81页。

② ［法］孟德斯鸠：《论法的精神》（上册），张雁深译，商务印书馆1961年版，第154页。

③ 黄萍：《刑事和解制度的实践与完善》，中国检察出版社2006年版，第193页。

就应告知当事人，告知的情形必须由当事人确认并标明日期。当案件当事人对和解协议内容有异议时，可以向检察院申诉，从而启动检察院的监督程序。关于这一权利，在和解协议达成后，公安机关也必须告知当事人，并将告知的过程予以记载由案件的当事人予以确认。公安机关办案人员应认真做好调查取证和现场保护、勘查工作，对于侦查机关无理由怠于查案而逼迫当事人和解的，要给予相应的处分。案件受害人也可以向检察机关提出申请，要求侦查机关尽快办案。对因不作为或查证不及时造成证据毁损缺失而引发问题的，要按照公安机关执法责任制的有关规定实行责任倒查，直接追究相关人员的责任。

2. 上级机关监督。上级公安机关对其下属的公安机关的整个刑事和解的过程进行监督，一旦发现有违法违规行为的，可以直接予以更正。

3. 行政监督。行政监督是指监察机关的监督，监察机关对于对于公安机关在侦查阶段适用和解进行监督，及时查处违法违纪行为，追究行政责任，有违法现象移交司法机关处理，保障当事人的合法权益。

4. 社会监督和公众监督。社会和公众监督是指来自国家机关以外的组织和公民个人对公安机关的刑事活动进行监督。当今时代，网络媒体发展迅猛，应充分利用网络的优势对公安机关的刑事活动进行监督。

第二节　公诉阶段的犯罪人处遇

起诉是检察机关对犯罪人的刑事案件进行全面审查后，作出是否向法院提起公诉的诉讼活动。在世界各国及地区，检察官都承担着案件是否提交法院审判的任务。案件是否公诉，检察官具有自由裁量权。检察官针对案件性质、犯罪主体、犯罪手段等方面作出判断后，可以决定是否对犯罪嫌疑人提起公诉。根据追诉机关对确已犯罪的嫌疑人有无决定不起诉的自由裁量权的不同，有起诉法定主义和起诉便宜主义之别。英国、美国、法国、德国、日本以及我国台湾地区，均不同程度地承认追诉机关享有一定的追诉裁量权。起诉便宜主义的具体表现形式各不相同。在英国，检察官对于年老体衰的被告人，除非认为其罪行十分严重或者存在再次犯罪的现实危险时才会起诉。换言之，英国检察官可以对罪行不严重的老年人免予起诉。在美国，称为“延缓起诉”。在法国，检察官认为犯罪人认罪悔过，愿意就其犯罪行为对被害人造成的伤害与损失进行赔偿，与被害人就重新修复关系达成合意。检察官认为犯罪人具备不再重新犯罪的条件，决定以和解的方式解决刑事纠纷。在德国，表现为“附条件不起诉”。德国检察官对一些轻微甚至中等严重程度的犯罪案件，起诉可以采取便宜原则。对有些轻微罪虽有追诉必要，但因被告人已接受某种处罚，致使不再追诉。如行为人造成某种财产损失，只要能恢复原状或赔偿，对其犯罪行为可不予追诉。在日本，称为“起诉犹豫”。

一、我国不起诉的现状及改革

就我国而言，1996 年修改的刑事诉讼法，取消了检察机关的免予起诉制度，建立了绝对不起诉、存疑不起诉和相对不起诉这三种不起诉制度。起诉便宜主义在我国表现为相对不起诉。相对不起诉适用率很低，除了我国采取将一般违法行为从犯罪行为中“分流”出去的做法，使一部分案件没有进入刑事司法程序转作行政治安案件处理外，检察机关的起诉裁量权没有得到充分行使是一个很重要的原因。

我国的不起诉率从 1997 年到 2006 年一直在 2% ~3% 徘徊。[①] 然而，世界其他国家适用不起诉的情况与我国截然不同。在日本，检察厅办理的案件中，不起诉案件占全部案件的 30% 左右。而起诉犹豫占全部不起诉案件的 90% 左右。在英国，检察官决定不起诉的

---

① 张辰斌：《宽严相济政策下的附条件不起诉制度研究》，载《新课程（教育学术版）》2009 年第 6 期。

比率一般为12%。[1] 在美国，近90%的刑事案件是通过辩诉交易处理的。[2] 相对而言，我国的不起诉率显著低于世界其他国家。事实上，不起诉率的高低反映了检察机关自由裁量权的大小。我国检察官自由裁量权的使用率明显偏低，运用的极不充分。

在现有的法治环境下，不起诉率如此低迷有其合理的成分。很难讲我们采取将一般行为从犯罪行为中“分流”出去的做法就一定不好。但是同时我们也应该看到，由于检察机关消极行使不起诉权，许多案件即使符合相对不起诉的条件也被提起公诉，法院经过审理最终作出宣告无罪或免予刑事处罚的判决，这样的结果不仅对犯罪嫌疑人的人权保障极为不利，同时也浪费了有限的司法资源。笔者试图以“2008年全国法院审理刑事案件被告人判决生效情况表”（见下表）来说明：

本期生效判决		生效判决被告人处理情况								
					其　中					
件	人	宣告无罪	免予刑事处罚	给予刑事处罚	五年以上至死刑	五年以下有期徒刑	拘役	有期徒刑、拘役、缓刑	管制	单处附加刑
649941	1008677	1373人	17312人	989992人	159020人	463166人	73183人	249111人	18065人	27447人

上表中无罪、免予刑事处罚、拘役、缓刑、管制五项共计359044人，占生效判决总数的35.6%。这一数字，除去法院判决错误，对绝对不起诉、存疑不起诉错误起诉外，客观地讲，有相当比例是可以作相对不起诉处理的。与其将这些案件起诉到法院后判处短期自由刑和免予刑事处分，还不如直接由检察机关裁量作相对不起诉处理，这样既节约了司法资源，有效避免适用短期自由刑的弊端，又可以提高诉讼效率。

---

① 王建荣：《两大法系轻罪不起诉制度比较研究》，来源于：http：//www. Jxfuzhou. Jcy. gov cn/swyj/200909/t20090918_ 263861. shtml。

② 沈慧贞：《宽严相济刑事政策背景下的认罪轻案程序试点》，载《中国市场》2009年第1期。

针对这样的情况，很多学者提出借鉴暂缓起诉制度来扩大检察机关的自由裁量权。笔者通过研究认为，日本的起诉犹豫制度相对于暂缓起诉，对我国更具有借鉴意义。

二、起诉犹豫制度的确立及其运用——以日本为视角

日本起诉犹豫制度经历了一个比较复杂的历史进程。它的产生是为了顺应司法实务的需要。日本检察官在决定对被告人是否适用起诉犹豫处分时，不受犯罪轻重的影响，而是综合考虑各种情况后作出的决定。

（一）日本起诉犹豫制度的确立

日本起诉犹豫制度可以追溯到明治维新时期。明治维新初期，随着犯罪率逐年上升，被起诉的犯人及监狱收押的犯人不断增加，刑事裁判的运营和监狱的维持需要的费用在不断地增加，日本政府为了减少囚犯人数，就采取了对轻微犯罪采取不立案或警告释放的方针，减少公诉的提起和裁判。明治维新后期，不起诉的范围扩大到非轻微的犯罪。但这是检察官在司法实践中的一种惯常作法，并未得到法律上的确认。

大正七年（1918年），司法省法务局发布指示："凡被疑案件，虽诉讼条件完备，有充分犯罪嫌疑，且犯罪情节并非轻微，但根据犯罪嫌疑人的主观情况，在一定时间可暂缓提起公诉，以观察期间行为。"[①] 起诉犹豫制度的适用范围由轻微的犯罪扩大到一切犯罪行为。大正十一年（1922年），日本重新制定《刑事诉讼法》（现称为"旧刑事诉讼法"），并以立法的形式全面确立了起诉便宜主义，该年的不起诉率为69.1%，其中起诉犹豫占53%，明显超过了起诉比率。[②] 1948年，日本制定了新的刑事诉讼法，也就是现行的刑事诉讼法，并在起诉犹豫制度规定上，加进了"犯罪的轻重"

① 日本法务省刑事局：《日本检察讲义》，杨磊等译，中国检察出版社1990年版，第11页。

② ［日］松尾浩也：《日本刑事诉讼法》（上卷）丁相顺译、金光旭校，中国人民大学出版社2005年版，第177页。

几个字。检察官在综合考虑到犯人的性格、年龄及境遇、犯罪的轻重及情状与犯罪后的情况，认为没有必要追诉时，可以不提起公诉。至此，起诉便宜主义在立法上得到了确认，同时也是以立法的形式赋予检察官起诉犹豫的权限。

（二）日本起诉犹豫制度的内涵

1. 日本起诉犹豫制度的概念

根据日本《刑事诉讼法》第248条的规定，我们可以把日本起诉犹豫制度概括为：检察机关对于触犯刑法的犯罪嫌疑人根据犯罪人的因素，犯罪的情况以及犯罪后的表现，依法认为没有追究刑事责任的必要而作出的暂时不予提起公诉的制度。由此，检察机关作出起诉犹豫决定必须考虑三个方面的因素：其一是犯罪人的因素。主要包括：犯罪人的年龄、家庭情况、职业、工作单位、平时行为、学历、知识程度、有无前科、居住地、有无不良习惯等。其二是犯罪的因素。主要包括：犯罪动机、原因、方法、手段、法定刑的轻重，有无加重减刑的法律规定。其三是犯罪后的因素。包括：犯人有无逃亡或毁灭、隐藏证据的行为、有无回归社会的努力和有无赔偿被害人的损失。总之，考虑犯罪人的个人情况以着眼于特殊预防，其目的在于衡量人身危险性；考虑犯罪的轻重与情节主要着眼于一般预防，在决定起诉犹豫时必须考虑对社会的影响。

2. 日本起诉犹豫制度的特征

日本起诉犹豫制度的特征包括以下几个方面：(1)检察官作出起诉犹豫决定的前提是被告人的行为已经构成犯罪。对于不构成犯罪或不具有犯罪嫌疑人的行为，检察官只能作出不起诉决定。(2)起诉犹豫的对象是犯罪嫌疑人，而不是具体的罪行。(3)由检察官自由裁量是否起诉，法律对此不作明文规定。检察官根据犯罪人的性格、年龄、境遇和犯罪轻重、情节以及犯罪后的情况，自行决定在决定对被告人是否适用起诉犹豫处分时，不受犯罪轻重的影响。这与日本民众对公权力普遍信任有关系。日本民众普遍信任检察官的能力和人格，国民一般不愿对簿公堂，倾向于庭外解决，因此起诉犹豫制度在日本受到大多数国民的拥护。(4)检察官保留提起公诉的权力。检察官作出起诉犹豫处分后，一旦发现新的证据或者具有提起诉讼的必备条件，只要追诉时效尚未结束，检察官仍可以再提起公诉。

（三）日本起诉犹豫制度的运用

如前所述，日本检察官在决定对被告人是否适用起诉犹豫处分时，不受犯罪轻重的影响，而是综合考虑各种情况后作出的决定。但是，日本检察实务在长期的运作中形成了一些不成文的规范，并为所有的检察官掌握。例如杀人、强盗等重大暴力犯罪，均不倾向为起诉犹豫处分。在盗窃犯上，一般认为是侵犯财产的犯罪，侵害的法益相对于国家利益社会利益而言，更具有起诉犹豫的资格。在交通过失肇事案件中，因过失犯就行为发生，不是直接故意，主观恶性较小，将来再犯率不高，给予起诉犹豫处分的自然也较多；但是对于交通肇事的，为了遏制此类案件的恶性和继续扩大，不仅使肇事责任鉴定徒增困难，更有可能使受伤的人丧失生命或求偿无门，所以实务中倾向于不予起诉犹豫的处分，以期达到一般预防的效果。办案的检察官在综合考虑各种因素后，由首席（上级）检察官（部长、副部长，或者检事正、次席检事等）作出裁决。作出起诉犹豫决定时，要制作不起诉裁定书，写明起诉犹豫的决定是基于权力的行使。对于犯罪嫌疑人，如果有要求，应尽快以口头或书面的方式告知不提起公诉的决定。此外，被拘留或逮捕的犯罪嫌疑人被作出起诉犹豫的处分时，如果有必要，可以采取紧急更生保护。现行法之下的日本起诉犹豫制度呈现出稳定的使用状态，而且这一制度的长处也得到了充分的发挥。起诉犹豫制度在日本得到广泛使用，近几年，起诉犹豫占全部不起诉案件的90%左右，占全部刑事案件的25%～30%。①

（四）日本起诉犹豫制度对我国的借鉴

如前所述，对于可以作相对不起诉的案件，检察机关应当充分

---

① 宋英辉、杨光：《日本刑事诉讼法新发展》，载陈光中、江伟主编：《诉讼法论丛》（第1卷），法律出版社1998年版，第159页。

行使不起诉裁量权，扩大相对不起诉的适用。对此，学者们提出了很多建议，其中提到最多也是被关注最多的是暂缓起诉制度。暂缓起诉制度在我国立法上虽然没有规定，但是近年来，各地检察机关已经开始积极探索在对未成年人和在校学生进行的刑事司法活动中实行暂缓起诉。从各地的实践情况来看，暂缓起诉的对象、条件、期限，具体的考察监督程序、救济制约程序等，因为没有统一的标准，一个地方一个做法，随意性强。国内很多研究暂缓起诉的学者，大都不忘记引据日本的起诉犹豫制度、德国的附条件不起诉和美国的延缓起诉。德国的附条件不起诉和美国的延缓起诉与我们通常意义上理解的暂缓起诉有相同的精神内涵，而日本的起诉犹豫制度与暂缓起诉（包括德国的附条件不起诉和美国的延缓起诉）存在着本质的区别。在这样的情况下，所谓日本起诉犹豫的论据，对于中国的暂缓起诉就是一个天大的误解。因此，在谈到日本起诉犹豫制度对我国的借鉴之前，有必要先对起诉犹豫和暂缓起诉及相关概念做一下简要的辨析。

1. 起诉犹豫与相关概念辨析

(1) 起诉犹豫与暂缓起诉（附条件不起诉）

如前所述，起诉犹豫，是指检察官对于触犯刑法的犯罪嫌疑人，在综合考虑各种因素后，依法认为没有追究刑事责任的必要时而暂时不予提起公诉的制度。而暂缓起诉，是指检察机关在审查起诉过程中，从刑罚特别预防的角度考虑，根据犯罪嫌疑人的年龄、犯罪危害程度、犯罪情节以及犯罪后的表现等因素，结合社会公共利益，对符合法律规定的犯罪嫌疑人设定一定期限的考验期和必须履行的义务，待考验期满后，视其是否履行了相关义务而作出起诉或不起诉决定的一种法律制度。暂缓起诉作为起诉便宜主义的主要表现形式之一，源于德国和日本。在德国，暂缓起诉又叫附条件不起诉或起诉保留、暂时不予起诉。在日本，暂缓起诉在立法上体现为起诉犹豫。在日本的教科书和学术文献中，起诉犹豫与暂缓起诉（有时翻译成缓起诉）是一个概念，常常交替使用，但两个词语都容易造成“附条件”或“暂缓等待考验”的意思，大家难免望文生义，认为日本的起诉犹豫制度就是暂缓起诉。事实上，日本起诉犹豫制度与德国的附条件不起诉以及我们通常意义理解的暂缓起诉，虽然都是检察机关行使起诉裁量权的体现，但是它们之间有很大的区别，主要表现为以下几方面：

第一，起诉犹豫决定作出后案件的处理结果具有确定性，而暂缓起诉决定作出后案件处理结果具有不确定性。日本检察院的终局处分表现为起诉、不起诉。不起诉，又区分为一般不起诉（相当于存疑不起诉）与起诉犹豫。检察机关一旦对犯罪嫌疑人作出起诉犹豫的决定，诉讼程序即告终结，非经法定事由不得就同案件再行起诉。暂缓起诉是介于不起诉与起诉之间的一种缓冲。检察机关作出暂缓起诉决定并不意味着放弃起诉权，也不意味着要立即提起公诉，而是包含不起诉与提起公诉两种可能。在考验期间内，暂缓起诉的决定并不具有实质确定力。

第二，起诉犹豫制度没有考验期的规定，在追诉时效内，若被起诉犹豫之人又犯新罪，如果原起诉犹豫处分正确，检察官只能就新罪进行追究，不存在新旧罪一并追究的问题。而暂缓起诉必须附有条件，这也是暂缓起诉的本质特征。所谓的“条件”，指的是当事人以将来客观上不确定的事实，作为法律行为效力的附款。暂缓起诉所附的条件，即为犯罪嫌疑人设定一定期限的考验期和必须履行的义务。如在德国，对于暂缓起诉所附的条件，立法作出了明确的规定。《德国刑事诉讼法》第153条规定，检察官可以要求被告人在一定期限内选择：给付一定款项，弥补行为造成的损害；向某公益设施或国库缴纳一定款项；作出其他公益给付；承担一定数额的赡养义务。对于要求责令的履行，检察官要求被指控人在规定期限，在前三项中，期限至多为6个月，在最后一项的情形中，期限至多为1年。[①] 笔者以为，暂缓起诉所附条件类似于民法中“附条件、附期限的民事法律行为”，在期限到来之前，条件的成就（或

---

① 邢同宝：《日本检察审查会制度及其改革对我国人民监督员制度的启示》，来源于：http：//www. law - star. com。

发生）或不成就（或不发生）作为法律行为效力的发生或终止的根据。而在此以前，法律行为的效力处于待定的状态。具体到暂缓起诉中，犯罪嫌疑人在考验期间内，履行规定的义务，视为条件成就，检察机关将放弃追诉；反之，如果犯罪嫌疑人在考验期间内，拒绝履行规定的义务，则视为条件不成就，检察机关将会作出提起公诉的决定。

（2）起诉犹豫与相对不起诉

我国不起诉包括三种形式：绝对不起诉、存疑不起诉和相对不起诉。检察官在缺乏起诉条件，被疑事实不构成犯罪或者犯罪嫌疑不充分的情况下，作出不起诉的处分属于绝对不起诉或称“法定不起诉”；经过补充侦查的案件，检察机关如果认为证据仍然不足，不符合起诉条件而作出的不起诉决定属于存疑不起诉；检察院对侦查机关侦查终结移送审查起诉的案件，审查后认为犯罪嫌疑人的犯罪行为情节轻微，依照刑法规定不需要判处刑罚或者免除刑罚时，依法作出不起诉的决定属于相对不起诉。对于绝对不起诉和存疑不起诉与起诉犹豫较易区分，但相对不起诉与起诉犹豫则易于混淆。因为，起诉犹豫和相对不起诉都未规定缓诉的条件和考验期间。此外，起诉犹豫的决定与相对不起诉的决定都意味着诉讼程序的终结，并且这种效力具有确定性和终局性，非经法定事由不得就同一案件再行起诉。二者的区别主要体现为以下几方面：

第一，起诉犹豫和相对不起诉的适用范围不同。修改后的《刑事诉讼法》第 173 条第 2 款规定：“对于犯罪情节轻微不需要判处刑罚或者免除刑罚的，人民检察院可以作出不起诉决定。”相对不起诉适用于“犯罪情节轻微不需要判处刑罚或者免除刑罚的”。在实践中，对“犯罪情节轻微”又往往局限于法定最高刑为 3 年以下的轻微罪之内。而在日本，立法上除了对未满 20 周岁的少年犯罪案件不适用起诉犹豫处分外，犯罪的轻重不会成为检察官决定是否对犯罪嫌疑人适用起诉犹豫处分的影响因素。可见，与我国相对不起诉相比，日本起诉犹豫制度在适用范围上要广泛得多。

第二，起诉犹豫和相对不起诉的适用条件不同。在日本，检察官适用起诉犹豫制度时，既要考虑嫌疑人的个人情况，也要考虑嫌疑人所犯之罪，以及犯罪的情节，诸如动机、方法、手段等，还要考虑嫌疑人有无反省举动、谢罪和回归社会的努力，有无逃亡隐藏或毁灭证据的行为。而在我国，检察官作出相对不起诉决定时，仅仅考虑的是所犯之罪本身是否在法定最高刑为 3 年以下的轻微罪之内，犯罪的情节、嫌疑人犯罪后的表现一般是不列为考虑条件的。可见，在日本，检察官对嫌疑人作出起诉犹豫的决定是综合因素考虑的结果，某种程度上说，是法律效果与社会效果的统一。而在我国，检察官对嫌疑人作出相对不起诉的决定考虑的因素过于单一，这对于发挥相对不起诉制度所蕴含的功能是不利的。诚然，这也是我国立法上有关相对不起诉规定过于单薄、不够具体明确所造成的。

综上所述，起诉犹豫和暂缓起诉作为起诉便宜主义的两种具体表现形式，二者之间存在很大的区别。起诉犹豫属于不起诉的一种类型，而暂缓起诉是一种待诉权。暂缓起诉制度中由于存在一定的“起诉保留期间”，检察机关最终是否行使刑事诉权，有待于保留期间届满后方能最终定论。我国的相对不起诉由于适用范围、限制条件等因素，在某种程度上影响了检察机关自由裁量权的发挥。

2. 起诉犹豫制度的借鉴意义——从比较起诉犹豫和暂缓起诉的角度

我们很难说，起诉犹豫和暂缓起诉孰优孰劣，毕竟这两种制度无论在日本还是在德国、美国都得到了很好的运用。笔者认为，在我国宽严相济的刑事司法政策下，应该把重点放在“宽”上，而不是“严”上，起诉犹豫相对于暂缓起诉更加符合“宽”的要求。尤其是从保障犯罪嫌疑人的权利、节约司法资源等方面，起诉犹豫对我国更加具有借鉴意义。具体理由如下：

第一，犯罪嫌疑人的人权保障方面。起诉犹豫的决定具有确定性，是一种不起诉的决定，在法律后果上相当于无罪，不算有前科。犯罪嫌疑人可以尽快的从刑事程序中解脱出来，尽早的回归社会，悔过自新。对于在生活上依赖犯罪嫌疑人的家庭成员来说，可以避免他们出现经济困难和精神负担。而对于有一定社会地位的人来说，能及时的避免失去担任职务的资格或机会。暂缓起诉决定的效力依据犯罪嫌疑人在暂缓起诉考验期满后的表现而定，具有不确定性。犯罪嫌疑人有罪无罪的状态仍然处于悬而未决的状态。在这种情况下，嫌疑人及其家庭其他成员的学习、工作、生活都会受到很大的负面影响，社会评价也会降低。

第二，在节约司法资源方面。根据案件的具体情况和刑事政策的需要，起诉犹豫制度使检察机关可以灵活决定对被告人起诉与否，节约开支，节省人力物力。而暂缓起诉是检察机关根据犯罪嫌疑人在考验期内履行规定义务的情况作出起诉或者不起诉的决定。这就意味着，检察机关要对每一个被作出暂缓起诉决定的嫌疑人履行义务的情况进行监管，在目前我国司法资源紧缺的情况下，对检察机关而言恐怕也很难做到。

第三，在人身自由方面。暂缓起诉和起诉犹豫的一个重要的区别是暂缓起诉规定了考验期。起诉犹豫没有专门规定考验期间，检察机关在综合考虑各种因素后，就可以作出决定，从而为犯罪嫌疑人提供了一个在非监禁环境中复归社会的机会。而暂缓起诉必须附有条件，规定考验期。如前所述，在德国，立法针对不同的情况对暂缓起诉作了3个月、6个月和1年的考验期。一般情况下，不允许检察官自由裁量；美国的延缓起诉的考验期一般为6个月或12个月。在美国，立法并没有明确规定，全凭检察官根据具体案件来自由裁量。我国一些地区在进行暂缓起诉的探索中，也规定了6个月到12个月的考验期。暂缓起诉饱受诟病的一个重要因素，就是这一制度人为的设定一定的期限，限制了犯罪嫌疑人的人身自由。

第四，在提高诉讼效率方面。暂缓起诉通过规定考验期，作为对犯罪嫌疑人是否提起公诉的根据。然而，经过一段时间的考验期后，由于案件积压，司法资源的有限性等原因，检察机关并不一定能立刻作出决定，很多案件还是处于被搁置的状态。

第五，在实际效果方面。根据日本法务省有关单位的抽样调查，相对于同期被判缓刑以及刑满释放的人员，被决定起诉犹豫的人员在3年内重新犯罪的几率很低。很多时候，犯罪嫌疑人为了避免接受法院的审判，在暂缓考验期间会履行相关的义务和对被害人作出一定的给付，人身危险性并没有降低。很难说，暂缓起诉就能对犯罪嫌疑人起到教育和改造的作用。

三、我国起诉犹豫制度的完善

相对于暂缓起诉制度，起诉犹豫制度在扩大检察机关的不起诉裁量权、改变我国不起诉率低的现状、保障犯罪嫌疑人的权利以及节约司法资源等方面更加具有借鉴的意义。因此我们首先需要在立法上对起诉犹豫制度加以规定，其次还需要通过建立配套的设施进一步的完善我国的起诉犹豫制度。

（一）起诉犹豫制度的立法规定

如前所述，我国的相对不起诉和日本的起诉犹豫相比，适用范围很狭窄，考虑因素过于单一，这些都不利于检察机关自由裁量权的有效发挥。针对这种现状，2007年最高人民检察院公布了五种可以依法决定不起诉的情形：（1）未成年犯罪嫌疑人、老年犯罪嫌疑人，主观恶性较小、社会危害不大的；（2）因亲友、邻里及同学同事之间纠纷引发的轻微犯罪中的犯罪嫌疑人，认罪悔过、赔礼道歉、积极赔偿损失并得到被害人谅解或者双方达成和解并切实履行，社会危害不大的；（3）初次实施轻微犯罪的犯罪嫌疑人，主观恶性较小的；（4）因生活无着落偶然实施盗窃等轻微犯罪的犯罪嫌疑人，人身危险性不大的；（5）群体性事件引起的刑事犯罪中的犯罪嫌疑人，属于一般参与者的。不可否认，相对于刑事诉讼法关于相对不起诉笼统的、原则性的规定，上述司法解释为检察机关行使不起诉裁量权提供了明确的依据，也更具操作性。但是，这种列举式的规定最大的弊端就是无法囊括丰富多彩的司法实践。因此，有必要在立法上对如何扩大检察机关起诉裁量权作出一个明确的规定。我们可以借鉴日本的立法，在《刑事诉讼法》中规定："人民检察院根据犯罪嫌疑人的性格、年龄、处境、犯罪的轻重及犯罪后的情况，认为没有追诉的必要时，可以不提起公诉。"以成文法的形式确定起诉便宜主义为刑事诉讼的基本原则。再通过检察解释的方式，对犯罪嫌疑人的情况，诸如性格、年龄、境遇、法定刑的轻重、作案的原因、动机、手段和犯罪后的情况作进一步的说明。

（二）相关配套设施的完善

日本的检察官根据起诉便宜主义的原则拥有很大的自由裁量权。因此，一旦检察官独断专行或是为某种外部力量所左右，很容易出现公诉权被滥用的情况。为了保证检察官公诉权的行使公正地反映民意，日本建立了检察审查会制度。检察审查会为民选机构，由11名成员组成，由具有众议员选举权的公民以抽签方法确定。检察审查会根据申诉人的申请或审查会自行决定，可以复查检察官不起诉的案件是否正确。如果检察审查会认为检察官的不起诉决定不正确，可以制作决议书送交检事长。日本新修改的刑事诉讼法赋予了检察审查会作出决议的强制约束力。检察审查会对于检察官仍不起诉的决定，可以再作一次决议，作出应当起诉的判断。此时，由法院指定的律师提起公诉，承担追诉责任。日本国内的很多学者都认为，检察审查会是国民广泛参与司法的一种形态，是连接司法与国民的唯一窗口，它的存在具有重要的意义。①

为了防止检察机关滥用起诉裁量权，必须注意外部监督。特别是来自社会公众的监督，而不能单纯由检察系统内部实行行政监督，以保证监督效果。在外部监督上，我国有人民监督员制度，这一制度在防范检察机关违法办案、保证办案质量方面，发挥了较大的作用。但是由于人民监督员制度，是在没有法律规定的情况下依据高检院内部规定进行的，是一项外部监督机制的改革和探索，尚存在很大制度上的设计瑕疵，我们可以考虑借鉴日本的检察审查会制度，发展和完善人民监督员制度。具体包括以下两方面：

第一，在独立性上。日本的检察审查会是一个独立的机构，不隶属于检察机关，经费也是相对独立的。而我国的人民监督员是处于检察机关的组织和领导之下的，欠缺监督者应有的独立性和中立性。我们可以考虑借鉴日本的检察审查会制度，确立人民监督员的

---

① 宋世杰等：《外国刑事诉讼法比较研究》，中国法制出版社2006年版，第654页。

独立性，将其从检察机关内部独立出来。从国家财政上提供经费来源，消除人民监督员对其他国家机关的依赖。

第二，在监督的效力上。日本的刑事诉讼法修改以前，检察审查会制度在实践中的作用是非常有限的，主要是因为检察审查会的决议对检察官没有法律上的约束力，是否参考检察审查会的决议，完全取决于检察官的自身判断。2004 年，日本刑事诉讼法修改后赋予了检察审查会决议的约束力。人民监督员的意见对检察机关也没有约束力，是属于建议性质的。为了使人民监督员的监督作用有效地发挥，必须赋予监督意见约束力，否则将形同虚设。

第三节　审判阶段的犯罪人处遇

刑事案件经过侦查阶段与公诉阶段后，一部分案件被分流到刑事程序之外，另一部分案件则进入审判程序，此时法官成为犯罪人处遇的主体。在对犯罪人采取处遇措施时，法官主要从庭审程序和实体处分这两个方面考察。从庭审程序来看，法官应保障每个犯罪人的诉讼权利并使其享有公平审判的权力。从实体处分来看，法官应保证犯罪人得到公正的定罪量刑。在定罪量刑时，应综合考虑犯罪人的犯罪动机、犯罪手段、犯罪后的表现、身体状况、年龄、性格、经历及境遇等情况。从客观而言，量刑信息愈全面，法官量刑愈公正。对于轻微的刑事案件，法官在量刑时应关注犯罪人的犯罪后表现、年龄及家庭状况等因素，并作为量刑从宽、处遇从轻的条件。法官在选择刑种、减轻处罚等方面也应体现从宽、从轻量刑的理念。

一、审判阶段犯罪人处遇模式的反思与调整[①]

监禁刑与非监禁刑是国家对犯罪行为正式反应的两类最基本方式。因此，在审判阶段，对犯罪人的处遇有两种基本模式，即监禁处遇和非监禁刑处遇。以非监禁刑为中心的犯罪人处遇模式反映了

① 参见周国强：《对我国刑罚适用模式的反思与调整》，载《社会科学》2005 年第 11 期。

世界行刑现代化的发展趋势。受多种因素的制约，目前我国的犯罪人处遇模式仍处在以监禁刑为中心的阶段。这种严重依赖监禁刑的模式，给我国犯罪人矫治工作带来了消极后果。为此，有必要在反思我国现行的犯罪人处遇模式的基础上对其进行适度调整，收缩监禁刑的适用范围，拓展社区性刑罚的适用空间，使刑罚适用体现刑罚发展的科学化趋势、“两极化”的刑事政策以及谦抑性的价值目标。

（一）对审判阶段犯罪人处遇模式的理性反思

“一部人类惩罚的历史，正好象征着惩罚本身逐渐凋零的历史。”① 受社会、经济、政治的变革以及刑罚目的观变迁的影响，中西方的刑罚适用呈现出不同的模式。西方发达国家已进入到以非监禁刑为主的阶段。根据美国联邦司法部 2001 年底的统计，适用监禁刑的比例约占罪犯总数的 30%，缓刑假释的比例约占 70%。当前德国，监禁刑仅占全部有罪判决的 19%，而其中高达 69% 的罪犯被宣告缓刑，假释率达 33%。除此之外，加拿大、英国、法国、澳大利亚、日本等发达国家和地区都已形成了以非监禁刑为中心的刑罚适用模式。②

长期以来，我国一直以重刑主义作为刑罚的价值趋向，过分迷信刑罚的威慑作用，导致我们从立法、司法到执行的各个环节上严重依赖监禁刑，非监禁刑的适用长期处于低迷状态。这种重监禁刑、轻非监禁刑的适用模式，给我国的罪犯矫正事业带来了不利影响和消极后果。

1. 监狱拥挤问题。监狱拥挤是许多国家面临的共同问题，我国也不例外。改革开放以来，由于多种因素的交互作用，我国犯罪数量呈攀升态势。由于刑罚适用过分倚重监禁刑，使得我国监狱押犯人满为患。1979 年全国监狱押犯总数为 62.1 万人，2002 年达到

---

① 陈秉璋、陈信木：《道德社会学》，台湾桂冠图书股份有限公司 1988 年版，第 336 页。

② 刘强：《社区矫正制度：借鉴与创新》，载陈兴良主编：《刑事法评论》（第 14 卷），中国政法大学出版社 2004 年版，第 328 ~ 329 页。

154 万人，20 年间增长了近 2.5 倍，大大超出了现有监狱的关押能力，致使超押现象严重，据 2000 年统计，我国监狱共超押犯人 24 万人。[①] 监狱人满为患直接影响受刑人的人道待遇和矫正质量。美国学者 Paulus 通过研究发现，矫治机构的环境空间与受刑人的自杀率和暴行有关，尤其是监舍空间人口密度越高，其负面影响越大。近年来，美国有关方面对联邦监狱的调查结果也证实：最为拥挤的监狱有最高的违规率。[②]

2. 行刑成本昂贵。与非监禁刑相比，监禁刑的行刑成本是极为昂贵的，对此，英国学者乔治·B. 沃尔德有过评述：在刑罚实践中，监禁刑作为最为普通的刑罚方法被普遍接受，但是监狱却是一个异常昂贵的机构——修建、维持和运作需要花费大量财富。[③] 执行监禁刑不仅直接消耗大量社会资源，如监狱设施建设费用、监管人员费用、监狱运行费用以及罪犯生活费用等，而且还要间接消耗很多社会资源，如罪犯被监禁对罪犯家庭造成的损失、社会对刑释人员的接纳和保护所耗费的费用等。2002 年，全国监狱系统日常经费支出 165.4 亿元，监狱基本建设项目支出 30 多亿元。这还不包括从军费渠道支出的武装警察看押的经费。如果再加上超押的 24 万人，需要新建监狱和增加监狱设施，需要增加监管人员和管理费用。[④]

3. 行刑效能降低。重新犯罪率是考察监狱行刑效能的重要指标。我国刑满释放人员重新犯罪率与发达的西方国家相比虽然相对较低，但重新犯罪的现状不容乐观。统计数字表明，我国重新犯罪率在九十年代中后期比 16 年前增长了两倍左右，重新犯罪的比重和绝对数也呈不断增长的趋势。导致我国监狱行刑效能降低、重新

---

① 郭建安：《社区矫正制度：改革与完善》，载陈兴良主编：《刑事法评论》（第 14 卷），中国政法大学出版社 2004 年版，第 319 页。

② 冯卫国：《行刑社会化研究》北京大学出版社 2003 年版，第 37 页。

③ 转引自谢望原：《刑罚价值论》，中国检察出版社 2004 年版，第 315 页。

④ 郭建安：《社区矫正制度：改革与完善》，载陈兴良主编：《刑事法评论（第 14 卷）》，中国政法大学出版社 2004 年版，第 320 页。

犯罪率持续攀升的因素有很多，但很多学者认为，制约监狱效能的根本原因在监禁刑本身。① 因为监禁刑的基本属性是将罪犯隔离于正常社会之外，而其追求的目的是使罪犯通过改造最终复归社会，成为守法公民。这就使监禁刑的过程与目的之间产生深刻的悖论。而且，社会开放程度越高，监禁刑的过程与目的之间的这种悖论对监狱效能的负面影响也就越大。

（二）审判阶段犯罪人处遇模式的适度调整

尽管我国现行审判阶段犯罪人处遇模式存在诸多弊病，但笔者认为，在现有国情和条件下，对我国犯罪人处遇模式作大刀阔斧的变革还为时尚早，还不能实现从以监禁刑为中心到以非监禁刑为中心的跨越。目前比较可行的做法是，借鉴西方发达国家在刑罚适用上的成功经验，适度收缩监禁刑的适用范围，拓展以社区性刑罚为主的非监禁刑的适用空间，使我国刑罚适用模式从目前的以监禁刑为中心调整为监禁刑与非监禁刑并重的模式。

在某种意义上可以说，监狱大门的钥匙实际上并不是掌握在狱政管理者手中，而是由法官来执掌。因为对一个犯罪人适用监禁刑还是非监禁刑，并不是行刑机构所能左右的，而首先取决于法官在量刑中的选择。所以，法官在对犯罪人定罪量刑时，应当确立这样的量刑理念：监禁刑只能成为对付犯罪的最后手段。

首先，尽可能适用非刑罚处理方法。我国《刑法》第 37 条规定："对于犯罪情节轻微不需要判处刑罚的，可以免予刑事处罚，但是可以根据案件的不同情况，予以训诫或者责令具结悔过、赔礼道歉、赔偿损失，或者由主管部门予以行政处罚或者行政处分。"可见，非刑罚处理方法也是刑事责任的一种实现方式，其适用的前提是行为人的行为已构成犯罪但不需要刑罚处罚，用其他方式替代处理，因而也是一种非监禁化措施。它体现了犯罪人和被害人之间矛盾的修复，这与近年来国际上盛行的恢复性司法理念不谋而合。由于立法上的疏漏和观念上的根深蒂固，我国现行的非刑罚处理方

① 梁根林：《刑罚结构论》，北京大学出版社 1998 年版，第 99 页。

法并无太大的用武之地，以致有的学者对其存在价值产生怀疑。①笔者建议加强对现行的非刑罚处理方法的可操作性研究，使之不断得到完善。例如，建议以司法解释的形式规定人民法院对行为人训诫的内容或者行为人对被害人及其家属赔礼道歉的内容记录在档，以起到一定的威慑作用。

其次，运用刑罚选科制度，减少监禁刑的宣告。刑罚的选科是指在法条规定的某罪的数种刑罚中作非此即彼的选择适用。法官在量刑时，应当利用刑罚选科制度减少短期自由刑的宣告。因为在我国刑法分则规定的法定刑幅度中，许多是将有期徒刑、拘役等与管制、罚金作为选科刑种的。这类法定刑幅度具体包括以下五种类型：有期徒刑、拘役、管制、剥夺政治权利的选科；有期徒刑、拘役、管制的选科；有期徒刑、拘役、剥夺政治权利的选科；有期徒刑、拘役、管制、罚金的选科；有期徒刑、拘役、罚金的选科。因此，尽管我国现行刑法尚未规定刑种易科制度，但是在量刑时仍然存在减少短期监禁刑宣告的一定空间。对此，法院应当充分利用现有法律范围内的这种可能性，只要不至于严重违背罪责刑相适应原则，在量刑时尽量适用罚金、管制、剥夺政治权利等非监禁刑。②法院只有在考虑了行为人的犯罪性质和情节、过去表现、个人性格等情况后，认为判处监禁是必要时才能适用监禁刑。

最后，扩大缓刑的适用。缓刑制度在抗制犯罪的刑事责任方法中担当重要角色，被称为与刑罚、保安处分并列的刑事责任方法"第三轨"。缓刑作为一种非监禁化手段，在一定程度上有效的克服了短期监禁刑的诸多弊病，而为西方各国所青睐。尽管缓刑的价值已经得到广泛认同，但是缓刑适用率偏低一直是我国整个刑事司法制度中难以突破的瓶颈。因此，克服缓刑适用中的保守倾向，加大缓刑适用的力度，应当是我国在量刑阶段实现非监禁化的突破口。

---

① 李冠煜：《试论中国的非刑罚化改革》，载《湖北大学学报》2003年第7期。

② 赵秉志、陈志军：《论我国短期自由刑问题的应对方案》，载《人民司法》2003年第8期。

二、审判阶段犯罪人处遇的新探索——宣告犹豫

审判阶段的犹豫制度有两种，一是宣告犹豫，二是执行犹豫。执行犹豫相当于我国的缓期执行。宣告犹豫是裁判官（法官）经过审理认定被告人有罪时暂不予宣告，经过一定期间且符合一定条件时不再宣告或部分刑不予宣告的制度，前者是有罪判决的“宣告犹豫”，后者是部分刑的“宣告犹豫”。[①] 宣告犹豫最先是英国于19世纪中叶受刑罚教育复归思想的影响由裁判上的习惯形成的，主要是对轻微犯罪且以后不会再犯的被告人经善行保证后予以释放但保留刑的宣告权，这是宣告犹豫的雏形。美国则将宣告犹豫与保护观察相结合确立为一项法律制度，现在宣告犹豫制度在欧美诸国被广泛采用。

发源于英美的宣告犹豫制度，在大陆法系的一些国家并未被采用，如日本。主要原因是对采用该制度还存在着争议：

反对者认为，起诉犹豫与执行犹豫是具有弹性的处分，由于它们可灵活运用没必要在中间再设定同种的处分；检察官提起公诉非常慎重，基本没有不应起诉而误起诉的情况，而且法庭对较轻情节的事案也可取消其公诉，所以基本不存在因情节较轻而可以延缓宣告的事案；如果采用宣告犹豫制度那么刑事处分则越来越宽泛，一般国民不仅会产生对法的轻视，从犯罪者的再犯防止方面讲刑罚的机能也不能得到充分的发挥，等等。

支持者认为，对犯罪者刑事处分的种类多样化可使裁判官根据具体事件、犯罪情节、犯人的个性等尽可能较广泛的选择相应的处分，并且从世界各国的立法例看执行犹豫和宣告犹豫并用已成为发展趋势；宣告犹豫与执行犹豫相比“罪犯”之烙印要轻微，而且不会受到社会资格方面的限制，更容易促进犯人的社会复归；对那些犯情极其轻微应予起诉犹豫而误提起公诉的犯罪者，由于已处于公判阶段没有再取消公诉的可能性，而实施宣告犹豫这种较轻的处分

① ［日］藤本哲也：《刑事政策概论》，青林书院2008年版，第178页。

以终结案件也可以说是一种很好的补救方法。①

笔者认为，宣告犹豫制度虽然是对法治主义原则及责任刑法的悖反，但从刑事政策及犯罪人处遇的教育与社会复归理念来看仍然应采用该制度，因为宣告犹豫比执行犹豫更具有优点，主要表现在两方面：一方面，刑的执行犹豫是已经宣判，只是暂缓刑的执行，所以未来要成为公务员、律师、公证人等会受到资格上的限制，而刑的宣告犹豫不会出现这样的问题；另一方面，宣告犹豫是对刑的保留，在再犯防止问题上对犯罪者心理的强制力比执行犹豫要强。所以，宣告犹豫制度作为使犯罪者容易社会复归的手段可回避“罪犯”的烙印，在犯罪者处遇多样化和个别化的今天从刑事政策的角度考虑应采用宣告犹豫制度。

我国目前的刑诉制度中没有规定宣告犹豫，这一方面也许是基于宣告犹豫制度的定罪与量刑程序分离模式不适合我国，另一方面也许是因为立法者认为我国已有缓刑和假释制度而不必再多此一举。但是，实际上，缓期宣告与缓期执行两者在刑事政策上的功能并不完全相同，缓期执行重在避免科处刑罚特别是短期自由刑的弊端，而缓期宣告则对被告人的烙印较浅，而且不伴有限制资格，故更有利于其重返社会。② 因此在执行犹豫和宣告犹豫之间，给予犯人最佳教育改善机会的，可能就是宣告犹豫制度。③ 当前学界对在我国刑事制度中建立宣告犹豫制度的呼声渐长，笔者认为可以尝试在部分案件中推行宣告犹豫制度。具体设想是：

1. 适用对象。由于未成年身心发展尚未成熟，以后发展的可塑性较强，尽量不使未成年被告人打上前科的烙印，我们认为宣告犹豫制度应首先向未成年犯罪案件开放。另外，对于可能判处 1 年以下短期自由刑，且悔罪情节明显的犯罪人，也可适用宣告犹豫，这对防止短期自由刑的弊端有重大意义。但是对于暴力犯罪和累犯

① ［日］三原宪三、青藤静敬：《刑事政策》，芦花书房 1982 年版，第 83 页。

② 孙文红、郭云忠：《论犹豫制度的刑事政策功能》，载《河北法学》2004 年第 6 期。

③ ［日］福田雅章：《受刑人之地位》，载《刑事法杂志》1986 年第 5 期。

则不适用宣告犹豫制度。

2. 考察期。宣告犹豫也应当设立一定的考验期，否则达不到以观其效的作用。对此，可以参考我国刑法中对于缓刑考验期的规定。

3. 撤销机制。缓期宣告在出现以下情形时得以撤销，并对原罪予以宣判刑罚：（1）没有适当履行附随处分；（2）有其他严重违反法律、行政法规的行为；（3）在缓期宣告考察期内，又犯新罪的，应撤销原罪的缓期宣告，并将新罪、旧罪一并宣判，且对新罪不得适用缓期宣告；（4）在缓期宣告考察期内，发现在缓期宣告前还有其他罪没有判决的，应撤销缓期宣判，对原罪和漏罪作出判决。

第四章　犯罪人的监禁处遇

刑事案件在法院作出裁判后，即进入执行阶段。“执行乃法律之终局及果实”，因为“如果执行不得其道，那么，侦查、审判的效果都等于零，国家论罪科刑之意义尽失。执行在整个刑事案件的处理上是画龙点睛之笔，是非妄语”[①]。所以，刑事执行是践行宽严相济刑事政策的重要环节；而要把宽严相济行刑政策落到实处，关键是科学把握各个服刑者的人格状况和服刑表现，给予宽严有别的处置和待遇。根据执行场所的不同，刑事执行可分为监狱等设施内执行以及社区等设施外执行两种。由此，犯罪人的处遇可分为监禁处遇以及社区处遇。本章对监狱等设施内的受刑人处遇进行阐述。

第一节　受刑人的法律地位

受刑人的法律地位是指受刑人在行刑处遇过程中通过享有权利、履行义务而表现出的以国家刑事法律为主的法律资格定位。受刑人的法律地位涉及三个层次的问题：首先，受刑人是否仍属于公民，是否仍应获得宪法和法律的保护？其次，受刑人在行刑过程中发生了关涉自身权利与义务的纷争时，可否诉诸司法审查机关，请求司法审查和司法救济？最后，如果关涉受刑人权利与义务的纷争可以成为司法审查和司法救济的对象，则司法审判机关到底依据什么样的基准来审查受刑人的权利受到不法侵犯、受刑人是否违反了其义务？[②] 归根结底，受刑人法律地位问题实际就是受刑人的权利和义务问题。受刑人是因犯罪而承受刑罚之人，而刑罚是以剥夺、

---

① 林纪东：《监狱学》，台湾三民书局1997年版，第17页。

② 王云海：《监狱行刑的法理》，中国人民大学出版社2010年版，第50～51页。

限制受刑人的权利而使其感受痛苦为特质的，因此，受刑人的权利由于一定范围、一定程度内被依法剥夺、限制而具有不完整性，其义务则具有刑事强制性。

一、受刑人法律地位的比较视角①

（一）英美法系中的受刑人法律地位

在英美法尤其是美国法中，根据法院对囚犯权利纷争所持态度的演变，受刑人的法律地位大体经历了法院不干涉主义、法院插手主义和法院限制主义三个阶段。

1. 法院不干涉主义阶段。从殖民地时代起大约到20世纪50年代末止的漫长历史时期，对监狱囚犯的权利纷争，美国法院基本上都是采取不干涉主义态度。作为英国的殖民地，美国法院在相当长的时期内都以英国衡平法上的所谓“市民之死”的法理来对待受刑人、解释受刑人的法律地位的。按照“市民之死”的法理，受刑人因犯罪不仅被剥夺自由，而且属于法律上已经死亡之人，不享有任何法律上的权利，只负有被惩罚、被奴役的义务，是“国家的奴隶”。

2. 法院插手主义阶段。受刑人法律地位真正发生转折是在20世纪60年代后期，当时美国掀起了称为“正当程序革命”的运动，监狱行刑领域也成为“正当程序革命”的对象。美国法院终于公开改变“不干涉主义”或“撒手论”的立场，明确将监狱行刑纳入自己的审查和救济的范围。法院插手主义的态度对保护受刑人的正当权益发挥了重要作用，一定程度上遏制了监狱侵犯囚犯人权的行为。

3. 法院限制主义阶段。20世纪70年代是美国受刑人的法律地位全面开花的时代，美国监狱的受刑人拥有众多的诉讼手段，可以很容易向法院控告监狱当局。然而，法院插手主义的后果难免泥沙俱下。由于受刑人太容易提起诉讼，监狱当局和受刑人之间时刻都处于围绕每天的行刑活动是否合法、受刑人权利是否得到了保护等

---

①　王云海：《监狱行刑的法理》，中国人民大学出版社2010年版，第50～65页。

问题的争论中，甚至出现了某些囚犯滥用权利故意作难监狱的现象。监狱行刑实际上完全变质为围绕诉讼的相互应酬，已无其他正常的行刑活动可言。为改变这种局面，到1976年，美国法院的态度从插手主义转向限制主义，其特点是要平衡囚犯权利与监狱利益的关系、限制囚犯的诉讼权利。

（二）大陆法系中的受刑人法律地位

长期以来，大陆法系国家是以“特别权力关系理论”来决定和解释受刑人的法律地位。特别权力关系是相对于一般权力关系而言的，是指在特定行政领域内，为达到行政的目的，在公民与国家之间所建立的加强公民对国家从属性的关系。其“特别”之处表现为对公民权利的特别限制，归结为两点：一是排除法律保留原则，二是剥夺权利救济手段。[①] 日本学者松本和彦认为“特别权力关系理论”的要素有三：（1）在这些特别领域主管机关可自定规章，无须法律明确授权，其内部纠纷，一般实行内部解决，普通法院不得干涉（排斥法治主义）；（2）基本人权受到广泛限制（排斥人权保障）；（3）法院无权审查其行为的合法性（排斥司法审查）。[②] “特别权力关系理论”起源于19世纪的德国，最初是为维持官吏和军队对君主的传统忠诚关系而发轫的。后来这一理论逐步拓展至监狱、学校等行政领域。在存在特别权力关系的领域，最为严重的是监狱。公民因犯罪而被判处刑罚的事实，足以使一般公民与国家权力的关系全面、彻底地转变为“特别权力关系”，受刑人完全丧失了作为公民应被保留的所有的人权及其他权利，完全沦为国家权力的统治客体，完全失去了诉诸司法、请求司法予以保护或救济的权利和手段，其所有权益和待遇完全取决于国家权力尤其是行政机关的自由裁量。

---

① 秦强：《特别权力关系理论与受刑人权利保护悖论之消解》，载《山东警察学院学报》2007年第6期。

② 转引自曾尔恕、赵立新：《简论日本受监禁关押者的权利保障》，载中国政法大学监狱史学研究中心编：《中国监狱文化的传统与现代文明》，法律出版社2006年版，第208页。

日本在19世纪末引进德国行政法时也引入了“特别权力关系理论”，并加以发扬光大，在适用范围和适用强度上甚至有超过德国的势头。但“二战”后随着日本宪法的实施，这种“特别权力关系理论”开始受到责难，法院的判决也对这一理论提出了挑战。日本法院围绕监狱管理者的裁量权和受刑人的权利保障问题，先后进行了一系列判决。特别是1958年8月20日大阪地方法院作出的“平峰判决”以及1983年6月22日日本最高法院大法庭作出的“拘留关押者阅读自由”判决，表明日本法院逐步抛弃“特别权力关系”理论，开始有条件地承认受刑人的法律地位。

目前，日本法院就受刑人的行刑纠纷提起的诉讼，适用“诸利益比较衡量法”：一方面，在理论上抽象地承认受刑人与狱政当局之间的一般权力关系，监狱行刑应置于司法之下；另一方面，在具体案件的处理中，充分注重监狱行刑的特殊性及其行政行为性质，通过诸种利益的“比较衡量”来确保狱政当局的裁量权。因此，日本受刑人在理论上或法律上貌似享有广泛的诉讼权，但在现实或实务中除非涉及重大的人权问题，否则受刑人一般很难胜诉。

（三）中国法中的受刑人法律地位

从新中国成立至今，我国受刑人的法律地位经历了三个不同的阶段：

1. 受刑人仅仅作为改造和人道主义的对象的时代。从1949年10月新中国成立至1978年底开始实施改革开放政策的30年间，受阶级斗争理念的桎梏，受刑人一直被视为人民的敌人和专政的对象，因而不具有任何法律意义上的地位或权利，仅仅是改造的客体。虽然对受刑人也讲“革命的人道主义”，但只是停留在让其吃饱、穿暖、不随意体罚和虐待等低层次上，受刑人并没有取得法律所确认的权利主体地位。①

2. 确立受刑人拥有作为公民的独立的法律地位的时代。随着改革开放大幕的徐徐拉开，延续多年的阶级斗争理论被抛弃，民主

① 冯卫国：《行刑社会化研究》，北京大学出版社2003年版，第79页。

和法制成为重要的执政和治国理念。在这样的背景下，我国法学界的一些知名学者以极大的理论勇气提出了受刑人的法律地位和权利保障问题。在学界的推动下，我国政府也开始积极采取措施保护受刑人的合法权益，确立其法律地位。1992 年 8 月，我国政府发布《中国改造受刑人的状况》白皮书，指出中国改造受刑人的基本原则是：对于受刑人不是单纯进行惩罚，而是着重于改造和转化；在改造受刑人的实践中注意贯彻人道主义原则；严格保障受刑人应有的权利；对受刑人的改造贯彻以教育为主的原则，以及注重对受刑人的感化工作等。1994 年，我国第一部《监狱法》颁布，该法充分反映了改革开放以来法学界和政府致力于保护受刑人权利、确立其法律地位的努力。它第一次在法律中明确规定了受刑人的权利，《监狱法》条文共 78 条，直接或间接涉及受刑人权利的就达 33 条。“然而我国的监狱法规只局限于受刑人权利的宣示，而不侧重于受刑人权利的实现和保障，这就极易将人们导入受刑人只享有狱政法规宣告的权利的误区。”[①] 尽管如此，《监狱法》的颁布，是我国对受刑人权利保障迈向法制化道路的新里程碑。

3. 积极确立受刑人的法律地位及充分保障其权利的时代。1997 年我国政府提出建设“法治国家”的方略，进入 21 世纪后，我国又陆续加入了有关保护被拘禁人权利及待遇的国际公约。在这种背景下，司法行政机关不断制定政策和法规，力图进一步确立受刑人的法律地位和保障受刑人的合法权利。可以说，当今中国的行刑进入了积极确立受刑人的法律地位及充分保障其权利的时代。

二、受刑人法律地位的内容

（一）受刑人的权利

通常认为，受刑人权利是指法律对受刑人能够作出或者不作出一定行为，以及要求他人相应作出或不作出一定行为的许可与保障。研究受刑人权利，应当解决以下三个相互关联的问题：一是受刑人权利的根据，即为什么要确认和赋予受刑人权利；二是受刑人

① 徐显明：《从受刑人权利到受刑人人权》，载《学习与探索》2005 年第 3 期。

权利的特征；三是受刑人权利的内容。

1. 受刑人权利的根据

受刑人是危害社会、受到刑事制裁之人。人们不禁要问：既然受刑人是有害于社会之人，为什么还要赋予其权利？受刑人权利的正当性何在？这是受刑人研究中首先要解决的问题，即受刑人权利的根据。

首先，基于人权而确认的受刑人权利。在论及受刑人权利问题时，人们往往注意到受刑人首先是人这样一个简单的事实。在认可受刑人也是人的前提下，接下来就很自然地推导出，受刑人应该享有人的最基本权利，即应当享有人权中未被法律剥夺的那部分权利，这是受刑人权利的主体部分。正如英国学者米尔恩所指出："在没有成员就没有共同体的意义上，一个共同体是由其成员组成的；既然作为一个成员的特别之处是享有权利，那么没有权利就没有共同体。享有权利是任何形式的人类社会生活的一部分，所以，如果要有人类社会生活，就必须有权利。"①

其次，基于公民资格而享有的受刑人权利。公民资格是一国宪法赋予的具有该国国籍的自然人所享有的资格。刑罚权的行使只是改变了作为公民的受刑人的权利状况，但并没有剥夺其公民资格。受刑人仍然享有被法律限制或剥夺权利之外的自由权，我国学者称这部分自由权为"剩余自由权"或"当有自由权"。②

最后，基于矫正需要而赋予的受刑人权利。在受刑人的全部权利中，除大部分直接来源于人权或公民权外，还有一部分属于受刑人因其特殊身份才享有的权利。这部分权利有些是由法律直接赋予的，有些是由司法行政机关或者监管部门自行授予的。规定或授予这些权利的目的，是感化教育受刑人或者培育其适应社会的能力，以利于对受刑人的矫治。③

---

① ［英］A. J. M. 米尔恩：《人的权利与人的多样性》，中国大百科全书出版社 1995 年版，第 143 页。

② 吴旭：《罪犯的独立人格与权利保护》，载《环球法律评论》2006 年第 3 期。

③ 赵运恒：《罪犯权利保障论》，法律出版社 2008 年版，第 19 页。

2. 受刑人权利的特征

由于受刑人是具有特定法律身份的公民，依法被剥夺或限制了人身自由，所以其享有的权利与普通公民所享权利相比，具有不同的特征：

首先，权利的缺损性。即受刑人权利由于受刑人受刑的现实而处于严重缺损状态，他们的基本权利受到了一定的剥夺或限制。对于在监狱服刑的受刑人来说，监狱通过采取物理性强制和地理隔绝方式依法剥夺其人身自由。对于在社区接受矫正的受刑人而言，尽管较之狱内受刑人具有较大的自由度，但与正常公民相比，人身自由仍受到一定程度的限制。在现代社会，社会交往是每个人的正常需求，自由是实现社会交往的基础，自由的丧失或限制，意味着一个人社会交往的中断或受限，也意味着他的个人权利从本质上说被剥夺了。此外，受刑人权利的缺损不仅体现在受刑期间，而且还"后遗"到其刑满释放成为正常公民的日子里。刑释人员因受过刑事处罚的前科而被取消从事国家管理或重要的社会公共性实务管理的资格。例如，我国的《教师法》、《律师法》、《法官法》等明确把出狱人排除在职业的候选人范围之外。

其次，权利的受限性。即受刑人的某些权利被限制在特定的范围。受累于自由的被剥夺，在狱内服刑的受刑人与人身自由相关的某些法定权利也必然受到一定的限制。例如，受刑人享有合法的财产权，但他不能在服刑期间随心所欲地进行生活消费；受刑人享有亲权和婚姻权，却不可能拥有正常的家庭生活，或者实际行使监护权；受刑人拥有广泛的劳动权利，但选择劳动的关键性权利内容被严格限制等。①

再次，权利的被动性。即受刑人的权利需要借助于特定的帮助，往往受制于狱政机关或者管教人员。例如，通信权和会见权是由监狱法规定的受刑人权利，但受刑人行使通信权、会见权时，明显体现出监狱及其警察的单方意志性。在受刑人通信权问题上，监

① 王利荣：《行刑法律机能研究》，法律出版社2001年版，第123页。

狱虽然保证受刑人的正常通信，但对受刑人来往信件要实施检查，对有碍受刑人改造的信件还可以予以扣留。在受刑人会见权问题上，受刑人可以按照规定会见亲属、监护人，但受刑人是否可以会见，何时会见，以何种方式会见，都必须由监狱决定，受刑人对此必须遵从，不得违抗。①

最后，权利的变动性。与一般公民权利总处于稳固状态不同，部分受刑人权利随时可能发生变化。这种变化既可以是权利范围的增加或减少，也可以是权利程度的提高或降低，还可以是一项或几项权利的失去。导致权利变动的因素包括行刑政策的改变、受刑人改造表现的差异等。例如，受刑人可能因为积极改造而被授予特许权，有可能因为触犯监规而被取消会见权。②

3. 受刑人权利的内容

受刑人究竟享有哪些具体的权利？这是一个聚讼最多的问题，学界有多种不同表述。有学者从受刑人权利的基本来源，推导出受刑人权利的三重构成：作为人的受刑人所享有的人权、作为公民的受刑人所享有的公民权以及基于矫正的需要所授予受刑人的权利。③也有学者立足人权存在的形态，揭示受刑人权利的三种状态：应有权利、法定权利和实有权利。④

笔者赞同王利荣教授的观点，认为受刑人权利主要由三个层次的权利构成：人格权、生命权等基本权利，自我保护的权利以及自我发展的权利。

第一，基本权利。受刑人基本权利是指受刑人作为人应当享有的权利。

（1）生存权。受刑人生存权是指受刑人拥有人身安全和维系自身生命存续的起码权利。受刑人作为行刑法律关系的主体，其基本

---

① 宋新国：《对法律面前人人平等的理性解读——兼议罪犯的权利》，载《中国司法》2005年第9期。

② 赵运恒：《罪犯权利保障论》，法律出版社2008年版，第63~64页。

③ 赵运恒：《罪犯权利保障论》，法律出版社2008年版，第29页。

④ 万国海：《受刑人权利论纲》，载《扬州大学学报》2003年第6期。

的生存需要应得到保障。生存权由生命权、健康权、安全权等权利内容组成。生命的存在是人类从事其他活动的前提，因而生命权是受刑人诸项权利中最为基础性的权利。健康权是生命权的派生权利，是完整的生命权所不可或缺的组成部分。为维护受刑人的生命、健康权，国家从衣着、食物、居住条件、医疗卫生等基本生活条件着手，保障受刑人的生存权。因此，在法律上受刑人的生命、健康权主要表现为受刑人享有物质生活待遇权。

（2）人格权。人格权是由人的精神属性决定的人最基本的权利之一，它是受刑人作为人存在的重要标志。受刑人尽管要受到刑罚惩罚，但惩罚本身是以法律名义谴责犯罪人，并不是对其进行人格侮辱。基于此受刑人在服刑期间不受任何歧视和侮辱，其姓名、肖像、荣誉等人格权利，如同普通公民受到保护。

第二，自我保护的权利。即受刑人享有的对自己合法权益进行自我保护的权利，它包括三个层面的内容：首先，它与公民享有的程序性权利相同，受刑人可以借此保护自身的财产利益和其他社会利益；其次，它根据受刑人特殊需要而设置，受刑人借此主张自己在行刑过程中的基本权利；再次，它根据法律公正的标准设置，受刑人有权提出自己无罪或罪轻的事实根据，有权提出量刑不当的法律根据，并对法律适用的综合结果表明自己的看法，即受刑人享有申诉权、辩护权。从形式上看，申诉权、辩护权都是刑事司法程序性权利，但申诉权、控告权和检举权也是受刑人的求助权，是救济其他权利的权利。

（1）申诉权。申诉权是法律赋予受刑人的一项特有权利，即受刑人对已经生效的判决或裁定，有权向人民法院或人民检察院请求改正或撤销的权利。我国《监狱法》第21条、第22条规定：受刑人对已经发生法律效力的判决不服的，可以向有关部门提出申诉，行刑机关有义务保障受刑人切实有效地行使申诉权。

（2）控告、检举权。控告、检举权是公民的一项宪法性权利，受刑人虽然因犯罪处在受刑的地位，但其公民身份未变，因此该项权利仍然享有。受刑人对行刑工作人员刑讯逼供、体罚虐待、权钱交易等行为有权控告和检举。

（3）辩护权。受刑人在服刑中又犯罪时，拥有与其他刑事被告人同样的辩护权，除本人可以行使辩护权外，还可以委托律师等为自己辩护。

第三，自我发展的权利。从社会学的角度讲，受刑人的行刑过程是一个重新社会化的过程，对受刑人适用刑罚的终极目的是使其复归社会。而要达致这个目的，就必须给予受刑人自我发展的机会，赋予其自我发展的权利。受刑人自我发展的权利主要包括受教育权、劳动权与社会交往的权利。

（1）受教育权。受教育对于受刑人而言，具有双重性质：一方面，它表现为权利，是受刑人发展权的重要内容；另一方面，它又表现为受刑人的义务，具有改造的强制性。受刑人受教育的权利集中体现在接受文化教育、技术培训、其他提高社会生活适应能力等方面。

（2）劳动权。与教育一样，受刑人劳动也是一种不完整的权利形式，劳动究竟是受刑人向社会承担的义务还是自己的权利，一言难尽。因为对受刑人而言，劳动似乎更多地是因犯罪而产生的特殊义务，组织受刑人劳动在相当程度上是社会矫治犯罪的必要成分，与人权保护无本质关系，但受刑人在服刑中参加劳动本身又掺杂了一些个人权利需要，这种需要与受刑人重返社会有关，当普通人认为社会职业仅仅是自己的谋生需要时，出狱人可能会认为这是最宝贵的权利，他必须以自己的身体条件、技术能力争取求职，因此这种权利需求使其有意在监禁生活中学习一些与社会生活有关的职业知识并掌握熟练技术，在这个意义上，一种能与社会生活需要最接近的监狱劳动形式，就是受刑人的权利需要。

（3）社会交往权。对于处在监禁环境下的受刑人来说，其社会生活权利被部分限制，但其与社会交往的需要是人的基本需要，刑事法律必须确认这种需要，并明确这种权利的存在形式，如受刑人享有对外通讯权和会见权等。[①]

（二）受刑人的义务

受刑人的义务，从监狱管理层面来解读就是监狱的纪律。在监狱，强制和督促受刑人履行义务，对于受刑人改造和监狱管理而言，都是十分必要的。由于过去人们对受刑人的义务过于强调，相对忽视甚至淡漠其权利，因此今天我们有必要正本清源，重新认识和把握受刑人的义务，使义务的履行和权利的行使相协调和对应。

1. 用法治的思想规范和明晰义务。在现代法治社会“保障和尊重人权”的意蕴指引下，对受刑人的义务要重新厘清和规范：（1）对义务进行逐项审定，进一步的明细和具体化。对过去曾经的义务，在现代法治思想的指导下，可以慎重地削减和淡化；（2）对义务的履行固然是强制，但应倡导以引导和鼓励为主要的推进模式。尤其是找到权利与义务的结合点，让受刑人感受权利、享受权利并合理地维护权利；（3）对由于没有履行义务而施以的处罚要体现柔性化和人性化的思想。

2. 用恰当的方法引导受刑人履行义务：（1）用正面激励的办法引导受刑人履行义务。以人的主体性思想来思考义务的履行是最有意义的选择，可以培养受刑人履行义务的意识、主动性和内在动力。（2）用活动的载体吸引受刑人自愿履行义务。寓义务履行于活动之中，是吸引受刑人履行义务的喜闻乐见的方法。狱政管理者要用创新的思维开展形式多样、富有情趣的活动，来吸引受刑人参与，并在参与中自觉履行义务。（3）用规制的方法强制受刑人履行义务。众所周知，义务具有天然的强制性，用强制的办法督促义务履行是最常见的形式。对接受改造的受刑人来说，广泛应用强制的办法是必要的和可行的。[②]

---

① 王利荣：《行刑法律机能研究》，法律出版社 2001 年版，第 137 ~ 145 页。

② 于爱荣等：《矫正技术原论》，法律出版社 2007 年版，第 106 ~ 107 页。

第二节　受刑人监禁处遇制度

一、受刑人分类处遇制度

受刑人被投放监禁场所后，如何加强刑罚的针对性，实施个别化处遇，以提升监禁处遇的效能，这是刑务学家孜孜求索的问题。综观世界各国的行刑处遇实践，主要有两种做法：一是分类制，即按照一定的标准，将受刑人群体分隔开来；二是累进制，即将受刑人刑期和狱内处遇分级递进。我国行刑实践则将分类制与累进制糅合在一起，形成具有本国特色的分类处遇制度——“分押、分管、分教”制度。

（一）分类处遇制

分类处遇，是指为实施与受刑人的改造自新及环境的社会的问题相应的处遇，展开科学调查以查明各个受刑人的问题，并根据调查结果制订处遇计划，为使该计划有效实施，便将受刑人编成各种团体，并对各个团体实施相应的有效处遇。①

1. 受刑人分类的缘起与兴起

一般认为，在西方，现代意义上的受刑人分类制度肇始于1598年荷兰阿姆斯特丹市的维兹拉女子纺织监狱，该监狱率先实行男女分离的关押办法，这是分类制的萌芽。1602年，荷兰又设立少年感化院，并在男子劳役所中分界设置少年劳役所，将少年犯与成年犯分离监禁。这种同时把受刑人按照性别和年龄加以分类的做法赢得了学者的高度评价：“基于启蒙主义的自由思想和刑罚人道主义的改革，被认为是在近代刑罚制度的发展史上具有重大的历史意义。”② 1773年，美国的沃特尔监狱根据囚犯的性质分类关押，创设了受刑人分类的新标准。

20世纪以降，受刑人分类制度走上了科学化的轨道。德国在

---

① ［日］大谷实：《刑事政策学》，黎宏译，法律出版社2000年版，第211页。

② 中华人民共和国司法部编：《外国监狱资料选编》（下册），群众出版社1988年版，第224页。

20 世纪初率先建立了犯罪生物学类型的人格考察制度。在美国，矫正的过程从受刑人分类开始。步德国后尘，美国建立了综合性的分类调查制度，并且非常重视基于受刑人个性的个别化处遇方式。日本于 1948 年制定了《服刑者分类调查细要》，1972 年制定了《服刑者分类规程》，至此，日本监狱的受刑人分类制度基本定型。

受刑人分类的理论与实践也引起了国际社会的高度关注，相关的国际监狱或受刑人处遇大会曾多次将受刑人分类问题作为专项议题进行讨论。例如，1925 年在英国伦敦召开的国际刑法与监狱会议，针对受刑人分类发表专项声明，强调受刑人的分类应根据其年龄及性别作必要的分离，并考虑其精神状态，根据各受刑人应改善的性格及能力决定；受刑人的分类设施，应在特别机构或同一执行机构内的不同建筑中执行。1955 年在瑞士日内瓦举行的“联合国第一届预防犯罪及受刑人处遇大会”通过的《囚犯待遇最低限度标准规则》，也对受刑人分类问题作出过决议。该《规则》规定：为防止囚犯之间的“不良影响”，“使他们恢复正常的社会生活”，对“不同种类的囚犯应按照性别、年龄、犯罪记录、被拘留的法定原因和必须施以的待遇，分别送入不同的狱所或监狱的不同部分”。正是在联合国的大力倡导下，受刑人分类制度发展成为世界各国监狱通行的一种制度，并且在受刑人矫治改造中发挥了积极作用。“从早期简单地按照性别、年龄等明显、易行的标准进行分隔监管，到通过调查分类对受刑人实行比较深入的研究，一直发展到现代逐步形成比较系统的受刑人处遇模式，成为一种比较成型的监狱制度”[①]，受刑人分类制度经历了从感性到理性、经验到科学的嬗变。

之所以对受刑人进行分类，主要是基于以下三个目的[②]：(1) 安全。这是分类的第一要务。受刑人分类就是根据其危险等级选择不同戒备等级的监狱，然后再根据其现实表现确定监管等级，这些活

---

① 王泰：《现代监狱制度》，法律出版社 2003 年版，第 118 页。

② 于爱荣等：《矫正技术原论》，法律出版社 2007 年版，第 170 页。

动都是围绕着安全目的进行的。(2) 处遇。这是分类的第二要务。分类与处遇相结合，监狱根据受刑人个性需要设置处遇计划，并最大限度地为配合处遇而加强对受刑人的管理。(3) 矫正。矫正是监狱的永恒主题，是监狱存在的价值所在。对受刑人实施有效的矫正，必须借助于分类技术。矫正个别化的前提工作就是受刑人的科学分类。将受刑人的分类、处遇与个别化矫正方案的科学结合，成为当代监狱矫正受刑人的基本范式。

2. 分类调查

分类调查，又称为犯罪人人格调查，是刑务官员会同有关专家，依据医学、心理学、教育学、社会学等专门知识和技术，通过调查犯罪人的身心状况、个性特征、家庭结构、成长经历、教育背景、捕前职业、犯罪经历等人格情况，对受刑人进行诊断和检查。分类调查是为分类处遇所做的条件预备活动，调查结束后即开始制订分类处遇方案和计划。

对受刑人进行人格调查，是一些发达国家行刑处遇实践中的制度性内容。如《意大利监狱法》规定，受刑人投送监狱时，首先接受心理医生对其进行的人格观察和鉴定，以便监狱及早发现其生理和心理缺陷。

韩国司法矫正局根据受刑人的性格、能力、作案记录等实行分类关押，在30所监狱中有18所已经建立了专门的收押分类科，在受刑人入监的1个月内进行少时经历、教育背景、作案记录、接受改造积极性和重返社会时的打算等测试调查，并从活动范围、改造阶段、安全等级和矫正措施4个方面对实施关押提出建议。①

在美国，矫正过程从受刑人分类开始。几乎所有的美国监狱都设立了入监诊断中心，新作案记录、接受改造积极性和重返社会时的打算等测试调查，并从活动范围、改造阶段、安全等级和矫正措施4个方面对受刑人实施关押提出建议。入监的受刑人必须在中心

① 周倩、王林：《中外受刑人分类的比较研究》，载《北京政法职业学院学报》2008年第2期。

接受调查、测试、考核与评定，以便为矫正工作提供科学依据。

在日本，分类调查分为入所时的调查和再调查。入所时调查在监狱及各矫正区内所设置的分类中心进行，并根据该调查结果决定分类等级，将受刑人分别移送到各个合适的监狱收容，这就是收容分类。之后再以分类调查为基础，根据指定居室、决定处遇方针等进行分组，这便是处遇分类。再调查在分类中心及正在收容的刑事设施中举行。刑期不满 8 个月者原则上每 2 个月进行 1 次，其他受刑人则约 6 个月 1 次定期进行。再调查结果对修改处遇及收容具有意义。①

3. 分类处遇

分类处遇是在犯人调查基础上，针对各类犯人的不同情况分别关押并给予不同待遇的做法。总体而言，分类处遇包括两部分：

一是收容分类，即根据受刑人的犯罪性质、性别、年龄、刑期长短等进行分类，以设置不同的行刑场所。目前世界各国最普遍的做法是将监狱分为普通监狱、女子监狱、少年犯监狱。此外，各国还根据受刑人人身危险性设置不同警戒程度的监狱。

二是处遇分类，按照处遇基准进行划分，给予受刑人恰当的处遇。例如，日本矫正机构将受刑人分为两类：第一类是根据特殊矫正的需要进行分类，从中又分为 5 个级别：V 级是需要职业训练的犯人；E 级是需要教育的犯人；G 级是需要生活指导的犯人；T 级是需要专门治疗的犯人；S 级是需要特殊保护的犯人。第二类是根据特别建议进行分类，具体又分为适宜开放性处遇的犯人和适宜监狱维持工作的犯人。②

（二）累进处遇制

1. 累进处遇制的起源与演进

累进处遇是将受刑人之刑期分成若干阶段，每个阶段设定不同

① ［日］大谷实：《刑事政策学》，黎宏译，法律出版社 2000 年版，第 212 页。

② ［日］野村雪男：《罪犯在矫正机构中的待遇》，潘红亮译，载《犯罪与改造研究》1992 年第 2 期。

的处遇，狱政管理人员依据受刑人服刑表现和改善程度，渐次使其由低级晋升至高级，按级别由严而宽，逐渐缓和其警戒程度和处遇条件的行刑处遇制度。

累进处遇制最早源于英属殖民地时期的澳大利亚。当时英国的重受刑人远隔重洋来到诺福克岛监狱服刑，监禁条件极其恶劣，受刑人因看不到希望而自暴自弃，狱内暴乱时有发生。1839 年，英国刑罚改革家马克诺奇就任诺福克岛监狱的监狱长。针对监狱乱象，马克诺奇上任伊始就着手进行改革。马克诺奇改革方案对后世监狱改革的贡献有二：一是累进制，他将服刑受刑人的刑期分为两部分，刑期的前一半为“刑罚阶段”，后一半又分成为三个等级阶段。自后一半开始，对服刑受刑人的服刑表现进行考核计分，并根据得分情况进入不同的等级阶段（第一、第二等级阶段），最后可根据得分情况，达到第三等级阶段，获得假释资格。二是“点数制”，即对受刑人的服刑表现实行考核计分，以“点数”决定处遇的级别。[①] 马克诺奇改革方案的基本理念是，让犯人通过自己勤奋的劳动和良好的表现争取自由，把释放的责任放在犯人的肩上。正如马克诺奇所言：“如果让一个人掌管着自己被囚的监狱的钥匙，他很快就会把钥匙插进锁里。”

马克诺奇改革方案在英国国内受到冷落，但却在爱尔兰大受欢迎。1854 年，爱尔兰监狱长克罗夫顿着手狱制改良。他指出，如果监狱是犯人思过和改恶从善的地方，那就应当建立一种机制，以确认犯人是否已经悔过自新，并且在悔过自新后及时将其释放，而累进处遇制就是这种最好的机制。[②] 据此，克罗夫顿对马克诺奇的“点数制”加以改进，形成了累进处遇制。克罗夫顿方案的主要内容有：刑期的最初 9 个月实施严格独居，第二阶段实施混合关押并从事土木要塞工程建设，第三阶段移向“中间监狱”从事生产劳动，享有较大的自由和自治。克罗夫顿累进制仍采用计分晋级的办

---

① 王泰：《现代监狱制度》，法律出版社 2003 年版，第 133 页。

② 杨殿升主编：《监狱法学》（第二版），北京大学出版社 2001 年版，第 208 页。

法，达到规定分数的受刑人即可获得假释资格。

爱尔兰方案的成功，对美国的监狱制度产生了很大影响。1870年，在辛辛那提举行的美国第一次全国监狱会议决定采用累进处遇制，会后发表的《辛辛那提宣言》预言："爱尔兰制必将风行于世界。"1876年在美国埃尔米拉教养院中，率先实施了累进处遇制。埃尔米拉累进制以点数为晋级依据，将处遇过程分为三级，新入院的犯人都被编入第二级，获得一定点数者可升入第一级，而行为不端者则降入第三级。进入第一级者若再得点则可获得假释。今天，《辛辛那提宣言》预言已经变成了现实，累进处遇制受到各国普遍推崇，被认为是迄今体系最为完备，具有相当效应的"集大成"的行刑处遇制度。

2. 累进处遇制的作用机理

（1）自由刑剥夺度调控理论。监禁刑就是对受刑人自由的剥夺，剥夺度调控理论将受刑人的权利自由分解成三个部分：必须剥夺部分、必须保障部分以及人工调节部分。累进制就是根据受刑人的服刑表现，对人工调节部分实行有差别的剥夺，从而形成处遇级差。

（2）受刑人服刑表现与处遇的等价交换。服刑表现与处遇是现代监狱行刑活动的两个基本概念。累进制的实践基础是受刑人的服刑改造表现；累进制的众多实体性内容体现在处遇的变化上。累进制的作用机理就是在受刑人的服刑表现与处遇变化上建立等价交换关系。

（3）阶梯激励原理。累进制根据受刑人早日重获自由的心理需求和自由刑的剥夺特征，将自由刑的剥夺弹性调动起来，采取"目标渐进的分解式阶梯激励办法"，将一个相对遥远、难度较大的爬升过程，分解成若干阶段或阶梯，以不同的阶梯标准推动受刑人改造，以不同的阶梯实惠激发受刑人改造，导引受刑人向着更高目标前行。①

---

① 参见王泰：《现代监狱制度》，法律出版社2003年版，第152～181页。

（三）我国受刑人分类处遇制度

1. 分类处遇制度述评

我国虽早在西周时期就出现过受刑人分类的尝试，以后历代也都有监狱和受刑人的分类制度，但大多停留在浅层次、粗放式的分类上。现代意义的受刑人分类制度肇始于20世纪80年代末期的“分类关押、分类教育、分级管理”实践。1991年司法部在总结各地试点实践经验基础上，下发了《对受刑人实施分押、分管、分教的试行意见》，明确“横向分类、纵向分级，分级处遇、分类施教”的原则，在全国范围推行“三分”工作。其主要内容包括：一是分类收押，即行刑机关对人民法院交付执行的罪犯，按其性别、年龄、刑种、刑期予以初次分类，送往不同的监狱服刑；在此基础上，再根据犯罪性质进行二次分类关押，以监狱大队为单位对暴力型罪犯、财产型罪犯、性犯罪型罪犯等进行分类关押，为分管分教作准备。二是分类管束，对财产型罪犯，监狱要管好财、物；对暴力型罪犯，监狱要加大防范措施实施力度，并注意使用“冷处理”管束方法；对性犯罪型罪犯要重视监管环境有关性信息的控制；对过失犯要适当组织罪犯参加自我管理。三是分级处遇，《试行意见》以受刑人活动范围、通信、会见等为处遇差别要素，将受刑人处遇分为“严管、普管、宽管”三个等级，在保障受刑人基本待遇前提下实施差别化处遇。各地监狱经过20多年的“分押、分管、分教”实践，探索了许多行之有效的方法和制度，构建了适合我国国情、具有中国特色的受刑人分类处遇制度。但毋庸讳言，与国外相对科学完善的受刑人分类处遇制度相比，我国受刑人分类处遇制度还存在诸多问题亟须解决。主要表现在：

（1）分类主体欠缺专业性。受刑人分类是一项专业性、技术性很强的工作。在国外，对受刑人分类通常都是在专门的分类中心或收容中心进行。其成员除部分矫正官员外，通常包括医生、精神病学家、临床心理学家、犯罪学家等专家。专家主要运用专业知识和技能对受刑人作出诊断，为受刑人分类提供专业性依据。我国并未设置单独的或附设的受刑人分类机构，实际操作中涉及受刑人分类的机构和人员相当庞杂，从上到下包括分管受刑人改造教育工作的副监狱长、监狱狱政（侦）部门、教育部门、入监监区及各个分监区的警察，还包括专门设置的新收犯监狱里承担相关职责的警察、受刑人转运站承担相关职责的警察等。此外，还包括参与各级“狱情分析会”或者“危顽犯排查会”的分管领导和警察。[①] 多头、多元的分类主体，看似多人负责，实际却处于无人负责的状态。此外，多元的主体中欠缺专业人员，无法从专业的视角为受刑人分类提供智识支撑。

（2）分类技术欠缺成熟性。国外在近100年来，分类技术发生了三大转向：从主观转向主客观相结合；从定性转向定性与定量相结合；从单一、静态转向复杂、动态。[②] 反观我国受刑人分类技术，尚停留在简单、粗放的水平。表现在：①分类标准老套，大多数监狱还主要按照犯罪性质、刑期等客观标准进行分类，人身危险性等主观标准还没有运用到受刑人分类实践中去；②分类方法简单，目前监狱主要还是采用定性分析和经验分析对受刑人进行分类，还不善于运用先进的定量分析技术，虽然个别监狱开始将心理测量分析作为分类的参考依据，但缺少技术含量；③分类模式缺少动态调整。受刑人经过入监时的初次分类后，如果没有特别情况，多数受刑人在整个服刑期间都不会改变关押状况。这种静态分类模式，罔顾受刑人人身危险性消长情况，不仅造成行刑资源浪费，而且极大挫伤受刑人改造积极性。

（3）分类处遇欠缺激励性。对受刑人进行分类和实施分级处遇的目的，就是要激励其自觉、主动、积极改造。但我国目前实施的分类分级处遇，其激励绩效还很不理想，表现在[③]：①处遇形态单一，激励动力不足。国外已经形成了完整的处遇体系，监狱实施的处遇形态主要有封闭式处遇、半封闭式处遇和开放式处遇，封闭式

---

① 郭建安、鲁兰主编：《中国监狱行刑实践研究（上）》，北京大学出版社2007年版，第48页。

② 于爱荣等：《矫正技术原论》，法律出版社2007年版，第171页。

③ 于爱荣等：《矫正技术原论》，法律出版社2007年版，第178～179页。

处遇又通过累进制进行处遇晋级和处遇改善。这种丰富的处遇形态能满足不同受刑人的需要，激发其自觉改造的内在动力。我国监狱以维稳和安全为第一要务，为了保证受刑人不跑、不死，在处遇形态上不敢有所突破，像离监探亲、外出参观等稍微幅度大的处遇，由于安全原因都难以实施，更遑论开放式处遇了。因此，相对单一的处遇形式，很难激发受刑人积极改造的内在动力。②处遇级差简单，激励作用有限。我国目前实施的“三等五级”处遇制，每一级之间在处遇内容和形式上没有太大差异。例如，受刑人活动范围是处遇差别要素中的核心要素。宽管受刑人在监内活动范围可以适当放宽，但监狱空间有限，如果再考虑分管结束后，分管单位需要实施封闭性管理，以及监狱重要设施需要专用空间，宽管受刑人的最大限度范围也不会与普管级受刑人活动范围拉开理想距离。受活动范围的限制，通信、会见、管理、文体活动等处遇差别要素的发挥也不尽如人意。[①] 这种状况，导致处遇的激励效应不能充分发挥。

2. 分类处遇制度的完善

受刑人分类处遇制度事关监狱矫治工作的整体绩效，也关乎受刑人权利的实现程度。因此，构建科学、高效的受刑人分类处遇体系，应成为我国建设现代化监狱制度的基础性工作。针对我国受刑人分类处遇制度的不足，具体可从以下方面着手：

（1）受刑人分类机构的专业化设置

菲利认为：“一种有独创性而且协调的监狱制度如果没有相应的管理人员来执行也没有价值。”[②] 此话对于我国分类处遇制度而言，确实是一语中的。近年来，我国监狱大量引进具有法学、心理学、教育学、医学等学科背景的高层次人才，这为受刑人分类的科学化和处遇个别化奠定了现实可能性。为使我国受刑人分类处遇工作走向更高专业化道路，笔者建议每个监狱设置一个专门负责受刑

① 夏宗素主编：《狱政法律问题研究》，法律出版社 1997 年版，第 264 页。

② ［意］恩里科·菲利：《犯罪社会学》，郭建安译，中国人民公安大学出版社 2004 年版，第 286 页。

人分类处遇的机构，配备具有专业知识和技能的人员，同时积极引入社会力量介入受刑人分类处遇工作，尤其是高校和相关科研机构的专家学者应作为常备资源加以充分利用，发挥他们在受刑人分类处遇方面的独特优势。

（2）受刑人分类技术的成熟化设计

成熟的分类技术主要包括等级戒备监狱的设计、分类工具的设计和分类程序的设计。

首先，等级戒备监狱的设计。在历史发展中，对监狱分类的认识也是不断深化与完善的。戒备度监狱设置理念就是对传统监狱分类认识的突破，有助于对现代监狱制度的推动。戒备级别的监狱分类有利于对罪犯真正意义上的分类管理。[①] 国外对等级戒备监狱的设计，主要根据受刑人的罪行轻重、刑期长短、有无逃跑和实施暴力行为的危险等因素进行分类，一般分为高度警戒监狱、中度警戒监狱和低度警戒监狱三个等级。随着宽严相济刑事政策的实施、《刑法修正案（八）》的出台和社区矫正的推行，我国监狱的押犯数量和构成将发生重大变化。短刑犯、轻刑犯的数量将随之减少，长刑犯、限制减刑、假释犯将逐步增加，这些变化将影响到我国监狱未来的布局。近年来，我国司法部和各地监狱管理局围绕“监狱警戒等级建设”课题展开理论研讨和实践尝试。例如，湖南省监狱管理局打破一个罪犯在一所监狱服完全部刑期的传统模式，尝试一种全新的行刑模式，一个罪犯服刑要经历三个监狱：入监监狱、矫治监狱、出监监狱。笔者认为，应当抓住我国监狱布局调整的有利契机，借鉴国外的成功做法和我国改革实践的有益经验，从横向和纵向对我国监狱进行设计。

横向上，结合我国对服刑人员的改造流程，将我国的监狱划分为入监监狱、矫治监狱、出监监狱三种。这样，我国成年男性服刑人员的分类处遇就可以按照三个步骤进行：

①入监监狱（收押中心）。入监监狱主要负责对新收服刑人员

① 郑霞泽主编：《监狱整体建设问题研究》，法律出版社 2008 年版，第 178 页。

实施系统的教育训练，开展服刑人员调查分流并加以调控。可先按照罪行轻重将服刑人员分为轻罪服刑人员与重罪服刑人员，再按照犯罪性质的不同，将轻罪服刑人员和重罪服刑人员再分为暴力型、财产型、性犯罪型和其他类型，以便于将不同类型的服刑人员分别关押于不同惩戒程度的矫治监狱中。

②矫治监狱。在矫治监狱中，根据不同服刑人员的改造状况、基本表现和人身危险性评估，随时从一般服刑人员中再甄别出改造积极分子和危顽分子，分别采取不同的管教手段和处遇等级，在目前集团处遇的基础上最大限度地体现个别化处遇原则。这是我国监狱体系中的主体部分。

③出监监狱。在出监监狱，再根据轻重犯罪的不同类型以及服刑人员改造后的人身危险性评估，将出监监狱分成开放性程度不同的监狱或者监区。所以，出监监狱不同于开放式监狱，由于在出监监狱中的服刑人员都受到过一定时期的改造教育，人身危险性一般都会大大降低。①

纵向上，根据受刑人的危险程度高低，将矫治监狱分为高度戒备监狱、中度戒备监狱、低度戒备监狱三个等级，分别关押不同危险性的受刑人。

①高度戒备监狱主要关押人身危险性较大的长刑犯。随着《刑法修正案（八）》的施行，长刑犯必将持续增加，其中包括：被判处死刑缓期执行的累犯以及因故意杀人、强奸、抢劫、绑架、放火、爆炸、投放危险物质或者有组织的暴力性犯罪人（简称“1+8”一类犯罪人）和被判处10年以上有期徒刑、无期徒刑的累犯以及因故意杀人、强奸、抢劫、绑架、放火、爆炸、投放危险物质或者有组织的暴力性犯罪（简称“1+8”二类犯罪人）。前者既不能减刑也不能假释；后者不得假释，但是可以减刑。这两类犯罪人将长期“沉淀”在监狱中服刑，不得减刑和假释，其人身危险性和矫

① 田兴洪：《轻罪刑事政策视野下的我国轻罪服刑人员监狱处遇制度改革研究》，载《刑法论丛》2010年第2卷。

正难度都比较大。因此，有必要将人身危险性较大的长刑犯相对集中关押在高度戒备监狱，以避免和减轻受刑人之间盲目攀比心理，化解其悲观情绪。

②中度戒备监狱主要关押非“1+8”类长期刑犯。非“1+8”类长期刑犯大多属于贪利性的非暴力经济型、职务型犯罪人，根据《刑法修正案（八）》的规定，这类受刑人虽然可减刑、假释，但在监实际服刑年限最低不能少于13年或15年。将这类犯罪人关押在中度戒备监狱，发挥其专业、技术优势，由其承担技术或专业岗位的工作。这样既解决这类罪犯的狱内管理问题，又能够为监狱企业带来更高的经济效益，还有利于罪犯出狱后回归社会。①

③低度戒备监狱主要收押人身危险性较小的受刑人。主要包括：无再犯罪倾向的判处5年以下的财产型及其他类型服刑人员；无社会危害性的初次服刑的老年犯、残疾犯等。

其次，分类工具的设计。西方国家在对受刑人进行分类和处遇时，十分重视其人格状况的评估。鉴于此，我国刑务学者在设计分类技术时，需要对受刑人危险性程度进行评估，然后根据评估结论，决定受刑人的关押等级。分类工具的设计可从两方面入手：首先，确认受刑人人身危险性的因子。监狱工作实践表明，受刑人人身危险性倾向来源于其成长环境、犯罪史、服刑环境等因素，这些构成了受刑人人身危险性的潜在“危险源”。具体涉及体能和智商因素、遗传和生理因素、精神和心理因素、成长和环境因素、生活环境因素、犯罪状态因素、服刑环境因素七个方面。其次，人身危险性预测量表的研制。人身危险性预测量表由主量表和从量表构成，主量表为人身危险程度测试量表，主要是新收押犯分流中心对受刑人的初次分类使用。江苏省监狱管理局研制的人身危险程度检测表由六大系列25项因子构成，通过对4000名罪犯进行人身危险程度检测，准确率达到90%以上；从量表分为高危行为倾向估测表

① 崔海梅：《行刑经济性指导下的分级分类关押制度的构建》，载《政治与法律》2012年第10期。

和重新犯罪预测评估表。其中高危行为倾向评估表旨在根据受刑人在监狱中的表现，评估其脱逃、暴力和自杀行为倾向，以便对受刑人进行再分类。评估表由受刑人自然状况和现实行为表现两部分构成；重新犯罪预测评估表主要在受刑人释放前使用，是对其刑释后重新犯罪可能性进行预测，属于保护性处分。该表因子的选定和分值的设定，是根据近5年重新犯罪的调查和狱内两次以上改造的罪犯的抽样调查并在此基础上统计和分析出结果，再以此为依据，进行测评验证、修正完善而成的。[①] 近年来，浙江警官职业学院曾赟领衔的课题组通过对浙江省不同类型监狱1238个随机押犯样本的科学调查与统计分析，从年龄、本次服刑境遇、早年家庭依附、早年学校依附、生平遭遇、早年不良交往、反社会行为和反社会人格8个测量模型中抽取了11项预测因子，并以这11项预测因子作为自变量，"是否再犯"作为因变量创建受刑人出监前重新犯罪风险预测模型，建立受刑人出监前重新犯罪风险预测量表。[②]

最后，分类程序的设计。[③] 分类程序是监狱对受刑人进行分类的工作流程，主要包括：①初次分类程序。初次分类程序是新犯分流中心对新收押罪犯进行综合性分析，确定危险等级，决定罪犯关押类别的工作流程。一般包括新犯信息资料的收集、对受刑人的评估、评估结果的处置三个环节。分流中心根据评估结论，由专家小组集体评议受刑人的危险等级，向分类委员会提出分押建议，由分类委员会决定关押的监狱等级，并根据受刑人缺陷和个性需要，制订个别化处遇方案和计划。②再分类程序。再分类程序是监狱分类小组每隔一段时间对受刑人的高危行为倾向和矫正难易程度进行评估的工作流程。评估间隔一般分为三种情况：第一种是剩余刑期在5年以下和死缓2年执行的受刑人，每隔6个月进行一次评估；第二种是剩余刑期在5年以上的受刑人，每隔12个月进行一次评估；

① 参见于爱荣等：《矫正技术原论》，法律出版社2007年版，第184~187页。

② 曾赟：《服刑人员刑满释放前重新犯罪风险预测研究》，载《法学评论》2011年第6期。

③ 参见于爱荣等著：《矫正技术原论》，法律出版社2007年版，第187~189页。

第三种是只要认为有评估需要的，不受间隔时间的限制。③释放前的分类程序。这是监狱在受刑人被释放前的一定时间，对其释放后重新犯罪可能性进行的预测评价的工作流程。评估时间一般应在释放前 1 年至 2 年进行，这样一旦发现某些受刑人具有再犯倾向，还有充足的时间对其进行转向矫正。适用的工具是重新犯罪预测评估表。

（3）受刑人分级处遇的科学化设定①

受刑人分级处遇的科学化应符合以下标准：处遇形态多样、处遇级差合理、处遇内容丰富。依据这样的标准，设定一套适合我国国情和罪犯矫治实际的受刑人处遇体系。

首先，处遇形态的设定。处遇形态直接关系到受刑人的切身利益，是激发其改造自新、顺利复归社会的重要矫正手段。因此，在处遇形态设定时应依循个别化原则，引入竞争机制、激励机制，着重体现处遇的差异性、动态性、渐进性、即时性的特点。处遇形态设计的基本方略是：构建以类处遇为基础，以阶段式处遇为依托，以渐进式处遇为方向，形成受刑人处遇个别化的复合模式。

①类处遇。类处遇是以受刑人分类为基础，是一种集团处遇。主要按照警戒程度的不同，给予相应的类处遇。在同一等级戒备监狱中，受刑人又因监管等级的“类”不同，所得到的待遇也是有差异的。

②阶段处遇。阶段处遇是受刑人在服刑过程中，基于矫正需要，将处遇划分为若干阶段，根据对受刑人的考核结果，每一阶段给予其不同的处遇。借鉴国外的处遇经验，结合我国罪犯改造的实际，将处遇阶段划分为五个阶段：第一阶段为隔离阶段，针对需要实施隔离才能避免危险发生的、严重违反监规纪律被禁闭审查或者受到禁闭处分的受刑人。在处遇设定上，与普通受刑人隔离开来，实行独居监禁，不参加监狱劳动、集中教育、娱乐等活动，每天给

① 参见于爱荣等：《矫正技术原论》，法律出版社 2007 年版，第 189～198 页。

予1～2小时放风时间，被取消通信、打电话、与家人会见、看电视等生活上的待遇。第二阶段是限制处遇阶段，针对入监未满6个月、被行政处分、解除禁闭、因违反监规纪律从上一处遇阶段降级的，或者因其他原因被延缓晋级的受刑人。第三阶段为普通处遇阶段，是中长期自由刑的执行阶段，也是普通受刑人必须经历的阶段。第四阶段是中间处遇阶段，是短期自由刑的执行形态，可以适应半关押、半自由的阶段。第五阶段是开放式处遇阶段，可以适应社区矫正，或者在保证不脱逃的前提下，在监狱外上班、上学等直接体验社会生活的阶段。

③渐进式处遇。渐进式处遇是受刑人在完成阶段性矫正目标后，得以加分晋级，监狱根据其所晋升的级别给予相应的处遇。它是与受刑人个别化矫正方案的实施情况，以及阶段性矫正目标实现情况相关联的。渐进式处遇共设计为8级，其中渐进式处遇第一级又称为隔离处遇级；渐进式处遇第2、3级称为限制处遇第1、2级；渐进式处遇第4、5、6级称为普通处遇第1、2、3级；渐进式处遇第7级，称为中间处遇级；渐进式处遇第8级，称为开放处遇级。

其次，处遇升降标准的设定。处遇的晋级或降级，只有在常规化、动态化和即时化的状态下，才能有效发挥激励受刑人自觉改造的功能。因此，设定科学的处遇升降考核标准就显得尤为重要。过去我国监狱在设定处遇升降标准时偏重劳动表现，忽视受刑人的教化、操行等表现。为此，我们在设定受刑人的处遇升降考核指标时，应当全面考核其服刑表现，具体包括三个方面：一是思想改造状况，由于思想改造无法定量化，因此属于定性指标，主要考核因子有：认罪悔罪程度、服刑意识、改造自觉性、对被害人的态度、对社会的责任感、守法观念、心理健康等；二是行为表现状况，属于定性和定量相结合指标，主要考核因子有：遵守监规纪律、坦白检举、文明礼貌、生活卫生、人际关系、文化技能学习和掌握情况、劳动数量和质量等；三是个别化矫正方案的实施状况，也属于定性和定量相结合指标，主要考核因子有：参与矫正主动性、对矫正的认识和态度、矫正计划的实施和矫正目标的执行情况等。

最后，处遇级差内容的设定。处遇级差是受刑人处遇内容因级与级之间的梯级关系，造成受刑人在获得监狱给予的待遇上呈现由少到多的情形。处遇的多变、动态、具体和可操作等特点决定了处遇级差内容的可变性、直观性和直接性。因此，在设计处遇级差时，要发挥其梯级的激励效应，给受刑人以感官刺激和感性认识，使其真切感受到待遇的差异，从而激励其改造的积极性。实践中的梯级处遇差可包括教育资源的选择、劳动报酬的获得、生活用品的购买、会见方式的选择、开放式处遇的获得等。此外，监狱还需要以创新的思维，积极探索建立与社会接轨的医疗保险和养老保险制度。受刑人从劳动报酬中拿出一定比例的资金，按时缴纳相关的社会保险费用，将服刑改造表现、劳动报酬与享受养老金等社会保险有机结合。这样做，对于“1+8”类犯罪人尤为必要，因为对于他们而言，现有的减刑、假释处遇缺乏吸引力，通过医保和养老保险与社会接轨，可以减除其后顾之忧，同时也可使其积极劳动、踏实改造。

二、开放式处遇制度

开放式处遇，是指在人的、物的及防止脱逃设备方面，缓和限制强度，以对受刑人的自律心及责任感的信任为基础的拘禁形态。①

开放式处遇发端于19世纪末期的瑞士。瑞士监狱实务家凯勤豪斯鉴于以往封闭式监狱蔑视犯人的尊严、对犯人限制过严、使犯人长时间与社会隔离造成其复归社会困难的弊端，倡议设立没有围墙、铁栅栏等安全戒护设施的监狱，并身体力行，于1891年在伯尔尼郡设立新监，运用教育刑思想处遇犯人。凯勤豪斯的开放式监狱尝试取得了显著成效，引来欧美各国关注的目光，各国纷起效尤。1934年英国设立了本国的第一个开放式监狱，以后欧美诸国及亚洲的日本、印度等国也相继设置了开放式监狱。开放式处遇的实践，引起了国际社会的高度关注。1950年在海牙召开的国际刑

① ［日］大谷实：《刑事政策学》，黎宏译，法律出版社2000年版，第223页。

法及监狱会议和1955年在日内瓦举行的联合国第一届预防犯罪与受刑人处遇大会均对此进行专题讨论并形成相关决议，倡议各国政府采用该制度。此后，开放式处遇迅速成为世界性话题。现今，受开放式处遇的受刑人的比例几乎成了衡量行刑进步程度的标准。

（一）开放式处遇的形态

1. 西方国家开放式处遇的形态

开放式处遇的形态，因各国狱情的不同而相异。综观西方已采用开放式处遇的国家，其开放形态大致可分为两种，一种是设施的开放，另一种是对受刑人具体管理处遇的开放。故而开放式处遇的形态相应可分为开放性设施中的处遇和中间处遇。

（1）开放性设施中的处遇

开放性设施，根据1955年联合国第一届预防犯罪与受刑人处遇大会所作的定义，必须具备两方面的特征，一方面是取消有形或物理性防止逃跑的装置；另一方面，对犯人采取基于其自觉生活及集体生活的责任感的制度，该制度并不给予被收容人可以自我滥用的自由，而是要求利用该自由奋发向上。据此，所谓开放性设施，是指在防止受刑人脱逃的物质设施和人力设施方面放松了看守力度的设施，分为开放性设施和半开放性设施。前者是未设置防止脱逃的人力、物力装置的设施；后者是缓和了上述装置的力度的设施。[①]

（2）中间处遇

所谓“中间处遇”，顾名思义，是设施内处遇（监禁处遇）与社会内处遇（社区处遇）相结合的中间位置的处遇形态。中间处遇从拘禁程度上看，是介于矫正处遇和保护处遇之间的处遇形式；从处遇形态上讲，是从矫正处遇向保护处遇的过渡；从处遇理念上分析，则是从公正模式向改善模式转换的产物。[②] 从西方国家的情况看，中间处遇大体有外出制、归假制和周末拘禁制三大类。

---

① ［日］大谷实：《刑事政策学》，黎宏译，法律出版社2000年版，第227页。

② 张志泉：《日本犯罪者处遇》，山东人民出版社2010年版，第79页。

①外出制。外出制又称为“工作假释”，是指服刑中的受刑人在没有戒护的条件下，到狱外工作场所，与一般人在同一条件下工作，下班后回监狱监视居住的制度。这种制度，在让受刑人理解正常的勤劳生活的意义和价值的同时，还能使其在作为社会人所必要的工作岗位上学习，并在培养受刑人的自律心和责任感方面起作用。[①] 外出制最早见于 1880 年美国马萨诸塞州立女子监狱，1913 年，美国威斯康辛州通过《霍珀法律》，将外出制予以制度化。现在，外出制已为英国、瑞典、挪威、法国、德国、比利时、丹麦等国采用。各国在引入该制度时，结合本国实情，适当进行改革，因而外出制又形成了别具特色的多种形式。

英国的“开放监舍”。1952 年，英国特设一种“开放监舍”，关押对象为已经 4 年以上的星级和普通级的服刑受刑人，经专门委员会于释放前 10 个月开始严格审查，于释放前 6 至 9 个月前投入，直至释放。进入开放监舍的犯人，无需戒护人员陪同，就可以到狱外的工作场所上班并领取与一般工人相同的工资，下班后直接返回监狱。除雇主外，其他人并不知晓其服刑受刑人的身份。

法国的半自由制度。法国的半自由制度的内容大体与英国的“开放监舍”相同，只是为防止影响社会治安，节假日不得外出。半自由制，原则上限于犯人在狱外从事工资作业，但也可以从事艺术创作或就学。在设施外虽不受监视，但严格规定回监时间，不得擅离工作场所，不得进入舞厅、酒吧等娱乐场所。[②]

美国的中途之家和“释前辅导中心”。美国的中途之家和“释前辅导中心”是衔接监狱与社会之间桥梁性的处遇机构。1965 年《服刑受刑人更生保护法》对此作出了明确规定。服刑受刑人于释放前 3 至 4 个月被送到该机构，从事工作释放活动，并进行心理治疗和职业训练。

②归假制。归假制是特指给予有家属的服刑受刑人归返自己家

---

① ［日］大谷实：《刑事政策学》，黎宏译，法律出版社 2000 年版，第 228 页。

② 王泰：《现代监狱制度》，法律出版社 2003 年版，第 108 页

庭探视并休假的一种开放处遇制度。归假制的实施，具有减轻刑罚的“亲属效应”的处遇上的意义。纯粹意义上的自由刑具有“一身专属”的特性，刑罚只对犯罪人适用，不得累及家人。但由于人“是社会关系的总和”，服刑受刑人的社会地位、家庭关系、家庭责任的程度不同，不能不使其亲属直接或简接地因为服刑受刑人的受监禁而受到影响，这种现象被称为“亲属效应”，或称“亲属刑”，属于广义的“刑罚副作用”。归假制，即是为了减少自由刑的“亲属效应”而设，有助于服刑受刑人恢复和维持其同家庭之间的关系，不仅对服刑受刑人有利，往往恩泽其全家，如果处遇得当，常常会有强烈的激励作用。①

服刑受刑人只有在符合最低度危险性、良好的守法记录、刑期即将届满等条件时，才能获得归假待遇。归假制有定期归假和特殊归假两种类型：前者处于开放处遇 6 个月后，即可定期归假。一般每 3 至 4 个月一次，每次 48 至 72 小时，路途时间除外；后者适用于释放前有重大理由者，如亲属病危或死亡，或者联系释放后的就业问题等，时间一般不超过 7 天。

③周末拘禁制。周末拘禁，顾名思义，是在周末到监狱服刑的制度。周末拘禁制开始是作为关押被处短期刑的少年犯而在欧洲发展起来的，后逐渐扩大适用至成年犯。主要做法是，对那些犯罪性质和情节轻微，所判刑期很短，且无再犯之虞的犯人，实行周末到监狱服刑，其他时间仍留在家庭和社会上过正常的生活。其目的在于：一方面，减少犯人的监禁时间，使其与社会和家庭保持正常的联系，并可减轻监狱负担；另一方面，通过一定的监禁又给予犯人一定的惩罚，促进反省，既达惩罚的目的，又收教育之功效。②

2. 我国监狱开放式处遇的尝试

我国监狱开展开放式处遇起步较晚。在《监狱法》颁布之前，我国有些监狱为奖励一些表现较好的犯人而特许其回家探亲或休

---

① 王泰：《现代监狱制度》，法律出版社 2003 年版，第 109 页。

② 杨殿升主编：《监狱法学》（第二版），北京大学出版社 2001 年版，第 213 页。

假，这一做法被学者称为“受刑人特许权”。由于这一措施对激励受刑人改造有明显功效，1994年颁布的《监狱法》第57条对“离监探亲”作出了明确规定，成为服刑表现良好受刑人的一项法定权利。“离监探亲”实际上是对传统自由刑封闭式行刑方式进行的局部修正，是开放式处遇制度在我国的最初尝试。

改革开放以来，为适应世界行刑开放化、社会化的趋势，我国监狱系统开始探索行刑社会化的举措，通过“走出去”、“迎进来”等战略，使服刑受刑人有更多的机会接触社会。各地监狱结合自身实际，有效地开展了形式多样的开放式处遇尝试，形成了具有中国特色的开放式处遇制度。

1999年5月26日，上海市周浦监狱回归指导中心的成立，就是我国监狱结合西方的开放式行刑处遇理论与监狱教育改造受刑人的实际情况，试图从中找出一个最有利于受刑人改造的结合点而开辟的一块试验田。周浦监狱回归指导中心根据本监狱受刑人的实际，较为谨慎地采用了通信无限制的处遇、狱外探假制、外出参观学习处遇、亲情电话处遇、夫妇同居处遇、外出参加社会公益活动、狱外见工制等开放式处遇措施。①

（二）开放式处遇的利弊分析

开放式处遇的良苦用心是尽可能弱化监禁设施给受刑人所带来的封闭性，给予服刑受刑人一定的自由，以避免其出现所谓“监狱人格”从而顺利复归社会。但是由于开放式处遇直指剥夺自由刑的核心——“剥夺自由”，所以就不能不对剥夺自由刑本身带来巨大的挑战。开放式处遇主要涉及两个问题：一是给服刑受刑人多大的人身自由问题；二是服刑人员可以在多大程度上摆脱监狱设施的强制约束问题。②

1. 开放式处遇的优势

在西方学者眼中，开放式处遇制度标志着当代监狱制度发展到

---

① 金四军：《开放式处遇初探》，载《犯罪与改造研究》2001年第11期。

② 王泰：《现代监狱制度》，法律出版社2003年版，第111页。

了一个新阶段，是使受刑人重新社会化的重要举措之一。开放式处遇之所以声誉日隆，是因为其具有如下优势与价值：

（1）有利于服刑受刑人顺利复归社会。在世界上大多数国家，通过行刑活动实现受刑人的再社会化被界定为现代行刑的终极目标。在社会学视野中，人的社会化离不开特定的社会环境。作为社会化的一种特殊形式，受刑人的再社会化同样必须在一定的社会环境中才能完成。而监狱封闭式的行刑环境，与正常的社会环境相去甚远，“在那里囚犯要受到严格的管束：高度的近体度使他们毫无私生活和个人隐私可言。监狱规则和生活日常迫使他们趋于同一行为模式，与外界隔离使他们的知识范围受到极大限制。”① 可见，监禁所造成的与正常社会的隔离，阻碍了受刑人再社会化的进程，增加了受刑人复归社会的难度。开放式处遇制度通过最大限度降低对服刑受刑人人身自由的限制、增强受刑人与社会正常环境的联系，从而使受刑人监禁后的生活条件与监禁前的生活条件尽可能保持一致，在一定程度上有助于缓解监狱封闭行刑与受刑人再社会化之间的悖论，促进受刑人的再社会化进程。

（2）有助于缓解“监禁的痛苦”。所谓“监禁的痛苦”，是指犯人由于被监禁和失去自由而承受的身心痛苦。监禁的痛苦包括剥夺自由、剥夺不同类型的物品和服务、剥夺自主权、剥夺安全感等。监禁的痛苦植根于剥夺自由刑本身，是监狱结构的重要组成部分。只要监禁刑存在一天，监禁的痛苦便不可能完全消除。但开放式处遇的实施，一定程度上放松了对服刑受刑人自由活动的限制，服刑受刑人与外界的隔阂得到某种程度的消除，亲情、友情等情感需求得以满足，这在一定程度上有助于缓解监禁生活给服刑受刑人带来的痛苦。

2. 开放式处遇的问题

正如一个硬币有两面，开放式处遇制度也有其两面性，制度的施行还需应对两大挑战：

---

① 赵宝成：《受刑人“监狱化”初探》，载《政法论坛》1992 年第 4 期。

（1）对刑罚特质的挑战。刑罚的本质属性是惩罚性。严厉的惩罚不仅用以恢复正义的平衡，而且是强制他人遵守社会共同规范的重要心理基础。开放式处遇制度由于强调给予服刑受刑人以人道化处遇，减少对其自由的限制，扩大其与外界社会的必要联系，而与监禁刑的本质——“剥夺自由”相悖，所以就不能不对监禁刑本身形成巨大的挑战。开放式处遇制度面临的重要困难之一就是刑罚惩罚性的弱化问题，而刑罚惩罚性的弱化，对于预防犯罪、平息社会公众因受犯罪侵害而引起的公共义愤无疑存在相当大的负面效应。[①]因此，如何应对开放式处遇对监禁刑特质的挑战，涉及监禁刑内容和框架的设计，而不仅仅是一个受刑人处遇问题。

（2）对社区安全的挑战。开放式处遇出于再社会化、避免监狱化、监狱亚文化的刑事政策考量，将过去置于完全封闭的监狱设施内予以矫治的受刑人放在相对自由的社区环境予以矫正，这会带来一个非常现实的问题：如何正确处理开放式处遇与社区安全之间的紧张关系？

为确保社区的安全，开放式处遇制度的设计和操作者从两方面进行努力：一方面，严格适用条件，将适用对象限定在遵守监规、服刑表现良好、刑期即将届满的服刑受刑人，以确保处遇对象不再危害社会；另一方面，研制再犯预测技术和操作规程来预测服刑受刑人的人身危险性、再犯可能性。但是上述两方面的努力很难确保百分之百的成功率，哪怕只要出现一例开放式处遇失败的个案，就会引起公众的恐慌与忧虑，从而导致开放式处遇制度步履维艰。例如，1971年，美国加利福尼亚州享受归假制待遇的一名囚犯打死一名警官的事件，致使当地停止了归假制度。[②]

开放式处遇制度的本质在于创造与自由社会尽量相近似的环境来实现服刑受刑人的再社会化，而再社会化自然需要较为和谐的社会环境。因此，开放式处遇制度要能够良好运行，必须取得社会公

---

① 廖斌：《监禁刑现代化研究》，中国政法大学博士学位论文，第158页。

② 王志亮：《外国刑罚执行制度概要》，中央编译出版社2006年版，第339页。

众的支持和配合。而开放式处遇制度可能带来的重新犯罪的隐患，引发社区居民的不安全感，这就使开放式处遇难以获得广泛的社会支持。如果社区支持率下降，受刑人即使在开放式处遇中，仍然感受到社区居民的敌意、蔑视、恐慌等诸多冲突性的人际情感，开放式处遇预期的矫正目标将很难真正实现。[①] 可见，如何在开放式处遇与社区安全之间求得平衡，将始终是一个难题，也是亟须解决的一个课题。

（三）开放式处遇的中国走向

开放式处遇制度经过长期实践，被证明是行之有效的，成为世界通行的监狱行刑制度之一。实行开放式处遇是我国适应受刑人处遇国际化发展趋势的必由之路。我国有论者提出如下设想[②]：

1. 设置开放式监狱或开放式监区。从我国目前监狱的设置来看，总体上仍然沿袭着传统的封闭性的行刑模式，缺乏严格意义上的开放式监狱，几乎所有监狱都不加区别的采用同一种高级隔离的模式。从行刑社会化目标出发，设置一定数量的开放式监狱或在监狱内设立开放监区，将那些罪行较轻、主观恶性不大的过失犯及初犯、偶犯和即将刑满释放的普通服刑人员，以及分级处遇中得到最高处遇级别的服刑人员，收容于其中进行管理改造，使开放式监狱或监区不仅成为对轻罪服刑人员或易于矫治的其他服刑人员的宽松处遇，而且成为服刑人员回归社会前的中途训练场所。

2. 建立与完善受刑人外出与归假制度。尽管我国监狱有法定的离监探亲制度，但由于其适用标准、条件、期限、审批程序和离监期间的行为规则等缺乏具体规定，监狱行刑实践中还只是停留在对极少数服刑人员的奖励层面，从而影响这一制度的适用；同时，其他类似于国外的工作外出、学习外出等制度都尚未建立。因此，应借鉴国外的做法，进一步完善我国的外出与归假制度，将劳动外出、学习外出、归假制度纳入分级处遇的内容，让其成为进入较高

---

① 廖斌：《监禁刑现代化研究》，中国政法大学博士学位论文，第 159 页。

② 参见杨佳香：《论受刑人处遇》，苏州大学 2006 年硕士学位论文，第 45～48 页。

级别管理的服刑受刑人享有的待遇，并使其法定化、制度化，以发挥其在受刑人再社会化过程中的独特作用。

3. 建立半自由刑处遇制度。半自由刑的主要形式有周末监禁、夜间监禁、业余监禁等。半自由刑在欧美国家广受欢迎，越来越多的国家引进或扩大适用这一制度，我国也可以尝试建立半自由刑制度，作为短期自由刑的替代行刑措施。半自由刑处遇的适用应限制在刑期较短且人身危险性较小的宽管级服刑人员；也可以将这类处遇作为宽管级服刑人员释前所享处遇的一部分，这样既不隔断受刑人与家庭和社会的联系，也不影响其正常的工作和学习，同时又可通过一定的监禁收到惩罚与教育之功效，可谓一举多得。

第三节　受刑人监禁处遇的内容

一、劳动处遇

（一）劳动处遇的历史回放

犯罪人劳动几乎是与自由刑相伴而生的。在犯罪人处遇演进史上，将劳动作为处遇内容具有悠久的历史。我国一直引以为豪的“劳动改造”模式其实并非是我们的独创，劳动改造的发明地在西方。

最初，劳动是作为惩罚的手段出场的，以劳累和折磨受刑人为己任。在我国，早在殷商时期就有犯罪人服劳役的记载。“以苦役惩罚罪隶的刑罚思想”成为商朝监狱的立监之本，“奴役刑的施用，从而直接发展了监狱制度”。[①] 在中世纪的外国监狱中，甚至出现过专以折磨残害为目的的受刑人劳动——“空役”，主要形式有反复踩转轮圈、推转磨盘、摇曲柄、滚动石块、投掷等。日本在历史上也出现过“空役制”，最为典型的就是“罪石制”。

近代以后，随着资本主义的发展，一切活动都以经济的眼光来衡量。犯罪人的劳动也不例外，这一时期的犯罪人劳动进入了以追

① 薛梅卿主编：《中国监狱史》，群众出版社1986年版，第8页。

求营利为目的的阶段，监狱里潜藏的巨大而丰富的廉价劳动力为狱政当局带来高额的利润。在美国，从19世纪初的囚犯出租制到20世纪80年代的私人监狱，犯罪人劳动创造了客观的经济效益。尽管追求营利使受刑人劳动偏离了正确的轨道，但较之以折磨、苦役为目的的受刑人劳动，以追求营利为目的的受刑人劳动更具有理性的成分。

19世纪末期，教育刑思想的勃兴改变了受刑人劳动的惩罚性质，劳动成为矫正的重要手段抑或主要手段。自此，受刑人的劳动蕴含着矫正的价值。通过劳动，戒除受刑人的恶习，掌握必要的技能，为重返社会创造条件。于是，受刑人劳动便成为各国监狱自由刑行刑处遇的一项重要内容。劳动与教育一起，构成两项重要的受刑人监禁处遇技术。

（二）劳动处遇的价值意蕴

对犯罪人劳动处遇的功能和作用，中外学者和刑务家们进行了充分的理论论证和实证研究。1885年英国第一位监狱管理委员会主席 Edmund Du Cane 爵士认为：基于惩罚的目的，单一、繁重的、即使没有经济价值的劳动对于受刑人来说都是必要的：第一，让受刑人参加劳动可以对受刑人本人以及欲犯者产生威慑效果；第二，让受刑人劳动可以改造他们；第三，让受刑人劳动可以在一定程度上解决监狱的经济问题。[①] 马克思在《哥达纲领批判》中将劳动看作是受刑人改过自新的唯一手段，他写道："……工人们完全不愿意由于担心竞争而让一般犯人受到牲畜一样的待遇，特别是不愿意使他们失掉改过自新的唯一手段，即生产劳动。"我国台湾地区学者韩忠谟指出：使服劳役即所以训练其谋生技能，俾出狱后不致再犯，成为良善之公民，此其一；利用犯罪人之劳动力，使之作业，可以加增政府收入，此其二；盖自由刑拘置犯人于狱舍，科以劳役，施以教诲，足以矫治恶性，养其劳动习惯，此其

① 翟中东：《国际视域下的重新犯罪防治政策》，北京大学出版社2010年版，第434页。

三。[①] 综合学者们的观点，笔者从三个层面来阐述犯罪人劳动处遇的价值意蕴：

1. 从受刑人的层面

（1）劳动可以使受刑人过有意义的生活。瑞士刑罚学家 Hafner and Zurcher 早在 1925 年就指出：尽管个别受刑人认为劳动是惩罚，但事实上今天监狱的劳动不再是惩罚。劳动与运动使受刑人身体与心理更加强健。劳动可以使受刑人对纪律的感受变得愉悦起来，使受刑人释放后有更多的机会。它的最高目标是转化作为刑罚内容的艰苦劳动为受刑人的一种需要与生活能力提高方式——一种对幸福的追求，同时为美好的社会作出贡献。[②]

（2）劳动有助于受刑人矫正恶习，养成劳动习惯。犯罪学上的研究表明，许多犯罪人之所以走上犯罪道路，往往与其身染好逸恶劳、贪图享乐、游手好闲等恶习有关。因此，组织犯罪人参加必要的劳动，是戒除其恶习、养成劳动习惯的一种必不可少的手段和途径。同时，犯罪人通过劳动获得一定的收入，也可使其体验劳动的价值和意义。

（3）劳动有助于受刑人学习劳动技能，为释放后的就业创造条件。组织犯罪人参加生产劳动，客观上可以培养犯罪人的劳动技能、职业技术，主观上可以强化其自食其力的观念，为其释放后谋生提供一技之长。而实证研究表明：犯罪人在刑释后能否获得一份稳定的职业与其重新犯罪具有正相关关系。美国联邦监狱局于 1996 年的一项调查显示：受刑人劳动可以降低其重新犯罪率。这项研究对 7000 名受刑人刑满释放后进行长达 12 年的跟踪调查，根据调查，在监禁期间参加“联邦监狱企业”组织的劳动的受刑人在释放后有 20% 的人获得了比较稳定的职业，并且有较高的收入，没有实施任何犯罪，大大高于没有参加劳动的受

① 转引自叶旺春：《刑事政策视野中我国自由刑改革》，载《政法学刊》2009 年第 2 期。

② 翟中东：《国际视域下的重新犯罪防治政策》，北京大学出版社 2010 年版，第 443 页。

刑人。[①]

2. 从矫正管理的层面

（1）劳动有利于避免受刑人无事生非以及监管安全事故的发生。西谚曰："无所事事的大脑是制造罪恶念头的车间。"长时间枯燥单调的监禁生活，易使受刑人抑郁厌烦或无事生非，而这往往是诱发囚犯暴力的因素。匈牙利学者的实证研究表明：受刑人在监狱中的无所事事导致受刑人一是无事生非；二是消沉；三是攻击性增加。[②] 劳动在一定程度上能有效缓解这种现象，参加劳动的受刑人在狱中的生活不再是索然无味的、孤独的、被社会排斥的、让人沮丧的、无所事事的、有反叛念头的生活。所以一个向受刑人提供充分机会参加劳动的监狱是一个安全的监狱，因为在忙碌中的受刑人的生活往往属于比较充实的生活。[③]

（2）劳动是有效的管理工具。在我国，劳动改造是监狱改造受刑人的三大基本手段之一。我国狱政管理机关将劳动纳入计分考核的指标体系，劳动表现很大程度上成为受刑人服刑表现的表征，与受刑人的报酬以及减刑、假释等刑事处遇挂钩。因此，劳动已成为狱政管理者手中的一张"王牌"，成为调控受刑者服刑活动的有效的管理工具。

3. 从社会的层面

（1）受刑人劳动的经济价值。受刑人劳动能产生一定的经济利益，在一定程度上可弥补监狱经费的紧张状况。国外的研究表明：纳税人获益于受刑人劳动计划，因为通过工资折扣产生的基金弥补了监禁成本、赔偿了犯罪受害人、资助了受刑人家庭，而且通过税收对国家财政收入作出了贡献。[④]

（2）受刑人劳动的政治价值。由于受刑人劳动有助于降低重犯率，利于受刑人复归社会，因此，在某种程度上有利于社会的稳

---

① 翟中东：《国际视域下的重新犯罪防治政策》，北京大学出版社 2010 年版，第 439 页。
② 翟中东：《国际视域下的重新犯罪防治政策》，北京大学出版社 2010 年版，第 441 页。
③ 翟中东：《国际视域下的重新犯罪防治政策》，北京大学出版社 2010 年版，第 444 页。
④ 王志亮：《外国刑罚执行制度概要》，中央编译出版社 2006 年版，第 267 页。

定。同时，受刑人用获得报酬的一部分补偿受害人因犯罪所致的损失，有助于修复犯罪人与受害人的紧张关系，重拾一种被损坏的社会和谐状态。

（三）劳动处遇的现实困境及解决之道

1. *劳动处遇面临的现实困境*

（1）犯罪人劳动的“异化”问题

组织犯罪人劳动的根本目的是改造，但在实践中，犯罪人劳动被“异化”了。这种“异化”表现在劳动背离了改造的根本宗旨，沦落为一种盈利的工具。“在市场经济体制下，一些监狱单位组织受刑人劳动的目的一度发生偏离，不是从改造受刑人的角度出发，而是从营利性的角度出发。监狱直接介入经济活动，具体组织经济活动，追逐物质利益，反映的是监狱职能的错位，反映的是监狱放弃了自己为社会环境所应尽的责任。”① 国内很多研究监狱学的学者也认为，现在很多监狱越来越像是个大工厂，而监狱长就是厂长，他们关注的是监狱工厂的效益问题，而不再是对犯人的惩罚、教育与改造，这可以说是对监狱目标的严重背离。犯罪人的劳动改造既要遵循“改造第一、生产第二”的方针，同时又要“解决自己的物质生存需要”，犯罪人劳动被挤压在“改造”与“盈利”的夹缝中艰难前行。② 特别是随着市场经济体制的建立和完善，中国加入 WTO 以及知识经济时代的到来，犯罪人劳动日益表现为以主观追求利润、客观矫正犯罪人的倾向，犯罪人劳动的超体力、超时间、超强度现象一度较为普遍，犯罪人劳动甚至已成为矫正犯罪人的最重要的手段，其他诸如教育、感化等手段退居其后，大大淡化、弱化。③ 因此，犯罪人劳动的“异化”问题，一方面使得监狱改造效果的弱化，另一方面又导致生产效率的低下。

---

① 周鹏：《当代监狱的功能与价值研究》，载《中国监狱学刊》2009 年第 2 期。

② 刘柳：《论我国监狱制度中的劳动改造手段》，载《江苏社会科学》2011 年第 3 期。

③ 于爱荣等：《矫正技术原论》，法律出版社 2007 年版，第 275 页。

（2）劳动岗位危机问题

《欧洲标准最低规则》1978年版71（3）指出："如果合适，一种符合自然的、有目的的劳动应当提供给受刑人，以使他们过上正常的工作生活。"但在现代监狱，不是受刑人不愿意参加劳动，不是监狱不组织劳动，而是劳动岗位紧张，无法满足受刑人劳动的需要。欧洲委员会的一个调查组指出：很多监狱每天关押受刑人的时间平均高达23小时，监狱管理中最大的问题之一就是受刑人缺少建设性与有目的的活动。

英国自1970年以来受刑人劳动的时间逐年在减少：1972—1973年度每周平均劳动时间是28小时；到1988—1989年度降低到21小时。由于劳动岗位的危机，甚至出现劳动歧视问题，黑人受刑人中只有14%的可参加劳动，而白人受刑人中45%可参加劳动。①

日本监狱也面临同样的劳动岗位危机：在经济不景气时能派上用场的劳动少了，单纯的劳动增加了，通过劳动掌握技术、使受刑人感受到劳动的意义的处遇机能被弱化，为了不让受刑人无所事事、维持秩序的一面变强了。②

我国监狱企业同样无力为受刑人劳动改造提供充足的岗位。据有关部门统计，早在20世纪末，有稳定的劳动岗位、投入生产的犯人仅占在押犯总数的63.3%，这意味着近37%的犯人在坐吃闲饭。这一方面缘于监企不能适应激烈的市场竞争，生产效益连年滑坡，处于持续亏损中的监企无力进行扩大再生产，原有的生产规模、生产场所和老化陈旧的生产设施已难以承载更多的劳动量，这样就闲置了一部分受刑人劳动力；加上近年来，社会上犯罪数量不断增加，监狱在押犯人数迅速增长，这更给本来就已短缺的监狱劳动岗位雪上加霜。③

---

① 翟中东：《国际视域下的重新犯罪防治政策》，北京大学出版社2010年版，第458页。

② ［日］本庄武：《日本受刑人处遇理念的变迁及今后的展望》，曹菲译，载陈兴良主编：《刑事法评论》（第24卷），北京大学出版社2009年版，第208页。

③ 邵磊：《我国监企制度存在的问题和对策分析》，载《河北法学》2010年第4期。

（3）受刑人劳动报酬权问题

目前西方发达国家在犯罪人劳动报酬的立法上存在两种模式：一种是采权利主义，以德、意、法为代表；另一种采恩惠主义，以日本为典型。我国近现代监狱制度深受日本影响，关于犯罪人劳动报酬也承继日本采恩惠主义。新中国成立以来，我国监狱在实践中对犯罪人劳动一直实行假定工资制，参加劳动的犯罪人主要是以实物而不是货币工资的形式获取劳动报酬。直到1994年《监狱法》的颁布，才对犯罪人劳动采用权利主义立法模式。《监狱法》第72条规定："监狱对参加劳动的受刑人，应当按照有关规定给予报酬并执行国家有关劳动保护的规定。"然而，立法模式的转换，并没有从根本上改变我国受刑人劳动报酬权的实现困境。目前大多数监狱给服刑者按月发放少额奖金，这种以实物、奖金、零用钱等"假定工资"式的报酬形式，终究带有恩赐的性质，并非是真正意义上的劳动报酬。究其原因，一方面，《监狱法》只是对受刑人劳动报酬权作了宣言式的原则规定，时至今日，《监狱法》的"有关规定"一直"千呼万唤未出来"，《监狱法》第72条成为名副其实的法律"白条"；另一方面，在市场经济条件下，监狱企业不再是计划经济时代"国家包两头，监狱管中间"的单纯生产者，它必须在市场竞争中面对生产经营的各个环节，追求经济效益。加之干警的"皇粮"和受刑人的"囚粮"尚未得到财政全额保障，这就使得众多监狱在落实对受刑人的劳动报酬方面显得力不从心。

2. 受刑人劳动处遇困境的解决之道

（1）实行"监企分离"，纯化受刑人劳动的矫正职能。之所以出现受刑人劳动的"异化"，根源在于监狱、企业、社区三位一体的体制。过去相当长的历史时期，我国的监狱既关押受刑人，又在办企业，还在办社会，监狱功能的多元化带来了诸多弊端。有学者指出，由于实行监企合一的体制，监狱职能严重错位，一方面造成经济利益主导执法，另一方面由于从事经济活动的企业占用执法资源，监狱生产背离劳动改造受刑人的本质属性，导致监狱企业职能严重错位；由于监狱职能多元化，监狱负担沉重，监狱执法公正难以确保；由于监狱刑罚执行权与企业经营权合一，司法腐败更容易滋生。[①] 因此，要解决受刑人劳动“异化”的问题，根本出路是监狱体制改革，实行“监企分离”。监企分开后，监狱企业与监狱受刑人之间形成真正的雇佣劳动关系，监狱企业专司经营，向受刑人提供足够的劳动岗位，同时向受刑人提供技能培训；监狱专事受刑人矫治，主抓狱政管理和教育改造。这样，监狱职能明晰，监狱企业宗旨明确，受刑人劳动才真正成为矫治受刑人的技术手段，而不致沦为盈利的工具。

（2）内外并举，解决受刑人劳动岗位不足的问题。监企分开后，监狱押犯不断增长的现实短期内不会改变，监狱企业与社会企业相比的竞争劣势并没有消失。因此，要求监狱企业仅靠自身的努力在短时期内解决受刑人劳动岗位不足的问题似乎不太现实，内外并举才是解决问题的可行思路[②]：

其一，建立监狱生产的国家和市场双重调控体制。即监狱企业按市场的要求寻找生产项目，提供一部分劳动岗位，不足部分再由国家予以保障，采用政府订购等形式，将军队、行政机关的一些日常用品、办工用品交由监狱生产，由此来对受刑人劳动岗位予以补充。

其二，与社会力量联合扩大监狱劳动渠道。让开放式监狱中的受刑人和一般监狱中享受开放式待遇的受刑人到社会上的工厂进行劳动，在国外监狱已相当普遍。我国监狱也可以借鉴其中的做法，由监狱企业出面和社会企业签订劳务合同，组织一些刑期短、表现好、没有人身危险的受刑人到社会工厂中劳动。这不仅可以解决受刑人劳动岗位不足的问题，也可以减少固定资产的投入；不仅有利于受刑人熟悉社会的劳动关系和劳动方式，也有利于培养受刑人在社会环境中的自律习惯，是使受刑人再社会化的

---

① 李豫黔：《加快监狱体制改革促进执法公正》，载《犯罪与改造研究》2006年第1期。

② 邵磊：《我国监企制度存在的问题和对策分析》，载《河北法学》2010年第4期。

有效措施。

（3）确立科学的受刑人劳动报酬制度。鉴于当前受刑人劳动的强制属性，受刑人劳动报酬应当有别于普通社会劳动者，这是一个基本前提。在此前提下，确立受刑人劳动报酬的数额标准、分项使用等具体规定：①关于受刑人劳动的数额标准。国际范围内，多数国家采用2/3制，即受刑人的劳动报酬为其本国同行业、同工种普通社会劳动者工资的2/3。笔者以为，在我国目前的国力背景下，盲目套用这个标准可能并不可行。可把2/3作为报酬标准的上限，再根据不同地区经济发展水平和普通劳动者工资水平确立一个下限，划分若干等级的报酬额度，以此逐渐实现。②关于受刑人劳动报酬的分项使用。按照国际社会的惯例，受刑人劳动报酬，尽管名义上属于受刑人，但并不由受刑人任意处置。有学者建议，将全部报酬分为两大项，公与私各占一半。其中公用部分再分两部分，一部分上缴国库，作为国家利润，受刑人不再纯粹靠国家养活，而是为国家做贡献；另一部分用于建立受害人赔偿基金，受刑人的劳动就能充分反映其认罪、悔罪的态度，也时刻提示受刑人要用自己的切实行动来赎罪。其余报酬的50%则为私用，其中一半用于受刑人在狱中生活必需品的支出，改善生活条件，这部分可每月发放一次，让受刑人及时分享劳动的成果，激励其继续努力劳动；另一半则预留出狱储备金，由监狱代为管理，在服刑受刑人刑释时发放，为其回归社会时作安身立命之资。① 笔者认为，这样的资金安排，既可修复业已被犯罪破坏的社会关系，又可激励受刑人劳动的积极性，再者可减少国家财政支出，可收“一石三鸟”之功效。

二、教育处遇

受刑人教育作为处遇受刑人的一种技术，是指处遇机构以服刑受刑人为对象，旨在转变犯罪思想、矫正行为恶习、传授文化知识和培养职业技能而实施的系统影响活动。

---

① 王素芬：《受刑人劳动报酬权之省思》，载《法学》2004年第4期。

对处于监禁中的受刑人进行矫正教育是各国监狱普遍实行的制度。在犯罪人处遇的演进史上，对犯罪人给予教育处遇是教育刑主义滥觞的产物。教育刑主义的集大成者李斯特认为，刑罚的本质是教育而非惩罚，他指出：“再社会化刑罚的执行应注重社会教育。这一先进的刑罚执行制度被视为适应个别教育的最适当形式，规定在各种新的勤务和执行规则里，这只是在新的道路上迈出的第一步。此外，现代心理学和教育学的研究方法和结果必须加以利用，这样才能使刑罚执行不仅仅徒有一个现代的形式，而且也具有狭隘年代心理学、教育学的内容。”① 在教育刑主义的熏陶下，各国监狱开始重视对受刑人的教育。联合国也十分重视对在监服刑受刑人的教育，《联合国囚犯待遇最低限度标准规则》第 66 条第 1 款规定：应该照顾到犯人社会背景和犯罪经过、身心能力和习性、个人脾气、刑期长短、出狱后展望，而按每一个囚犯的个人需要，使用一切恰当办法，其中包括教育、职业指导和训练、社会个案调查、就业辅导、体能训练和道德性格的加强，在可能进行宗教照顾的国家亦可包括这种照顾。随着受刑人教育的逐步深入，教育成为一种重要的矫治和处遇受刑人的技术手段。

对受刑人进行文化教育、职业教育、宗教教诲和心理矫治是当前国外矫正教育普遍使用的形式。根据我国《监狱法》的规定，我国对服刑中的受刑人教育主要通过“三课教育”——思想教育、文化教育、技能教育来进行。虽然各国在受刑人教育的理念、内容及组织形式等方面存在一定的差异，但也有共通的方面，即通过教育期望受刑人改过自新，掌握一定的知识和技能，最终融入正常的社会生活。

（一）文化教育

1. 国外对受刑人文化教育的组织实施

受制于各国具体国情、文化教育水平及受刑人矫治状况的差

---

① ［德］冯·李斯特：《德国刑法教科书》，徐久生译，法律出版社 2000 年版，第 19～20 页。

异，各国监狱对受刑人文化教育的组织实施，主要有三种模式：[①] 第一种模式是由监狱中合格的工作人员组织实施。第二种模式是由监狱外面的机构组织实施，如在意大利，监狱受刑人的文化教育由公共教育部及其所属机构负责。在英国，对受刑人开展文化教育是教育与技能部下属的“受刑人教育与技能培训局”负责实施的。此外，有些受刑人的文化教育是由教学专业机构来实施的，如美国弗吉尼亚州和北卡罗来纳州，向受刑人提供的教育基本由专业教育机构完成。在弗吉尼亚州，全州的受刑人教育由“弗吉尼亚州矫正教育学校”完成；而在北卡罗来纳，地方社区学院负责在监狱内向受刑人提供全面的文化学习项目。[②] 第三种模式是前两者的结合，即监狱内外结合起来实施对犯人的教育，如在新加坡，监狱的教育方案由监狱局教育处负责实施，工作人员是从教育部调到监狱局的完全合格的教师。美国在联邦监狱局和各州监狱局均设有专门负责受刑人教育的机构，对受刑人进行系统的文化教育的任务由教师来完成，教师主要有两个来源：一是监狱中直接配备专职教师，二是聘请社会上学校的教师作为兼职教师。

2. 我国受刑人文化教育存在的主要问题及解决之道

尽管我国《监狱法》对受刑人教育作出了明确规定，实践中各个监狱也对受刑人教育常抓不懈，但毋庸讳言，现实中的受刑人教育与法律预期还存在较大差距，我国受刑人教育的实效性亟须提高。存在的主要问题有：

第一，文化教育的边缘化倾向。有学者认为，新中国成立后，教育改造实际被挤出监狱工作中心，而建立以劳动改造为中心的监狱体制。[③] 尽管文化教育与劳动都是改造的手段，但现实中有些监狱为追求更多的经济效益而加班加点、超时劳动，从而挤占了本已

① 王志亮：《外国刑罚执行制度概要》，中央编译出版社 2006 年版，第 220～222 页。

② 翟中东：《国际视域下的重新犯罪防治政策》，北京大学出版社 2010 年版，第 485 页。

③ 薛智良：《谈教育改造的中心地位》，载《中国监狱学刊》2006 年第 6 期。

有限的文化教育时间，使得规定的教育课时得不到保证，教育改造只能利用受刑人晚上间隙见缝插针开展一些教学活动，这势必影响文化教育的效果。①

第二，文化教育的形式化倾向。早在十多年前，就有学者指出监狱教育中的形式主义、虚假现象严重等问题。② 近年调查发现文化教育中的形式主义仍然十分严重，有22.4%的受刑人认为文化教育“太注重形式，缺乏实效”。③ 文化教育上的一些指标要求与实际脱节，存在形式主义，以致受刑人只求考分不影响其行政奖励，不求学以致用、知书达礼，教育效果与目的形成“两张皮”。④ 因此，文化教育中的形式主义必然影响教育改造的效果，导致文化教育在控制受刑人重新犯罪方面的效能下降。

针对我国监狱在受刑人文化教育上存在的问题，为提高受刑人的文化教育水平，有必要从以下方面着手：

第一，教育体制的开放化。目前我国监狱对受刑人开展的文化教育没有纳入国家教育系统，游离于国家教育之外，完全是一种相对封闭式的教育。教育经费短缺、教师资源不足、教育理念落后是这种封闭式教育的必然结果与表现。⑤ 打破受刑人文化教育的封闭性，重构受刑人文化教育组织体制，将其纳入国民教育体系，是优化教育资源、提升受刑人文化教育水平的最佳选择。

第二，教育模式的差别化。因材施教是教育的基本原则，受刑人文化教育也不例外。受刑人人身危险性有差别，刑期有差别，对教育的可接受性也有差别，因此教育模式也应有差别。监狱要根据

---

① 湖北省监狱管理局课题组：《“5+1+1”教育改造模式问题研究》，载《犯罪与改造研究》2012年第4期。

② 参见张苏军主编：《中国监狱发展战略研究》，法律出版社2000年版，第219页。

③ 江北监狱课题组：《受刑人服刑环境满意度调查与思路》，载《犯罪与改造研究》2008年第6期。

④ 湖北省监狱管理局课题组：《“5+1+1”教育改造模式问题研究》，载《犯罪与改造研究》2012年第4期。

⑤ 翟中东：《国际视域下的重新犯罪防治政策》，北京大学出版社2010年版，第498页。

受刑人余刑长短和文化程度，对受刑人进行分类，实现分类教育。与此同时，应考虑受刑人的学历高低、兴趣爱好、个性差异安排教育内容。总之，分类教育与个性教育相结合，可以去除教育的形式化倾向，提升文化教育的实效性。

（二）职业技能培训

1. 国外职业技能培训的实践

犯罪学家经过多年的实证研究发现，失业与犯罪之间存在一定的关联，而失业又与缺乏必要的劳动技能成正相关关系。因此，提高服刑受刑人的职业技能，对于降低重新犯罪率具有十分重要的意义。

鉴于职业培训在降低重新犯罪率方面具有一定的功效，国外十分重视对在监服刑受刑人的职业技能培训。现选取爱尔兰、英国、美国作为分析样本，从中撷取值得借鉴的成功经验：[①]

（1）根据市场前景安排职业技能培训——爱尔兰的“连接工程”

1998 年爱尔兰监狱管理局在“欧盟就业启动机构”的资助下，推出了一个名为“连接工程”的项目，旨在更有效地帮助刑释人员找到就业门路。这项工程分为三个阶段：第一阶段，将一些设计好的职业训练项目提供给寻求职业培训的参与者，目的是引导受刑人如何在监禁期间充分利用时间，寻求个人最大利益，鼓励他们思考自己工作、训练、教育的未来。第二阶段，职业需要评估，即对受刑人提交的个人计划作出评估。第三阶段，对个人职业训练项目的发展前景进行介绍。

（2）强化职业技能培训与就业帮助一体化——英国的实践

针对本国服刑受刑人缺乏职业技能以及刑释后难以就业的困境，英国将职业技能培训与就业帮助纳入一体化框架：一方面，强化技能培训。采取的措施主要有：在监狱设立“受刑人学习与

① 翟中东：《国际视域下的重新犯罪防治政策》，北京大学出版社 2010 年版，第 490 ~ 495 页。

技能培训课”，专司受刑人技能培训；聘请来自高等教育机构、慈善组织以及雇主单位的专业“指导人员”开展培训等。另一方面，强化就业帮助。具体举措是：将受刑人纳入英国就业系统“Jobcenter Plus”，并通过这个系统求职；刑事司法机构与企业主建立新的合作关系，特别关注劳动力资源紧缺的企业，帮助受刑人找到工作，并稳定下来；向小企业提供资助，促使其真正为受刑人或刑释人员提供就业机会；通过民间组织促进受刑人与社会的关系。

（3）通过项目组织培训资源——美国的探索

美国在受刑人职业技能培训上除借助专业机构的力量外，还通过某些项目组织培训资源，充分发挥非政府组织等民间力量在培训受刑人职业技能方面的独特优势。其一，“芝加哥安全基金”项目，该项目由“芝加哥安全基金”这个非政府组织于1972年发起，通过向狱内受刑人提供职业训练帮助，并帮助受刑人释放后到私营企业工作等途径，实现“为受刑人回归主流社会开辟道路，帮助受刑人远离犯罪生活”的目标。目前该机构与伊利诺伊州矫正局签订了一个合同，机构设有一个私立学校，向受刑人提供基础教育与生活技能教育。其二，“重返社会工程”项目，由德克萨斯州劳动力委员会运作，主要向监狱中的受刑人、假释人员以及刑释人员提供职业技能等方面的帮助。现在该项目已成为重要的安排受刑人与被假释人员劳动的方式，每年可向1.6万人提供劳动岗位。其三，“Clearinghouse 矫正”项目，其主要内容有：在狱内向服刑受刑人提供多种课程的培训；在狱外向受刑人提供技能培训、寻找工作等帮助；向出狱人员提供寻找工作帮助等。

2. 我国受刑人职业技能培训面临困境及解决之策

进入21世纪以来，我国各级监狱加大对在监服刑犯职业技能的培训力度，2006年全国服刑人员中有21万余人参加了各种职业技能培训，其中12万余人获得了初级证书，1万余人获得了中级证书，近500人获得了高级证书。①

尽管我国监狱在受刑人职业技能培训方面取得了一些进展，但在受刑人矫治的新形势以及市场经济大潮的冲击下，受刑人职业技能培训面临很大的困境，主要有：

（1）技术教育表面化。很多监狱对受刑人的技术教育和技能培训的内容主要根据所在监狱企业生产所需，内容单一，开办的专业少，层次低，客观存在“培训做样子、考核走过场、发证装门面”的现象。致使受刑人难以学到和掌握将来回归社会时自食其力的“一技之长”，妨碍受刑人刑释后就业谋生能力的提高。②

（2）技能培训趋同化。在监服刑的受刑人由于自身阅历、个人素质、兴趣爱好等方面的差异，其职业技能培训需求也是多元化的。但调查发现，监狱目前开办的职业技能培训项目已不能满足受刑人的实际需求：一是条件受限，培训项目相对较少，不能满足受刑人的实际需求；二是职业技能培训目标与受刑人的心理预期相矛盾。③ 据上海市监狱局的一项调查表明，服刑和刑释人员中有84%的人认为技能培训没必要，不感兴趣。究其原因之一，就是监狱因信息不对称，加上条件和资源方面的限制，开展的培训工种或专业有限。一般为单一工种（专业）大规模培训，缺少差别化、针对性培训，培训的工种或专业不能适应就业市场的需求，造成供需脱节，以致刑释人员在监内培训的工种或专业出来后用不上。④

（3）技能培训低效化。受监狱条件的限制，目前大部分监狱开展的技能培训实效性较差：一是培训时间受限，受刑人不能熟练掌

---

① 翟中东：《国际视域下的重新犯罪防治政策》，北京大学出版社2010年版，第499页。

② 湖北省监狱管理局课题组：《“5+1+1”教育改造模式问题研究》，载《犯罪与改造研究》2012年第4期。

③ 程辉建等：《清河分局出监受刑人职业技术教育情况调查与分析》，载《犯罪与改造研究》2012年第4期。

④ 夏辉：《对服刑和刑释人员就业技能培训热的冷思考》，载《犯罪与改造研究》2012年第3期。

握职业技能；二是培训场地受限，缺乏相关的培训设备。“纸上得来终觉浅”，缺乏实际操作得来的所谓“技能”，难以直接转化为现实的操作能力。三是培训目标受限。职业技能培训的目标是使受刑人掌握将来回归社会时自食其力的“一技之长”，提高刑释后就业谋生能力。但由于我国大部分监狱企业技能更新速度远远落后于社会发展的步伐，以致在监狱企业劳动多年的刑释人员，出狱后难以在社会上找到合适的职业。这种现状又反过来制约在监服刑受刑人参加劳动技能培训的兴趣和热情，导致劳动技能培训的低效。调查发现，有 47.5% 的受访受刑人认为培训的职业技能与受刑人刑释后的就业关系不大或根本就毫无关系。①

针对我国监狱在受刑人技能培训方面存在的上述困境，当务之急是寻求解决之策：

（1）实施差别化培训。鉴于服刑受刑人在技能培训方面的多元化需求，各个监狱在开展培训之前，需要进行培训需求调查，了解受刑人培训意愿，明确培训方向。在摸清受刑人需求动向后，按照受刑人来源地、刑期、需求等展开差别化培训，以增强培训的实效性。

（2）实施社会化培训。监狱由于人力资源、财力资源以及场地设备的局限，在开展受刑人职业技能培训方面往往捉襟见肘，力不从心。而社会上的企业、专业机构具有资源、岗位优势，应当充分利用社会资源为监狱所用。事实上，国外监狱早已把受刑人的职业技能培训、文化教育等事务性工作外包出去，由社会上更专业的机构负责实施，并由政府购买此类服务。② 上文介绍的美国、英国通过某些项目组织培训资源，充分发挥非政府组织等民间力量在培训受刑人职业技能方面的成功经验值得我国借鉴。

（3）实施市场化培训。所谓市场化培训，有两层含义：一是以

---

① 郭建安、鲁兰主编：《中国监狱行刑实践研究》（上），北京大学出版社 2007 年版，第 146 页。

② 夏辉：《对服刑和刑释人员就业技能培训热的冷思考》，载《犯罪与改造研究》2012 年第 3 期。

市场需求为导向实施培训。调查显示，69%的受刑人认为参加职业技能培训与释放后就业之间没有一点关系，说明出监受刑人虽然参加了职业技能培训，但其就业竞争能力并没有因此得到提升。[①] 为此，监狱在实施职业技能培训时，应当以市场需求为导向，而不能仅仅关注所在监狱企业生产所需。供需衔接开展技能培训，才能提升受刑人未来就业竞争力。二是以市场机制实施培训。笔者建议监狱与所在地劳动部门、企业建立协作关系，通过项目、合同形式开展受刑人技能培训，项目完成或合同履行完毕，由相关劳动部门颁发证书。通过这种与劳动力市场的互动关系，受刑人职业技能培训与市场需求的联结得以贯通，职业技能培训的绩效才能真正提升。

第四节　受刑人监禁处遇的变更

受刑人在监服刑过程是反社会性和人身危险逐步消解的动态过程。这个过程不会一帆风顺，有时会有起伏甚至倒退。为了让受刑人的服刑活动纳入到行刑机关预设的轨道，法律专门设置了奖惩机制。随着受刑人人身危险性的逐渐消解，执法机关可以依法缩短其原判刑期，或者变更其刑罚执行方式，对其进行激励。前者为减刑，后者为假释，二者均涉及监禁处遇的变更。鉴于假释又是社区处遇的重要形式，本节仅从假释适用条件和程序方面进行阐述。

一、减刑：刑期的变更

（一）我国刑法对减刑的规制

1. 减刑适用的条件

减刑，是对生效判决所确定的刑罚种类和幅度，依法减轻的制度。我国刑法规定的减刑，是指对判处管制、拘役、有期徒刑、无期徒刑的犯罪人，根据其在服刑期间的悔改或立功表现，而适当减轻其原判刑罚的制度。减刑有两层含义：一是将较重的刑种减为较

---

① 程辉建等：《清河分局出监受刑人职业技术教育情况调查与分析》，载《犯罪与改造研究》2012年第4期。

轻的刑种；二是将较长的刑期减为较短的刑期。在我国，减刑分为应当减刑和可以减刑两种：应当减刑适用于确有重大立功表现的受刑人以及死缓执行2年期间没有故意犯罪的受刑人；可以减刑适用于确有悔改表现或者立功表现的受刑人。

（1）减刑适用的实质条件。减刑适用的实质条件明载于《刑法》第78条，即受刑人在服刑期间确有悔改表现或者立功表现，或者确有重大立功表现。所谓“确有悔改表现”，根据1997年10月28日最高人民法院《关于办理减刑、假释案件具体应用法律若干问题的规定》，是指同时具备以下四个方面情形：认罪服法；认真遵守监规，接受教育改造；积极参加政治、文化、技术学习；积极参加劳动，完成生产任务。所谓立功表现，根据前述司法解释，是指具有下列情形之一的：①检举、揭发监内外犯罪活动，或者提供重要的破案线索，经查证属实的；②阻止他人犯罪活动的；③在生产、科研中进行技术革新，成绩突出的；④在抢险救灾或者排除重大事故中表现积极的；⑤其他有利于国家和社会的突出事迹的。所谓重大立功表现，根据《刑法》第78条规定，是具有下列情形之一的：①阻止他人重大犯罪活动的；②检举监狱内外重大犯罪活动，经查证属实的；③有发明创造或者重大技术革新的；④在日常生产、生活中舍己救人的；⑤在抗御自然灾害或者排除重大事故中，有突出表现的；⑥对国家和社会有其他重大贡献的。

（2）减刑适用的限制条件。《刑法修正案（八）》贯彻宽严相济的刑事政策，规定“对被判处死刑缓期执行的累犯以及因故意杀人、强奸、抢劫、绑架、放火、爆炸、投放危险物质或者有组织的暴力性犯罪被判处死刑缓期执行的犯罪分子，人民法院根据犯罪情节等情况可以同时决定对其限制减刑”。

（3）减刑适用的刑度条件。减刑的适用必须以原判刑罚为基础，为了避免减刑过度，修改后的《刑法》第78条对减刑的刑期进行了限制：被判处管制、拘役、有期徒刑的受刑人，经过一次或几次减刑后，其实际执行的刑期不能少于原判刑期的1/2；判处无期徒刑的受刑人，其实际执行的刑期不能少于13年；被限制减刑的死刑缓期执行的犯罪分子，缓期执行期满后依法减为无期徒刑的，不能少于25年，缓期执行期满后依法减为25年有期徒刑的，不能少于20年。可见，与原《刑法》规定相比，《刑法修正案（八）》从整体上提高了对无期徒刑犯和死缓犯减刑的刑期底线。

2. 减刑适用的程序

根据有关刑事实体法、程序法、监狱法及司法解释的规定，对受刑人的减刑，由执行机关向中级以上人民法院提出减刑建议书，人民法院应当组成合议庭进行审理。人民法院在收到监狱的减刑建议书之日起1个月内予以审核裁定；案情复杂或者情况特殊的，可以延长1个月。减刑裁定的副本应当抄送同级检察院，检察院认为法院的减刑裁定不当的，应当在收到裁定书副本后20日内，向法院提出书面纠正意见。法院应当在收到纠正意见后1个月内重新组成合议庭进行审理，作出最终裁定。

（二）减刑适用中存在的问题

“获得自由是一种梦想，囚犯总是为此而思虑。”[①] 减刑的原理就是利用受刑人渴望自由的强烈意愿，以受刑人接受某种社会规范为交换，为其尽快改变现实境遇提供途径。[②] 减刑制度对受刑人处遇具有如下功效：（1）减刑可以激励受刑人改恶向善，尤其是减刑可以多次适用，其对受刑人具有明显的短期激励作用；（2）通过减刑可以调动受刑人的改造积极性，从而将受刑人的服刑活动纳入到狱政管理人员预设的轨道上，有利于维护监管秩序的稳定；（3）减刑的适用可以使受刑人早日获得自由，在一定程度上有助于消除监禁刑的负面效应，利于受刑人复归社会。正是基于减刑制度的上述功效，减刑成为我国行刑部门调控受刑人、维护行刑秩序的应手工具，减刑也因此成为我国行刑实践中适用范围最广、适用频率最高的处遇制度。但减刑制度多年运行的结果表明，其实际运作与法律预期之间存在较大的差距，减刑处遇的功效并未得到充分发挥。减

① ［意］龙勃罗梭：《犯罪人论》，黄风译，中国法制出版社2000年版，第352页。
② 王利荣：《行刑法律机能研究》，法律出版社2001年版，第304页。

刑制度存在的主要问题是：

1. 减刑标准失之合理。由于在监禁条件下立功尚属不易，重大立功的机会更难获得，绝大多数的受刑人是因“确有悔改表现”而获得减刑。虽然最高人民法院的司法解释对“确有悔改表现”进行了界定，但在行刑实务中如何认定“确有悔改表现”仍有相当的概括性和主观性，欠缺可操作性。因此，如何科学地评判受刑人“确有悔改表现”，就成为一个亟须攻克的现实而必要的课题。1990年8月，司法部在总结各地监狱推行计分考核服刑受刑人经验基础上，制定实施了《关于计分考核奖惩受刑人的规定》，把受刑人思想改造与劳动改造作为计分考核的两大内容，以分计奖，以奖计刑，把量化结果作为适用减刑的重要依据之一。实事求是地说，狱政部门对受刑人平时表现计分评奖考核，进行综合评定，以此作为减刑的主要事实依据，有助于克服减刑适用中的主观随意性，增强了可操作性。但毋庸讳言，计分考核的合理性令人质疑。因为检验一套数据体系是否科学合理，取决于以下三个方面：其一，在于它能否引导受刑人改过迁善，体现预防目的；其二，能否为受刑人群体所认同，表达公正；其三，对受刑人个体而言是否可望可及。近年来的行刑实践表明，由于思想改造不易量化，考核分数不得不集中在较易量化的方面，如劳动定额的完成和日常行为评定等，以致很大程度上影响了对受刑人主观构成的准确评估。同时数据比例的失衡实际在助长某些受刑人的投机心理，偏离减刑适用的初衷。此外，过于量化基础上的减刑极易流于形式。①

2. 减刑激励失之持久。减刑作为一种刑事奖励手段，其激励作用的持久性和有效性存在较大的缩水现象。现有的刑事奖励大部分是建立在对受刑人的计分考核基础之上的，一方面，刑期稍长的受刑人，只要大错不犯，即使小错不断，其计分通过一段时间的累积，照样可以获得行政奖励乃至刑事奖励的资格。换言之，受刑人即使不认真遵守监规，没有悔改表现，也一样能取得减刑资格。另

---

① 王利荣：《行刑法律机能研究》，法律出版社2001年版，第304～305页。

一方面，减刑由于受间隔期的限制，导致只要受刑人在监狱服刑，无论时间长短，最终都有可能丧失减刑的机会，那么，就会造成某些受刑人将减刑当作改造的目的，为了减刑而改造，只要有减刑机会时，就积极改造；反之，则消极改造，甚至反改造。有的受刑人甚至因对减刑幅度不满意，就立即与民警反目成仇，其激励作用可见一斑。[①] 此外，我国减刑制度没有预后效应，受刑人减刑之后缺乏必要的善后制约，享受过减刑待遇的受刑人即使在后续的服刑中表现反弹，也不会被撤销曾获得的减刑。这种制度设计上的漏洞给那些并未真正改造好的受刑人以可乘之机，他们靠弄虚作假、欺上瞒下的假积极来骗取减刑，一旦目的达到便故态复萌，混刑度日，出现改造滑坡的现象。

3. 减刑程序失之科学。任何制度，其价值都要依靠一定的程序为载体而得以外化出来，程序的良莠是制度得以充分彰显的必要条件。[②] 减刑制度也不例外，其在实务中暴露出来的诸多问题大多可以归咎于程序之疏漏。主要体现在：（1）书面审理方式追求了司法效率，却影响了司法公正。目前法院对于受刑人的减刑（以及假释）裁定，一般采用书面审理，主要原因在于减刑假释案件数量多而法官少，法院不得不追求司法效率。来自杭州市中级法院的数据显示，该院近年来每年办理的减刑假释案件达1.4万件，而法官只有13人，人均1000多件。[③] 书面审理固然照应了我国目前法院案多人少的现状，提高了办案效率，但却存在诸多问题：一是只审查书面材料，不具体调查、核实受刑人的实际服刑表现，不听取拟被减刑犯同监受刑人的意见，难以真正把握被提请减刑的受刑人的真实情况，从而难以准确评估其是否符

---

① 贺百胜：《监狱刑罚执行实务的难点问题研究》，载《犯罪与改造研究》2011年第12期。

② 宋世杰、彭海青：《试论“减刑”、“假释”程序的重构》，载《社会科学家》2004年第3期。

③ 张崇脉：《减刑假释程序改革座谈会综述》，载《犯罪与改造研究》2011年第9期。

合减刑标准。二是由于审理过程不公开进行，容易滋生权钱交易等腐败问题，导致“人情案、关系案、金钱案”。可见，近似“暗箱操作”的书面审理，虽然提高了司法效率，但在某种程度上舍弃了司法公正。(2) 受刑人欠缺参与权。减刑涉及受刑人的利益，本应按照司法程序进行运作。但目前我国减刑的程序框架中没有赋予当事人参与权，作为减刑的直接利害关系人，拟被提请减刑的受刑人却毫无参与的机会，只能被动等待裁定结果。这表明减刑并不具备完整的权利形态，法律仅从制度角度从未从权利角度对减刑进行诠释。①

（三）我国减刑制度的合理设计

1. 完善减刑标准与监狱计分考核的关系。受刑人计分考核是我国监狱管理改造受刑人的一项基础性工作，是规范受刑人改造行为、评价受刑人改造状况的基本手段，也是受刑人减刑的重要依据。虽然目前监狱采用的计分考核办法存在这样那样的问题，但考虑到我国刑法规定的减刑标准的相对抽象和概括，减刑实务运作中采用计分考核量化结果作为减刑的评判依据的做法总体而言是行之有效的，关键是要完善减刑标准与监狱计分考核的关系，进一步完善计分考核办法。具体可从两方面入手：(1) 在制度设计上，将减刑标准细化为四大基本要素——认罪服法、遵守行为规范、参加矫正项目、参加生产劳动按照 3:3:2:2的权重进行配置，改变目前过分倚重劳动的计分考核做法，适度增加受刑人未来重返社会生活能力方面的考量；(2) 结合行刑实践，将四大要素进行具体分解，合理配置每一项的分值。通过以上两方面的完善，受刑人是否“确有悔改表现”，完全可以通过量化考核结果来衡量和评估。

2. 设置减刑考验制度。鉴于我国减刑预后性的阙如，许多学界和实务部门的研究者提出了一些颇具实践价值的建议并进行了充

① 王伟：《对减刑制度的理论思考及对策建议》，载《新疆社会科学》2004 年第 3 期。

分论证，例如减刑合同制、预告减刑制、累进假释制[①]等。这些设想总的精神是吸收假释考验期和撤销制度之长，避免目前单向性减刑后受刑人改造滑坡的现象。笔者建议，设置减刑考验制度，将受刑人获得减刑后的半年时间设为减刑考验期，如果受刑人继续积极改造，行为表现良好，半年考验期满，则依法兑现减刑，将所减刑期从原判刑期中减除；如果受刑人获得减刑后消极改造，混刑度日，则依法撤销所减刑期。经过一次或多次减刑后，剩余刑期在1年以下的，不再适用减刑，符合假释条件的可依法适用假释。减刑考验制度的设置，能够把受刑人减刑前后的行为贯穿起来，确保他们始终如一的积极改造而不敢放松懈怠，从而真正提升减刑的制度绩效。

3. 重构减刑运行模式。针对减刑适用程序中近似“暗箱操作”的书面审理以及当事人参与不够等弊病，众多学者多年来一直呼吁要重构减刑程序，一些实务部门也对减刑程序进行了改革尝试，这些理论研究和实务创新对于完善减刑程序、提升减刑运作的公正公开程度起了重要作用。

（1）减刑启动程序的模式选择。关于启动减刑程序的模式，理论界和实务界提出了两种选择：一种是由司法机关依职权提请减刑模式；另一种是由受刑人本人申请减刑模式。司法机关依职权提请减刑模式是将减刑的提请机关由行刑机关改为检察机关，即由驻监所检察室根据受刑人在监服刑表现和计分考核情况，提出减刑建议书，连同相关材料移送检察机关审查，类似于移送起诉意见书。检察机关对监狱机关呈报的减刑材料进行审查，然后作出是否提交法院裁定的意见，通过审查的则提交法院裁定，类似于起诉书；审查没有通过的则退回监狱，并说明理由。[②] 这种启动模式可以强化检

① 参见员晨：《减刑合同制——完善我国减刑制度的思考》，载《犯罪与改造研究》2000年第3期；马进保：《预告减刑制：矫正理论的最佳实践方式》，载《中国监狱学刊》2003年第2期；李云峰、廖水波：《论累进假释制度的构建》，载《犯罪与改造研究》2012年第4期。

② 张崇脉：《减刑假释程序改革座谈会综述》，载《犯罪与改造研究》2011年第9期。

察机关对减刑案件的法律监督权，有效避免减刑办理中的违规和腐败问题。

浙江金华监狱自2009年起开始尝试由服刑受刑人申请减刑的做法，共设置了受刑人呈报减刑所必经的五个环节：评议申请、资格审查、陈述测评、合议公示和考核跟踪。[①] 这种减刑启动模式赋予服刑受刑人减刑提请权，当受刑人服刑一段时间后，认为自己符合刑法规定的减刑条件而监狱不予提请时，可以直接向监狱所在地的中级法院提出减刑申请。鉴于我国刑法规定的减刑是一种刑事奖励而非受刑人的权利，这种减刑启动模式只能作为第一种模式的辅助而存在。

（2）减刑审理方式的程序优化。关于减刑案件的审理方式，有关实务部门主要从书面审理转向开庭审理进行程序优化。关于开庭审理，有两个问题值得探讨：一是开庭审理的案件范围。从目前办案法院案多人少的现状出发，减刑案件一律采取开庭审理的方式既不经济，也不现实，只能选择部分案件开庭审理。浙江省高级法院从2011年起对以下案件的减刑进行开庭审理：①行刑机关以受刑人在服刑期间有重大立功表现为由提请减刑的；②行刑机关提请的减刑幅度在2年以上的；③检察院对行刑机关提请减刑提出书面异议的；④行刑机关作出拟减刑意见，裁前公示期间，受到投诉意见的；⑤县处级以上领导干部职务犯罪案件。[②] 应当说，浙江省高级人民法院的上述动议值得借鉴。二是开庭审理的模式选择。是采用对抗开庭还是提审开庭？这个问题需要很好的论证。从目前法院的实践看，提审开庭是适用较多的模式。具体做法是：由承办法官或者合议庭到监狱去提审拟减刑的受刑人，或者让同监区的其他受刑人参与旁听，或者让监狱的管教民警参加，也可邀请检察官参加。提审开庭模式既符合公开的要求，又可以节约司法成本。

---

① 张崇脉：《减刑假释程序改革座谈会综述》，载《犯罪与改造研究》2011年第9期。

② 张崇脉：《减刑假释程序改革座谈会综述》，载《犯罪与改造研究》2011年第9期。

二、假释：行刑方式的变更

我国刑法中的假释，是指对被判处有期徒刑、无期徒刑的犯罪人，在执行一定刑期之后，根据其服刑表现，认为提前释放而无再犯之虞，将其附条件提前释放的制度。假释是一项历史悠久的社区性处遇措施，是高墙内的服刑受刑人早日获得自由的“阳关大道”。假释制度自创立以来，以其鼓励受刑人自新、弥补长期徒刑之不足和作为犯罪人回归社会之桥梁的诸多功效，逐渐成为现代刑事政策的宠儿。①

（一）假释的适用条件

由于假释是附条件提前释放，因而法定的适用条件是各国假释制度的重要内容。我国1979年《刑法》对假释适用的条件也作了具体规定，但经过1997年《刑法》以及2011年《刑法修正案（八）》两次修订之后，我国假释适用条件总体趋向于严，从而导致司法实践中假释适用率明显偏低。

1. 假释适用的禁止性条件

假释只能适用于被判处自由刑的受刑人，这是各国刑法的通例。我国1979年刑法第73条规定，假释只适用于被判处有期徒刑、无期徒刑的犯罪人。但1997年《刑法》第81条对假释适用的对象作了限制性规定：对累犯以及因杀人、爆炸、抢劫、强奸、绑架等暴力性犯罪被判处十年以上有期徒刑、无期徒刑的犯罪分子，不得假释。对于这一禁止性规定，我国多数学者提出了质疑，有学者认为，该条规定将累犯以及因杀人、爆炸、抢劫、强奸、绑架等暴力性犯罪被判处10年以上有期徒刑、无期徒刑的犯罪分子排除在假释范围之外，其实际是将假释制度作为针对犯罪行为的惩罚措施而不是作为行刑过程中的奖励性措施，不是将假释作为一种行刑规范而是作为一种量刑规范，这是禁止假释条款的失措性所在。②同时，假释的禁止性规定对受刑人改造和监狱管理也产生了副作

① 张甘妹：《刑事政策》，台湾三民书局1979年版，第178页。

② 苏惠渔、孙万怀：《论行刑的合理性和目的性》，载《人民司法》2003年第1期。

用："不得假释"像"大山"一样压在暴力性重长刑犯身上，他们普遍感到前途渺茫，认为没想头，没奔头，有的破罐子破摔，有的公开抗拒改造，从而增加了监内的不安定因素和教育改造的难度。[①] 部分累犯对刑法第81条第2款的禁止性规定不能理解，认为这种规定客观上在受刑人中造成了不公平，他们即使比其他受刑人表现得再好也不能获得假释，这种处遇上的限制实际上是对原罪的双重处罚。[②] 学者的质疑及司法实务部门的反映并没有改变立法者的定见，相反，《刑法修正案（八）》将禁止适用假释的对象范围继续扩大，因放火、投放危险物质或者有组织的暴力性犯罪被判处十年以上有期徒刑、无期徒刑的犯罪分子也被列入不得假释的对象范围。这里的"有组织的暴力性犯罪"，是指以犯罪组织形式实施的暴力犯罪，如黑社会性质的组织、恐怖活动组织、犯罪集团实施的暴力犯罪等；所谓"暴力性犯罪"，不仅包括本条所列举的几种犯罪，而且还包括其他使用暴力手段，以特定的或不特定的人为侵害对象，蓄意危害他人人身安全的犯罪。此外，由于《刑法修正案（八）》扩大了特别累犯的范围，增加了黑社会性质组织犯罪以及恐怖活动犯罪两种特别累犯。可见，经过《刑法修正案（八）》对假释对象条件的进一步修正，使得假释适用对象的范围更加缩小了。据统计，我国累犯约占押犯总数的12.5%，原判10年以上的暴力性服刑人员占押犯总数的33.8%[③]，两项相加占押犯总数的46%。本来假释制度是为救济长期徒刑或无期徒刑的量刑失当而设置的制度，排除了累犯和暴力性长刑犯作为假释对象后，假释制度的适用价值就大打折扣了，假释适用率偏低也就不足为奇了。

---

① 李和平：《对刑法修改关于累犯及暴力犯不得假释规定之我见》，载《犯罪与改造研究》1998年第8期。

② 焦熠、胡晓龙：《假释制度的修改在监狱中的反响》，载《人民检察》1999年第2期。

③ 祝建立、姚明军：《探索完善我国的假释制度》，载《河南司法警官职业学院学报》2004年第4期。

2. 假释适用的刑期条件

假释适用于已执行一定刑期的受刑人，这也是世界各国的通例。这是因为只有经过一定的服刑期，才能考察、判断服刑受刑人是否具有悔改表现。我国1979年刑法和1997年刑法都规定被判处有期徒刑的犯罪分子，执行原判刑期1/2以上，被判处无期徒刑的犯罪分子，实际执行10年以上，方可假释。2011年《刑法修正案（八）》将无期徒刑受刑人实际执行的刑期由原来的十年提高到十三年。之所以作如此修正，是为了与无期徒刑减刑后实际执行的最低刑期以及数罪并罚刑期提高到25年后的最低执行期限相平衡。无期徒刑受刑人实际服刑期限的延长，也会导致假释适用率的下降。

3. 假释适用的实质性条件

考察世界各国假释适用的实质条件，基本上注重两个方面：一是服刑受刑人的狱内表现。服刑期间的表现情况，不仅是考察受刑人过去服刑经历的重要指标，更是预测他们未来再犯可能性的重要标尺；二是人身危险性，即假释后的再犯可能性。我国刑法也不例外。1979年《刑法》将假释适用的实质性条件表述为“确有悔改表现，不致再危害社会”。这种表述存在两个问题：一是没有明确“确有悔改表现”的界限，实际执行中较难掌握和操作，具体运用中随意性较大，给具体操作带来很大的困难；二是“不致再危害社会”过于原则、抽象，缺乏具体的操作标准，而且该立法用语显得生硬，容易束缚适用机关的手脚，导致假释适用中的保守倾向。因而1997年刑法修订时，对假释适用的实质性条件修改为“认真遵守监规，接受教育改造，确有悔改表现，假释后不致再危害社会”。其中“认真遵守监规，接受教育改造”是新的规定，进一步明确了“确有悔改表现”的含义，是对原刑法规定的补充和完善。但令人遗憾的是，这次修订依然保留了原刑法对“不致再危害社会”的表述，问题并没有得到切实的解决。有学者认为，“不致再危害社会”纯粹是一个预测性判断，是司法人员基于受刑人的狱内表现和其他因素所作的主观判断。受刑人不管是基于何种原因被释放后，任何人都不敢保证他将来不再危害社会。如果能够保证他释放后不再危害社会，也就没有必要规定假释后的考验期了。既然规定假释后的考验期，对假释犯予以监督考察，这本身就是承认他们还有再犯的可能性。可见，一方面规定“不致再危害社会”才能假释，另一方面又规定对假释犯进行监督考验，这样规定在逻辑上是自相矛盾的。[①] 另外，“不致再危害社会”的表述，也导致立法上假释的规定无法与减刑的规定相匹配。因为刑法把“认真遵守监规，接受教育改造，确有悔改表现”既规定为假释的条件，也规定为减刑的条件。同样以“确有悔改表现”为条件，为什么无期徒刑犯服刑 2 年后可以减刑，而假释则需要服刑 10 年以后。其逻辑上的悖论是：一个服刑 10 年尚未减刑的受刑人，怎么会因同样的条件而假释呢？

《刑法修正案（八）》在广泛听取学界和实务部门意见的基础上，将假释的实质性条件修正为“认真遵守监规，接受教育改造，确有悔改表现，没有再犯罪的危险”，删除了过于生硬的“不致再危害社会”的表述，代之以比较中性的“没有再犯罪的危险”的措辞。同时，增加了一款规定：“对犯罪分子决定假释时，应当考虑其假释后对所居住社区的影响。”这里所谓“对所居住社区的影响”，主要指所居住社区的居民对该犯罪人在该社区假释的主观意愿以及该社区原有的社会治安状况、已接收的社区处遇对象的数量等情况。之所以这样规定，一方面是考虑到被假释的受刑人尽管其人身危险性已得到有效降解，但其毕竟仍然是受刑人，会对社区安全带来一定的危险，因此考虑社区民众的主观感受是十分重要的；另一方面，被假释的受刑人要顺利融入所在社区，还需要社区居民对其宽容和接纳。如果所在社区民众不愿接纳，甚至普遍反对某个受刑人被假释，这样的社区环境势必影响该受刑人融入社会，甚至会诱发新的犯罪。

（二）假释的适用程序

假释的程序是适用假释的保障。现行刑法对假释的适用程序作

---

① 侯国云：《论废除减刑，完善假释》，载《犯罪与改造研究》2005 年第 1 期。

了原则性规定：由执行机关向中级以上人民法院提出假释建议书，人民法院组成合议庭进行审理。可见，现行假释程序的基本框架是：(1)执行机关只有提请假释建议权，而无假释决定权；(2) 假释决定权归属中级以上人民法院。从中我们可以发现，现行假释程序框架存在明显的弊端是：(1) 服刑人员被排除在假释适用的程序之外；(2) 缺乏社会的介入和监督；(3) 假释权的归属不当。为此，我们认为应当在以下方面重新设置我国假释适用的程序框架。

1. 赋予服刑人员假释提请权

尽管从实体上而言，假释之门的钥匙握在受刑人之手。但囿于"假释奖励说"的理念和制度，除相应的结果由受刑人承当外，受刑人在假释程序运作中完全被排除在外。就假释批准程序本身而言，服刑人员完全是一个被动的客体，决定是否予以假释，完全是司法部门的事务，受刑人只是单纯接受审查的对象，在审查中不享有任何主动地位，当受刑人业已报守其可以获得假释的相应刑期后，这种获释的可能性并不直接联系于一定的制度，即使确已适格假释的受刑人，亦未必非得给予假释的奖励，只要假释在观念上仍被视为官方单向的奖励而非受刑人应享的权利。① 随着假释由恩典变成权利的发展趋势，我们应当转变理念，不再仅仅是把假释看成是行刑机关对于服刑良好者的恩典与奖励，而应当把其理解为"受刑人得以自己努力缩短自己刑期的权利"②，并在假释程序框架中赋以受刑人实现自己权利之一席之地：受刑人经过法定的服刑期，认为自己符合法定的假释条件，有权向假释委员会申请假释；如果申请被驳回，其有权要求假释委员会告知不得假释的具体事由。

2. 建立假释社会参与机制

假释是一种社会内处遇措施，社会参与是其题中应有之义。除

---

① 朱伟临：《报应·矫正与假释权利》，载《现代法学》1995 年第 6 期。

② 张甘妹：《刑事政策》，台湾三民书局 1979 年版，第 180 页。

了在假释的执行过程中需要社会力量的参与外，在假释的批准程序环节也需要听取公众的意见，接受社会的监督，使假释适用置于“阳光”下，增加透明度。故此，《刑法修正案（八）》增加了一项规定：“对犯罪分子决定假释时，应当考虑其假释后对所居住社区的影响。”因此，笔者建议在假释的适用程序中应当设置社会参与机制，使社区居民的知情权和参与权得以落实。具体设想是在假释适用程序框架中增加两个制度：一是假释前人格调查制度；二是假释听证制度。

（1）假释前人格调查制度

假释前人格调查制度与判决前人格调查制度，除了时间上的先后外，在本质和功能上并无二至。鉴于我国目前已开展社区矫正试点工作，基层司法行政机关是实施社区矫正的工作机构，由其承担假释前受刑人的人格调查是适宜的，调查报告也可为后续的矫正提供预后效应。人格调查的内容包括：①受刑人的服刑表现；②受刑人的个人情况；③受刑人的家庭情况；④受刑人释放后的工作计划；⑤受刑人释放后的社区环境状况；⑥受刑人所在社区开展社区矫正的情况；⑦被害人的态度等。社区矫正机构在完成调查后，应当制作人格调查报告，并把报告提交假释委员会，作为其决定是否假释的重要依据。人格调查的过程，不仅是社会参与假释程序的过程，也是假释决定机关考虑假释对所居住社区影响的过程。

（2）假释听证制度

过去，我国法院对假释案件一般采取书面审理的方式。这种方式存在以下弊端：其一，法院被动接受狱政部门报送的假释书面材料，很少主动到监狱实地了解被报请假释的受刑人的具体情况，仅凭书面材料难以全面具体了解受刑人的客观表现，因而很难作出客观公正的裁定。其二，法院在审理假释案件时，行刑机关、监督机关和受刑人均没有介入，审理过程缺乏透明度，易引起社会公众对办案公正的猜疑。[1] 而西方发达国家在决定假释时一般都要举行听

① 周国强：《社区矫正制度研究》，中国检察出版社 2006 年版，第 194 页。

证会，假释听证会是服刑受刑人表达自己愿望的重要平台，“那些还被关在监狱里的囚犯们总是想象他们出现在假释委员会面前时的情景，他们都考虑着如何使假释委员会感到满意，他们猜想委员会将会问什么问题以及如何应答”①。同时，假释听证会也是社会公众了解假释犯的基本情况，发表自己见解的重要载体。近年来，北京、江苏、河南、甘肃等省市也开展了假释听证的尝试，取得了较好的效果。笔者建议将这一做法予以制度化，作为假释程序中的一个必经环节。假释委员会在审查假释案件时，应当邀请拟被提请假释的受刑人及其亲属、狱方代表、所在社区居民代表参加，并请检察机关派员临场监督。假释委员会在充分听取与会各方意见后，对于事实清楚、各方没有分歧的案件，可当场作出裁决；对于争论较大、与会各方分歧较大的案件，可择日作出决定。

3. 重新配置假释决定权

一国立法关于假释决定权归属的规定，实质反映了其对假释权性质的认识。由于法律传统的差异，英美法系国家一般都认为假释是行政权，因而大都由行政机关或隶属于行政机关的专门委员会执掌假释决定权；大陆法系国家倾向于认为假释是司法权，因而由法院掌握司假释决定权。② 法制传统上我国属于大陆法系国家，因而现行刑法把假释决定权归属于法院。这种假释决定权的配置，不仅法理上有悖刑事诉讼的客观要求，执行刑罚的机关与运用刑罚的方法的权利分离，使假释功能的正常发挥遇到障碍③；而且在实务中导致假释适用质量下降，因为，在实际操作中，法院对假释案件的审理往往与减刑案件的审理同时进行，在很短时间内审结大批案件，加之立法层面上的公示和听证制度缺失，使得法院缺乏对服刑人员进行实质性审查的手段和方式。在大多数情况下，法院只是根据执行机关提供的材料，进行书面的、形式的审查。因此，有学者

---

① ［美］克莱门斯·巴特勒斯：《矫正导论》，孙晓雳等译，中国人民公安大学出版社1991年版，第144页。

② 柳忠卫：《假释制度比较研究》，中国人民大学2004年博士学位论文，第131页。

③ 夏宗素主编：《狱政法律问题研究》，法律出版社1997年版，第189页。

把法院在假释裁定中的角色比喻为“橡皮图章”。在某种程度上，对假释案件的审理与其说是一种司法活动，不如说更像是一种行政审批活动。①

鉴于我国假释决定权配置存在的问题，笔者赞同学者的建议，修改现行刑法和刑事诉讼法的相关规定，重新配置假释决定权，将其划归司法行政机关，成立假释委员会专门负责假释审批和撤销事宜。具体设想是：在司法部下设与监狱管理局平行的全国假释委员会；在省、直辖市、自治区司法厅局下设省级假释委员会；在各市司法局下设基层假释委员会。假释委员会除司法行政机关、监狱管理部门的人员参加外，还应吸收社会工作者、犯罪心理学家、律师等参加。假释委员会的职责是：（1）审查受刑人的改造表现；（2）进行再犯罪预测；（3）落实监督考察人员；（4）考察受刑人出狱后的生活出路等。各级假释委员会的管理权限是：全国假释委员会负责宏观管理全国的假释工作、制定假释实施细则及假释监督条例、指导监督地方假释委员会的工作等；省级假释委员会负责审批本辖区内有重大影响的受刑人的假释，并负有对基层假释委员会的工作进行指导监督的职责；基层假释委员会负责对一般假释案件的审核批准。这样设置，不仅可以改变“不了解情况的机关有权决定，了解情况的机关无权决定”的现状，而且在受刑人与行刑机关之间建立起一种利益依赖关系，强化了监狱的监管权，有利于调动受刑人的改造积极性，最终实现假释调控机制的正常运行。②

第五节　犯罪人监禁处遇的检察监督

一、监禁处遇检察监督概述

关于监禁处遇检察监督的界定，受制于对监禁场所理解的不同。从历史上看，监狱是关押犯罪嫌疑人、被告人、罪犯的场所。

① 张波：《假释制度的困境与出路》，载《法律适用》2005年第11期。

② 周国强：《社区矫正制度研究》，中国检察出版社2006年版，第194页。

时至今日，监狱有广义和狭义之分，广义的监狱指关押一切犯人的场所，包括监狱、看守所、拘留所等。狭义的监狱指依照刑法和刑事诉讼法的规定，被判处死刑缓期二年执行、无期徒刑、有期徒刑的罪犯，在监狱内执行刑罚。世界上许多国家的监狱没有广义和狭义之分，而是把关押犯罪嫌疑人、被告人和罪犯的场所统称为监狱。而在我国，监狱与看守所相互独立，看守所关押犯罪嫌疑人、被告人以及判决时余刑在一年以下的已决犯，监狱关押已决罪犯。本书采用广义的监狱概念，监狱包括看守所在内。因此，所谓犯罪人监禁处遇的检察监督，实务中又称为监所检察，是指人民检察院依照法律的规定，对监狱等行刑机关的刑罚执行活动以及对看守所、拘留所的执法活动是否合法实行监督的总称。

监禁处遇监督具有以下特征：

1. 场所性监督。由于监禁处遇是在监狱等封闭场所内实施，执法的透明度差，即使推行“狱务公开”，社会监督的视线仍会被高墙阻隔，来自权力机构和党政部门的监督很难深入到具体层面，为确保监禁处遇的依法和公正，最直接有效的方法是设置专门的执法监督。[①] 为此，检察机关向各个监狱、未成年犯管教所、看守所派驻检察室，在有些监狱集中地区，设置检察分院。场所性监督的优势在于，监督人员可以近距离地督促行刑处遇机关严格执法，并现场受理服刑人员的检举控告案件，以及查办监管人员的职务犯罪案件；其不足之处是派驻检察人员常年同监管人员共同工作在一起，容易出现被“同化”现象，导致监督者与被监督者利益牵连，无法进行切割，而利益牵连又是导致检察监督盲点的重要原因。

2. 外在式监督。我国立法将监禁处遇监督的模式设计为“外在式”监督模式，“这种监督是纯监视的，它不以案件为中心，不依附于诸如公诉权、侦查权、批准逮捕权等具体的职权”[②]。在这种“外在式”监督模式下，检察机关虽然具有执行监督的权力，却

---

① 王利荣：《中国检、执权分离模式评析》，载《金陵法律评论》（2002 年秋季卷）。

② 王志坤：《试论执行监督》，载《法学杂志》2008 年第 2 期。

很难深入了解、掌握监所行刑处遇的具体情况，以致造成实践中貌似职权很大而实则监督能力不足的问题。

3. 非诉讼性监督。检察机关对法院审判活动监督采取的主要手段是对法院作出的生效裁判提起抗诉，这是一种典型的诉讼性监督手段，它能启动新的诉讼程序。而在监禁处遇监督中，检察机关监督的手段主要是向监狱等行刑处遇机关提出纠正违法意见书或者检察建议，这些手段通常不会引发程序性法律后果，因此具有非诉讼性。非诉讼性监督的特征，导致监禁处遇监督的“弹性化”效应。

二、我国监禁处遇监督中存在问题及其成因

（一）我国监禁处遇监督存在的问题分析

在监禁处遇中，被羁押者属于弱势群体，他们的人权要靠监管部门来保障，但监管部门往往又是被羁押者权利的侵犯者。这就需要加强对监管部门的监督。[①] 在监禁处遇监督中，检察机关承担的任务主要有两个：一是监督执法机关是否严格、公正执法；二是保障被羁押者的人权。而监督执法者是否严格、公正执法，其根本目的还在于避免执法者利用权力不当侵犯被羁押者的基本人权。近年来，随着被羁押者权利意识的觉醒以及新闻舆论监督纵深度的推进，监禁处遇存在的各种问题逐渐浮出水面，处遇机关执法不严、不公以及司法腐败等问题被屡屡曝光，犯罪人合法权益被侵犯的情况屡屡发生。

1. 处遇机关执法不严、不公及司法腐败问题突出

（1）执法不严，管理混乱。2011 年 9 月 11 日发生在河北深州监狱的越狱事件，以及 2013 年 4 月初媒体曝光的辽宁省铁岭监狱毒品流入监区等“监狱乱象”，反映出我国目前的监狱、看守所管理中存在严重的执法不严、管理混乱等问题。此外，我国监狱和看守所长期以来存在着新老囚犯共同管理的不成文规定，这种非正式制度往往会滋生严重的“牢头狱霸”问题。

---

① 周洪波、王虹：《监所检察与被羁押者的权利保障》，载《法学杂志》2010 年第 9 期。

（2）执法不公，违法、违规办理减刑、假释、监外执行等监禁处遇的变更。在2004年至2005年最高人民检察院联合公安部、司法部在全国开展的“减刑、假释、保外就医专项检查活动”中，检察机关对检察发现的减刑、假释、暂予监外执行案件问题共提出纠正意见20472件次，2009年全国检察机关共检察发现减刑、假释、暂予监外执行不当10905人次，充分说明刑罚执行领域存在问题的严重性。[①]

（3）权钱交易等司法腐败问题屡禁不止。从1999年广西罗成监狱副监狱长胡耀光腐败窝案到2010年湖南省监狱管理局局长刘万清等人集体腐败案，充分暴露出监狱领域权钱交易等司法腐败的严重性。

2. 犯罪人人权保障不力现象严重

（1）服刑人员基本的生存条件得不到保障。首先是饮食供给标准偏低。对于犯罪人饮食供给标准《监狱法》没有具体规定，只在第50条笼统提到：“罪犯的生活标准按实物量计算，由国家制定。”而据一项对全国监狱在押犯罪人状况抽样调查资料显示，犯罪人伙食的营养层面，蔬菜、肉的数量不够充足，犯罪人每周能吃荤菜的次数，在五顿以上的仅占2.3%，三顿的占54.4%，而不到一顿的占22.3%，显然偏少。其次是居住条件总体状况较差，目前，我国监狱拥挤现象突出，超押严重。据一项抽样调查资料显示，在居住条件上，犯罪人人均居住面积不足3平方米的占42.4%，3平方米以上不足4平方米的占27.2%，4平方米以上不足5平方米的占10.1%，而达到国家标准人均居住面积5平方米以上的只占13.1%。[②] 最后是医疗保障程度低。相当一部分监狱机构只备有非常简单的诊疗处置设施，医疗工作人员数量偏少，水平不高。监狱内只能处理一些常见病，犯罪人患稍微严重一些的疾病便不能得到

① 最高人民检察院“监狱监督制度比较研究课题组”：《我国监狱监督制度存在的问题及完善》，载《法学》2011年第4期。

② 陈晨：《我国监狱服刑人员人身权利保障不足及完善》，载《经济与法》2012年第6期。

迅速、有效的治疗。

（2）在监狱经济压力和部门利益驱动下，有些监狱组织犯罪人进行“超时间、超体力、超强度”的劳动，严重侵害犯罪人的身心健康权。这样的劳动侵害犯罪人的劳动休息权，长时间的机械化、简单化劳动导致犯罪人心理疲劳加重，体质下降。不仅如此，超负荷的劳动还会诱发“牢头狱霸”指使别的犯罪人打骂体罚完不成生产任务的犯罪人。

（3）过度惩戒现象严重，被监禁人的生命健康权受到严重侵犯。监狱基于维持监狱纪律和秩序的需要，有权力对服刑人员在必要的限度内施加处罚。然而，过度惩戒现象却在一定程度上存在于我国监狱日常管理工作中：一方面处罚随意性倾向明显。我国《监狱法》第58条第1款规定，对犯罪人的八类破坏监管秩序的行为，监狱可以给予警告、记过或者禁闭处罚，但对处罚犯罪人的具体方式却无明文规定，致使在适用程序上无法律依据可言，处罚随意性倾向明显；另一方面存在一定程度的法外用刑现象。根据《监狱法》规定，监狱的行政处罚种类只有警告、处分和禁闭三种。但在行政实践中，监狱通过内部规定，又增加了严管、走读式严管（集训）和带铐三种，而且这三种非法定处罚方式成为监狱以罚代教的主要方法。监狱被监禁人非正常死亡事件层出不穷，被监禁人的生命健康权受到严重侵犯。长期以来，我们注意到，监禁场所在押人员的健康权和医疗权，难以获得保障，频繁发生的监禁场所在押人员非正常死亡案件，如“躲猫猫死”、“冲凉死”、“睡梦死”、“噩梦死”等[1]，大多都是因为对被监管人员权利保障缺乏、没有获得及时有效治疗导致的。

（4）监禁处遇变更权难以得到有效落实。具体表现为：一是减刑、假释一直是作为一种奖励制度而不是权利出现的。在《监狱法》等法律规范中，均直接或间接地表现出减刑假释系属奖励的立

---

① 《关于改善监狱监所管理制度，保障被羁押人员健康权和医疗权的呼吁》，来源于：http：//www. aizhi. co/view. php？ id＝637。

场。在这样的状况下，减刑、假释事实上只是一种恩赦，它可以赋予服刑人员，也可以不赋予，这使得服刑人员受减刑、假释待遇不具确定性，得不到有效保障。二是各地区执法不统一影响服刑人员受减刑假释权的平等保护。由于我国有关减刑假释的法律、司法解释比较笼统，各省监狱管理局根据各地情况，制定出各自的有关减刑假释的具体制度，各不相同，导致执法标准因地而异、尺度不一。三是假释率偏低。假释的适用需要进行再犯预测，而时至今日行为科学尚未发达到能准确预测再犯的程度，因而假释的适用需要承担一定的风险。但假释的裁量者不愿冒这种风险，致使获假释者寥寥无几。

（二）监禁处遇检察监督不力的成因

我国监狱系统执法不严、不公以及犯罪人狱内人权保障不力的状况令人堪忧，我们需要反思出现这种状况的原因。经过认真调研，笔者认为之所以出现上述问题，既有监管人员素质参差不齐、执法不力的原因，也有检察监督不到位和监督不力的因素。囿于本节主题的限制，下面仅就目前检察监督中存在的主要问题进行阐述：

1. 监督定位不准确。刑法兼具目的法和保障法两重属性，所谓目的法指刑法所具有的防卫社会、预防再犯的功能，而保障法指刑法要成为被执行人权利保障的大宪章。因此，在监禁处遇中，在使被执行人改悔向上、变为守法公民的同时，也要使实现目的的手段具备正当性，使被执行人的人权得到保障。[①] 可见，检察监督的要义之一是力戒执法者利用权力侵犯被监禁人的合法权益。但在检察实践中，追求监管秩序的安全和稳定是检察监督的重心所在。刑罚执行监督侧重于保障刑罚报复功能的发挥，往往忽视了对个体公民权利的尊重和保护。特别是检察机关在处理与被监督者的关系时，强调与刑罚执行机关的配合，忽略制约，对刑罚适用对象则强

① 王志坤：《试论执行监督》，载《法学杂志》2008 年第 2 期。

调惩罚，忽略保护。[①] 监督理念的偏离，容易遮蔽检察监督的视线。

2. 监督立法不完备。表现在：（1）高位阶立法的阙如。现有立法没有将检察机关的刑罚执行监督权上升到宪法和检察院组织法的层面。例如，检察机关向监狱派驻检察室的工作方式，在《人民检察院组织法》中并没有规定，而是在最高人民检察院 1987 年制定的《人民检察院劳改检察工作细则（试行）》中规定的，高位阶立法的阙如，直接导致检察监督权威性的削弱。[②]（2）监督立法规定欠缺系统性。关于监禁处遇监督的法律规定的条文分散在人民检察院组织法、刑事诉讼法和监狱法中，缺少系统、完整的规定。（3）监督立法规定可操作性差。关于检察院监督的内容、职权、手段、程序等规定过于笼统，缺乏明确的法律规定，这导致实践中监狱监督工作无法可依，无手段可用，无程序可循，严重影响监督实效。[③]

3. 监督手段不健全。任何权力的行使都需要借助于足够的手段以保证其有效性，检察权作为一项承载着法律监督职责的国家权力，没有充分的、具有一定强制力的法律手段作保障，必然会导致监督的弱化甚至虚化。[④] 反观我国监禁处遇中的检察监督，缺乏的正是充分、刚性的监督手段：（1）监督手段阙如。检察院在监禁处遇监督中除了提出书面意见和纠正违法通知书这两种监督手段以外，法律没有明确规定其他监督手段。虽然实践中检察机关创新监督手段，探索出诸如检察建议、检察意见、检察公函、信息通报等新型监督手段，作为现行监督手段的有益补充，但这些监督手段缺乏法律的明文规定，对被监督者缺乏法律约束力。（2）监督方式滞

---

① 曲虹、邹时楠：《当前刑罚执行监督工作中的问题及解决之道》，载《人民检察》2004 年第 6 期。

② 毛建岳、李忠强：《刑罚执行中检察监督的实现与完善》，载《政治与法律》2008 年第 11 期。

③ 最高人民检察院“监狱监督制度比较研究课题组”：《我国监狱监督制度存在的问题及完善》，载《法学》2011 年第 4 期。

④ 张雪妲：《刑罚执行监督权的立法完善》，载《法学》2006 年第 8 期。

后。现行对监禁处遇的监督属于事后监督，事前监督和预防性监督的规定阙如。例如刑事诉讼法关于纠正违法、纠正不当减刑假释暂予监外执行的规定，都是事后监督的方法。而事前监督的效果要胜于事后监督，因为事前监督能够起到防微杜渐、预防违法犯罪和事故发生的作用。(3) 监督效力"软化"。纠正违法是法律明文规定的人民检察院对监狱、看守所的主要监督手段，其载体是"纠正违法通知书"。"纠正违法通知书"从实质上看，不具有诉讼上的强制性，它只具有监督建议权的意蕴，而缺乏实体处分权的效力。纠正违法意见最终能否得到执行，完全取决于监狱、看守所接受检察监督的自觉程度。监督的成效依赖于被监督者的配合，这是我国检察监督中面临的尴尬窘境。监督效力的"弹性化"，严重损害了检察监督的权威性和严肃性。

三、监禁处遇检察监督的完善

随着我国经济社会的发展，监狱被监禁人人权保障的状况和监狱、看守所执法活动的公正性、规范性越来越受到社会各界的关注，完善监禁处遇的检察监督制度十分必要。为了有效制约监狱权力，保护被监禁人的合法权益，必须强化对犯罪人监禁处遇的检察监督。

(一) 更新检察监督理念

任何先进的制度与程序的设计，必须以先进的理念为指导。在监禁处遇监督实践中，检察人员应当更新监督理念，破除"单纯强化惩罚就是严格执法"的误区，把行使监督权的出发点和归宿放在保障被羁押者人权和维护社会公平正义上。无论是执行机关还是执行监督机关都应明确"对于犯罪人的关怀不再是一种恩惠，而是法制国家一项义务性的社会任务"。① 因此，监所检察人员要树立保障人权的执法理念，切实保护服刑人员的合法权益。

(二) 完善检察监督立法

明确、具体、完备的立法是我国监禁处遇检察监督功能有效发

① 李海东:《刑法原理入门》，法律出版社 1998 年版，第 12 页。

挥的前提。为此，我们应当从以下方面来完善我国监禁处遇检察监督立法：

1. 细化犯罪人处遇的法律规定。（1）监狱服刑人员的疾病治疗应当纳入社会保障体系中，实行重大疾病社会保险制度，并通过招标，将服刑人员的重大疾病交由内设病犯区的社会医疗机构诊治，从而可以解决治疗费用不足的问题；（2）对犯罪人每天工作的时间作出严格规定，不得超过8小时，并在法定节假日和休息日享有休息的权利。（3）对于酷刑立法犯罪化存在不足问题，我们认为，在立法上应当参照《禁止酷刑和其他残忍、不人道或有辱人格待遇或处罚公约》精神，“将涉及犯罪人待遇的一切酷刑行为全面犯罪化，在《刑法》上将精神酷刑确定为犯罪，并增设‘图谋实施酷刑罪’、‘默许、纵容实施酷刑罪’这两个罪名”[①]。

2. 完善监禁处遇监督职权、范围和手段。充足的监督职权、明晰的监督范围和多样的监督手段是检察监督权得以实施和监督绩效得以提升的重要条件。为此，立法应当明确检察院对监狱刑罚执行和监管活动的监督职权、监督范围、监督手段：（1）赋予监督人员调查权。除了现行法律赋予检察机关的查办犯罪、纠正违法的职权外，立法还应当赋予检察人员以调查权。“人民检察院对检察权所及范围内的事项进行调查，以便了解事实真相，是行使检察权的先决条件。法律赋予人民检察院的调查权，也就因此而成为检察权的一个基本构成要素。”[②]（2）明确监督范围。检察院对监狱自收监、羁押、处遇变更到释放等处遇活动的全程进行法律监督。有权受理在押人员的各种诉求，对监狱发生的死亡、事故等进行调查，对监狱执法中的违法、违规行为以及腐败、渎职犯罪行为有权进行查处。（3）拓展检察监督的手段。目前实行的口头纠正、书面纠正、检察建议等手段，无法适应监禁处遇中的各种情况，可以通过

① 冯一文：《中国服刑人员权利保障研究：以联合国服刑人员待遇标准为参照》，法律出版社2010年版，第199页。

② 张智辉：《论人民检察院的调查权》，载《国家检察官学院学报》2006年第1期。

建立检察审查制度，对刑罚执行中涉及刑罚执行方式的决定、变更等关涉罪犯实体性利益的活动进行审查。①

（三）健全检察监督机制

强化监禁处遇检察监督权一直是检察机关孜孜以求的目标。而监禁处遇检察监督权的有效运行，取决于完备、顺畅的刑事执行监督机制。为此，构建顺畅、高效的检察监督机制，是未来监禁处遇监督中需要努力的方向。具体可从以下方面入手：

1. 健全检察机关发现违法的机制。知悉权是监所检察监督权能的基础。为落实检察机关的知悉权，一方面在立法中应明确检察机关的随时介入制度。监禁处遇的封闭性特征，决定了监督者必须保持畅通的信息渠道，能够随时接受被羁押者的控告、举报和申诉，随时介入制度的建立尤为必要。随时介入制度包括：（1）随时可以进入执行场所进行检察；（2）随时可以找执行刑罚的民警或被执行刑罚的罪犯谈话；（3）随时查阅、抽调或者要求执行机关提供刑罚执行的文件和材料。② 随时介入制度可以及时发现问题，从而确保服刑人员合法权利可能受到侵犯时均能及时得到纠正。另一方面，借助现代信息科技手段，打造信息交流平台。检察院可以通过与监狱、看守所的监控系统和执法信息系统实现联网，对监狱、看守所的刑罚执行和监管活动，实现实时、动态的监督。

2. 健全检察机关对监禁处遇变更活动的同步监督机制。减刑、假释以及监外执行是被羁押者处遇变更的主要形式，实践中处遇机关在办理上述活动时存在违规减刑、假释等腐败、渎职犯罪现象。为规范对监禁处遇的变更活动，有必要在监禁处遇变更领域内重新设置权力架构：由监狱行使罪犯减刑、假释、暂予监外执行的建议权，检察机关执掌审查提请权，法院掌司审理裁决权，重塑一个“三角结构关系”，实现权力的制衡。具体设想是：如果监狱认为罪

---

① 周骏如、赵鹏：《刑罚执行活动中的法律监督问题》，载《中国刑事法杂志》2009年第3期。

② 侯国云主编：《刑罚执行问题研究》，中国人民公安大学出版社2005年版，第353页。

犯符合监禁处遇变更法定条件的，应当向驻所担负检察监督任务的检察院提出减刑、假释、暂予监外执行的建议，并将有关申请材料送检察院审查。检察院经过审查，认为罪犯符合监禁处遇变更条件的，向法院提出变更监禁处遇的建议；法院对检察院的建议进行审理，作出是否对罪犯减刑、假释、暂予监外执行的裁定。检察机关通过介入监禁处遇变更程序，可以前移监督关口，变事后监督为同步监督，从而提升检察监督的实效。

3. 强化检察机关纠正违法的机制。针对目前纠正违法意见和检察建议“弹性化”的弊病，笔者赞同实务部门提出的“增强纠正意见和检察建议的强制执行力和法律效力”的建议：人民检察院提出纠正违法意见的，监狱应当纠正并将纠正情况书面回复人民检察院。对于无正当理由拒不纠正的，应当依法追究有关人员的责任。对于人民检察院的检察建议，监狱等机关无正当理由的应当采纳并反馈处理或者整改情况，不采纳建议的，应当说明理由。①

4. 建立巡回检察工作机制。鉴于过往派驻检察容易滋生“同化”问题的现实，可以借鉴实践中的做法，建立巡回检察工作机制。巡回检察是检察机关对监管场所采取不定期的、不特定的方式进行检察监督的一种新的工作形式，是对派驻检察的一种补充。由于不在同一场所办公，“距离产生公正”，可以从根本上避免朝夕相处产生“同化”的问题。② 虽然巡回检察不具备派驻检察“近距离观察”的优势，但随着现代化信息技术的及时跟进，借助网络动态监控系统，巡回检察同样可以胜任实时监督的重任。

---

① 最高人民检察院“监狱监督制度比较研究课题组”：《我国监狱监督制度存在的问题及完善》，载《法学》2011 年第 4 期。

② 张雪妲：《刑罚执行监督权的立法完善》，载《法学》2006 年第 8 期。

第五章　犯罪人的社区处遇

20世纪70年代以来，随着刑罚思想的演变和刑事政策的转向，犯罪人矫治出现了由机构性处遇向社区性处遇转化的趋势。社区处遇，又称为社会内处遇、保护性处遇、社区矫正。社区矫治，是一种不使罪犯与社会隔离并充分利用社区资源教育矫治罪犯的处遇方式、措施和制度的总称。经过近半个世纪的发展，西方国家的社区处遇日臻完善，成为矫治罪犯的首选方案。21世纪伊始，我国也逐步开展了社区矫正的试点，目前社区矫正已在全国普遍推展开。《刑法修正案（八）》将社区矫正写入刑法，社区矫正正式进入我国的刑罚体系，成为与监禁矫正并行的罪犯处遇模式。

第一节　国外社区处遇概观

一、国外社区处遇的样本分析

（一）美国社区处遇的流变与特色

1. 美国社区处遇的流变

现代社区处遇典型形式的保护观察、缓刑、假释、社区服务等制度均起源于英美。在世界范围内，美国是社区处遇发展最早也是比较完善的国家。我们就以美国为样本，梳理其社区处遇的演进历史。

1841年，美国波士顿市的制鞋匠约翰·奥古斯塔斯受当地法院的委托，担任缓刑犯的监督工作。这一制度性尝试成为今天的缓刑考察、社区处遇制度的雏形。1878年马萨诸塞州通过了第一部缓刑法，该法对约翰·奥古斯塔斯的做法予以确认，缓刑制度正式成为一项罪犯处遇制度。另外，作为假释制度雏形的“释放票制度”于1839年在英属殖民地的澳大利亚创立，后于1854年传入英国本土，在爱尔兰由罗夫顿改进为“爱尔兰制”。1869 年，美国在借鉴爱尔兰假释制的基础上，制定了假释法，确立了近代的假释制度。此后，美国便成为最重视假释的国家。

20 世纪 70 年代，以马丁森为代表的一些学者的实证研究证实了康复模式、矫正主义对抑制犯罪人重新犯罪毫无效果。“马丁森炸弹”宣告“矫正作为刑罚的一种基本理论已经死亡”，于是美国掀起了反社会复归思潮。处遇理念的嬗变，导致美国犯罪人处遇模式从医疗模式转向公正模式。在公正模式的影响下，1975 年，缅因州废除了不定期刑和假释制度，接着加利福尼亚州步其后尘，于 1977 年放弃了实施达百年之久的不定期刑制度，到 80 年代美国多数州废止了不定期刑和假释制度。1985 年制定的《综合犯罪控制法》明确指出：刑罚目的不是复归社会，而是正当惩罚和控制犯罪。

公平模式推行的直接后果之一就是监狱押犯爆满，监狱里的罪犯人数很快达到了历史的最高记录，监狱爆满导致联邦和各州的财政经费大幅增加。愈演愈烈的犯罪态势迫使美国当局不得不采取务实、折中的犯罪人处遇政策和策略，即在实施保护观察等保护处遇政策的同时加强对受刑人的监视体制，社区性处遇再次获得了发展的空间。法院仍然大量适用缓刑和假释制度，诸如电子监视、家庭监禁、被害者与加害者和解计划、损害赔偿、社区服务令等一大批新型社区性处遇应运而生。

根据 2009 年的统计，截至 2008 年底，美国的刑事犯罪人员共有 730 万人，其中监禁人数共有 240 万人，监狱押犯为 161 万人，看守所押犯和等待服刑的人数为 59 万，监禁人数约占全部服刑人员总数的 30%；接受社区刑罚的人数为 510 万人，在美国社区矫正的对象中，缓刑人员有 427.1 万，占社区服刑人员的 84%，假释人员有 82.8 万，占社区服刑人员的 16%，社区服刑人员的总数占全部服刑人员总数的 70%。①

① 刘强：《社区矫正组织管理模式比较研究》，中国法制出版社 2010 年版，第 2～3 页。

2. 美国社区处遇的特色

美国是世界上社区处遇的发源地之一，在世界范围内，美国的社区处遇最具代表性。通过对美国“二战”以来社区处遇实践的考察，以下特色值得关注：

首先，美国社区处遇内容的丰富性和形式的多样性。虽然美国处遇理论和实务界对社区处遇的定义和范围的认识大相径庭，但其社区矫正的形式丰富多彩却是举世公认的。目前，美国的社区处遇既有传统的形式，如缓刑、假释、中途之家等，又有适应形势发展需要而新近创设的形式，如中间制裁等。即使是缓刑、假释等传统社区矫正形式，也随着社会的发展和矫治罪犯的需要而有所改革和创新，发展出像综合缓刑、强化的假释监督等全新形式。内涵丰富、形式各异的社区处遇制度和措施大大拓展了社区处遇的生存和发展空间，为其他国家社区处遇制度的改革和发展提供了蓝本。

其次，社区处遇的导向近年来有偏重惩罚的倾向性。随着美国刑事政策在20世纪70年代后期的调整及惩罚模式的复兴，美国兴起了强调惩罚与社区保护并重的中间性惩罚，逐步改变了对缓刑、假释管理过于宽松的局面，被认为是社区处遇制度发展的新境界。以社区为主的中间制裁措施，其发展的目的在于控制犯罪，以及将犯罪对社会的影响减到最低，且可随时视情况将案主交付监禁系统或一般保护管束系统。因此这类折中刑可取代传统观护和监禁之间的真空地带，比监禁多一些自主权，比传统观护多一些控制。亦即针对以往的社区处遇，加上刑罚的要素，而出现新形态的社区处遇，表现出“从社区内处遇转移至社区内刑罚”的特征。

（二）日本社区处遇的发展与特色

大陆法系国家的社区处遇以日本最具代表性和特色性。日本的社会内处遇在法律上称为更生保护，意为对实施了犯罪或者罪行的人，在平常的社会环境中作为健全的社会人，通过接受指导、帮助实现更生。日本的社区处遇除了保护观察、更生紧急保护制度之外，还包括假释、缓刑、恩赦、时效和社会服务命令制度，其中的假释、保护观察和更生紧急保护制度是整个社区处遇的重点。在性质上，日本的更生保护并非如我国将社区矫正界定为一种刑罚执行制度，而是界定为内容更加广泛，针对违法、犯罪者的一种社会内处遇制度。

日本的社区处遇制度是第二次世界大战结束后逐步建立起来的。为了应对日益攀升的犯罪态势，自1949年起日本先后制定和完善了有关社区处遇的一系列法律。主要有：1949年制定的《犯罪人预防改造法》，确立了社区处遇的保护观察制度；1950年制定的《紧急改造保护法》，确立了社区处遇制度的另一种重要类型即紧急改造保护制度；1954年颁布的《缓期执行者保护观察法》，确立保护观察制度对缓期执行的成年犯罪人也开始适用；1955年由于实施新宪法而制定的《恩赦法》，使恩赦成了改造犯罪人本人或实现其他刑事政策而适用的制度。这些法律既吸收了英美等国的成功经验，又结合日本国情有所创新，形成了以"保护观察"和"更生保护"为核心的具有日本特色的社区处遇制度。

1. 日本社区处遇的类型

日本的保护观察制度是以保护观察的人（被保护观察对象）进行指导、监督、辅导和援助为内容，旨在通过前述措施的实施使其悔过自新，过上一般的正常生活的处遇方法。指导监督的内容包括观察被保护者是否遵守相关规定，并进行适当的劝说和教育。如果被保护观察者违反了必须遵守的相关规定，就有可能重新被收容到监禁设施内。可见，这种制度以心理强制为其背景伴随着浓厚的权力色彩。与此相比，辅导援助则是通过教育训练、医疗、提供住宿以及斡旋工作等方法促使这些人早日复归社会，体现了保护观察制度的非权力性、福祉性特征。①

日本保护观察主要包括三种类型：终局处分型保护观察、缓刑型保护观察以及假释型保护观察。终局处分型保护观察是从其他处分中独立出来的，作为一种制裁的保护观察；缓刑型保护观察是附随于缓期宣告或缓期行刑的保护观察；假释型保护观察则是与假释

① 郑泽善：《刑法总论争议问题比较研究》，人民出版社2008年版，第483页。

相伴随的保护观察。[①]

2. 日本社区处遇的特色

日本更生保护制度不同于其他国家的社区处遇的特色在于：

一是处遇对象的广泛性。在日本，适用社区处遇的对象主要包括五类：(1) 受保护观察处分者；(2) 被刑事法院判决为缓刑者；(3) 假释、保释出狱或者保外就医者；(4) 刑满释放者或者赦免出狱者；(5) 其他法定应予以更生保护的。可见，日本的社区处遇不仅仅适用于正在服刑的罪犯，而且延伸到刑满释放人员，换言之，日本的出狱人保护事业也是社区处遇的重要一环。

二是“官民协作，以民为主”。日本负责社区处遇的人员有保护观察官、保护司、更生保护法人和民间志愿者。除了保护观察官是常勤国家公务员外，其他人员均是以志愿的形式参与社区处遇的民间力量。日本社区处遇制度卓有成效的一个重要原因，就是其拥有深厚的民众基础，在日本已经形成了“当保护司光荣”这一良好的社会意识，一大批热心民众积极参与社区处遇事业，其中不乏社会各界的知名人士；同时日本政府也积极倡导和扶持公民及社团的参与，促进了社区处遇在日本的蓬勃发展。[②]

三是多样化的处遇。多样化处遇的实践之一是实施“分类处遇制度”。2003 年法务省保护局规定保护观察对象者为 13 类，主要有暴力团伙对象者、性犯罪对象者、家庭暴力对象者、校园暴力对象者、精神障碍对象者、高龄对象者等。根据不同类别的保护观察对象者实施不同的处遇内容与方式，处遇效果会更明显。多样化处遇的其他实践形式是针对交通事件的少年对象者实施“交通短期保护观察制度”、对长期刑假释放者实施特别援助制度以及对暴力组织成员对象者实施脱离指导制度等。[③]

---

① 刘涛、田心则：《日本社区矫正制度介评》，载《犯罪与改造研究》2006 年第 2 期。

② 冯卫国：《行刑社会化研究》，北京大学出版社 2003 年版，第 119 页以下。

③ 张志泉：《日本犯罪者处遇》，山东人民出版社 2010 年版，第 101 页。

二、国外社区处遇的形态考察

（一）社区处遇的传统形态①

传统的社区处遇形态主要包括三类：由传统观护部门所执掌之监督方案；代替监禁并具处遇取向之居留方案；及由传统矫正部门所督导、指挥、协助罪犯早日重返社会之释放方案。

1. 监督方案

根据欧美国家社区处遇的情况，监督方案主要包括社区服务、罚金或抚慰金以及震撼观护。

（1）社区服务

社区服务是指法院要求犯罪人在社区从事一定时数的工作或服务，以对被害人和社区做出一定的补偿。工作范围包括收集垃圾、清理街道、养护公共设施、照顾幼儿和老人、协助医务人员等。社区服务除了可对被害人及其家属、社区做出补偿外，还可以培养犯罪人的社会责任感，发展工作技能和兴趣，从而有助于犯罪人融入社会。

（2）罚金或抚慰金

罚金是指法院判处犯罪人向国家缴纳一定数额金钱的刑罚方法。抚慰金是指犯罪人向被害人或其家属支付一定数额的金钱以平复其犯罪给他们所造成的伤害。

（3）震撼观护

震撼观护是指将犯罪人移送监狱关押一段时间，让其体验监禁之痛苦，以达到威慑罪犯和满足民众呼声的目的。监禁时间各国规定不一，美国一般最长为 90 天至 130 天，而欧洲的瑞典、丹麦等国则为 30 天至 60 天。

2. 居留方案

居留方案是将服刑人（一般为 10 ~ 25 人）安置于一个中、低警戒度的矫正机构内，接受专业人员的治疗，目的是增进解决问题的能力，顺利复归社会。居留方案具体包括咨询辅导、药物成瘾治

---

① 邓煌发：《社区处遇之探讨》，来源于：http：//www. tosun. org. tw。

疗、心理辅导以及就业训练等。尽管居留方案的成效尚待进一步的评估，但此项方案被认为对某些犯罪人、特别是少年犯具有重要的作用。

3. 释放方案

释放方案主要适用于在监狱内服刑的罪犯，以减少监禁人口，促使罪犯早日接触社会，最终复归社会。从美国等西方国家的实践来看，这类方案均是一些中短期方案，包括监外就业、返家探视、中途之家、亲属同居等。

（1）监外就业

监外就业又称为工作释放，是一种让服刑罪犯白天或工作日离监到社区从事一定形式的自由劳动，晚上或周末回监狱服刑的开放式处遇制度。被允许监外就业的罪犯，通常被收容于开放式监狱，这类监狱无高墙铁栅，罪犯在其中生活享有高度自由。监外就业的主要功能在于降低服刑人将来复归社会时的困难，使其一俟释放就能立即投入工作，获得稳定收入以供养自己及其家庭。

（2）返家探视

返家探视是对在监狱服刑表现良好或家庭遭遇重大变故的罪犯，给予一定的假期，让其回家探视的制度。自由刑本来是对罪犯本人的刑罚，如果受刑人有家属，往往也连累家属遭受物质的损失和精神上的痛苦，形成“家属刑”。返家探视就是为了弥补自由刑的这种弊端而设，它有助于受刑人早日适应社会，维系家庭纽带。

（3）中途之家

中途之家（halfway house），又译为“重返社会训练所”，最初是由民间组织建立的收留刑释人员的过渡性住宿式机构。这类机构由宗教或慈善组织出资或集资，建立在社区内，为刚刚刑释的罪犯提供食宿，旨在帮助其提高环境适应能力，逐渐适应正常的社会生活，避免重新犯罪。

（4）亲属同居

亲属同居是指在符合法律规定的条件下，服刑人与配偶或直系血亲在指定住所和时间同居的制度。受刑人由于入监服刑，与家庭的联系及与配偶的性关系因而中断，为鼓励受刑人悔改迁善以及维系正常的亲情关系，一些西方国家设置了亲属同居制度。根据国外学者的看法，亲属同居制度有助于改善受刑人与家庭的联系，缓和监狱内同性恋现象，疏减监管人员与受刑人之间的紧张状态，以及减少受刑人与社会的隔离程度。

（二）社区处遇的新进展：中间制裁

中间制裁措施，是一种介于缓刑与监禁之间的社区矫正措施。中间制裁能得以发展，是为了缓解监狱的拥挤状况以及满足社会公众对于新的矫正替代形式的要求。中间制裁措施被认为在惩罚与矫治之间表现得更为平衡，所以许多支持者认为它是文明社会中最好的刑事制裁方法，被认为是社区矫正制度发展的新境界。中间制裁措施包括强化的监督、家庭监禁和电子监控。

1. 强化的监督

强化的监督是中间制裁措施中使用最为广泛的形式，它对适用社区矫正项目如缓刑、假释的罪犯等进行紧密的监控，俾以确保这些人不致再犯。在实务上强化的监督也可作为服刑人释放的条件。强化的监督可分为两类：一是强化的缓刑监督，这是对缓刑犯罪人给予特别监视和监督的一种监禁替代措施。虽然目前美国有各种不同形式的强化的缓刑监督，但归纳起来主要有三种形式：（1）把强化的缓刑监督作为从监狱提前释放的一种机制，美国新泽西州就采用这种形式；（2）对于应该收监执行监禁刑的罪犯使用的一种可靠的替代性剥夺犯罪能力形式，美国佐治亚州和伊利诺斯州就是如此；（3）对高危险缓刑犯实行严密控制和监视的一种案件管理工具，美国马萨诸塞州就推行这种形式。[①] 二是强化的假释监督，这是对社会危险性较大的假释人员采取比一般假释更为严格的监督。

① Richard Will, "Intensive supervision probation", in Michael Tonry and Kate Hamilton (eds.), Intermediate sanctions in overcrowded times (Boston: Northeastern University Press, 1995), p. 90.

采取的措施主要是：增加假释人员的报告次数，更严格地限制他们的活动区域，工作人员对假释人员有更多的控制权，另外还附加一些更为先进的监控手段，如电子监控或家庭监禁等。强化的假释监督始于1983年的新泽西州，近年来，由于监狱的拥挤状况令人堪忧，财政支出过大，美国对运用强化的假释监督来替代监禁更为重视。近期美国一个全国性的对强化的假释监督的研究表明：假释的强化监督的重犯率略高于一般的缓刑，但是低于一般的假释。可见，强化的假释监督收到了决策者的预期效果。①

2. 家庭监禁

家庭监禁（home confinement），是指将服刑者限制在家中活动，不准外出。家庭监禁一般适用于危险性较小并有相对稳定的住所的罪犯。在美国，按照对罪犯的限制程度从低到高，家庭监禁顺次可分为三类：最低程度的限制是宵禁，要求犯人每天晚上必须待在家中；第二类是家中限制，允许罪犯白天因工作、上学、宗教活动和咨询的会议离开住所，其他时间都必须在家中；第三类是家庭监禁，要求罪犯除了特别的情况如医疗的或法律的约定外，在所有的时间里均在家中。②

3. 电子监控

电子监控（Electronic Monitoring），是一种新型的遥感监控技术。它通过技术对时间上的安排，查证犯罪人的所在方位，其主要目的是结合宵禁与家庭监禁，以追踪、确认服刑人的顺从程度。由于电子监控器通常佩戴在社区处遇对象的脚踝部，故又形象地称之为电子脚镣。电子监控措施可分为主动式与被动式两种：前者以连续追踪发生确认犯罪人所在，容许其工作、上学等经批准的活动，电脑能随时记载犯罪人的活动情况；后者的功能是观护人可随时呼叫犯罪人，以定位其行踪。矫正对象收到信号后，须立即将发信器

① 刘强编著：《美国社区矫正的理论与实务》，中国人民公安大学出版社2003年版，第135～136页。

② 刘强编著：《美国社区矫正的理论与实务》，中国人民公安大学出版社2003年版，第142页。

放入收信器内，或利用此系统回答问题，定期检视其未回应的记录。[①]

第二节 我国社区处遇制度的法律规制及其完善

一、管制

管制，是我国刑法中的一种主刑，是指由人民法院判决，对犯罪人不予关押，但限制其一定自由，交由社区矫正机关监督考察的刑罚方法。

管制，是我国独创的一种刑罚方法，也是我国刑罚体系中唯一的限制自由刑。它的存在和适用，可以避免监禁刑的负面效应，降低行刑成本，因而它符合世界行刑的开放化、社会化和谦抑化趋向。

（一）管制的适用条件

管制的适用受制于三方面条件：犯罪的社会危害性、犯罪人的人身危险性和客观环境[②]：

1. 社会危害性

管制只能适用于社会危害性较小、起刑点较低的犯罪。从刑法分则条文看，规定可以选择适用管制刑的多数为 3 年以下有期徒刑的犯罪，少数为 5 年以下有期徒刑的犯罪。

2. 人身危险性

一般认为，管制适用于有一定的危险性，但又不必关押的犯罪人。管制刑处遇对象的人身危险性包含二层含义：一是人身危险性较小，二是尚具有一定的人身危险性，不能判定其不再重新犯罪。因而，虽不必关押，但又需要对其限制一定的自由。

3. 处遇的外部环境

受第二个条件的制约，管制刑的适用还须具备较好的外部环境：坚实的群众基础、良好的社会治安状况以及必要的促进管制犯

---

① 蔡德辉、林健阳主编：《犯罪矫治：问题与对策》，台北五南图书出版公司 1997 年版，第 314～315 页。

② 阎少华：《管制刑研究》，吉林人民出版社 2005 年版，第 79～85 页。

再社会化的配套设施。

（二）管制的内容

管制作为一种刑罚方法，其必须具有刑罚的特质——惩罚性。为体现管制的惩罚性，《刑法》第39条对管制犯在管制期间的处遇规定了两方面的内容：

1. 遵守事项

管制犯在服刑期间，应当遵守下列规定：（1）遵守法律、行政法规，服从监督；（2）未经执行机关批准，不得行使言论、出版、集会、结社、游行、视为自由的权利；（3）按照执行机关的规定报告自己的活动情况；（4）遵守执行机关关于会客的规定；（5）离开所居住的市、县或者迁居，应当报经考察机关批准。

2. 禁止事项

《刑法修正案（八）》增加了法院对管制犯附设禁止令的规定。2011年4月28日，“两高”、“两部”发布《关于对判处管制、宣告缓刑的犯罪分子适用禁止令有关问题的规定（试行）》，对禁止令的规范适用进行了细化。

（1）禁止从事特定活动

①个人为进行违法犯罪活动而设立公司、企业、事业单位或者在设立公司、企业、事业单位后以实施犯罪为主要活动的，禁止设立公司、企业、事业单位；②实施证券犯罪、贷款犯罪、票据犯罪、信用卡犯罪等金融犯罪的，禁止从事证券交易、申领贷款、使用票据或者申领、使用信用卡等金融活动；③利用从事特定生产经营活动实施犯罪的，禁止从事相关生产经营活动；④附带民事赔偿义务未履行完毕，违法所得未追缴、退赔到位，或者罚金尚未足额缴纳的，禁止从事高消费活动；⑤其他确有必要禁止从事的活动。

（2）禁止进入特定区域、场所

①禁止进入夜总会、酒吧、迪厅、网吧等娱乐场所；②未经执行机关批准，禁止进入举办大型群众性活动的场所；③禁止进入中小学校区、幼儿园园区及周边地区，确因本人就学、居住等原因，经执行机关批准的除外；④其他确有必要禁止进入的区域、场所。

（3）禁止接触特定的人

①未经对方同意，禁止接触被害人及其法定代理人、近亲属；②未经对方同意，禁止接触证人及其法定代理人、近亲属；③未经对方同意，禁止接触控告人、批评人、举报人及其法定代理人、近亲属；④禁止接触同案犯；⑤禁止接触其他可能遭受其侵害、滋扰的人或者可能诱发其再次危害社会的人。

（三）管制刑存在问题及其完善

1. 管制刑存在的主要问题

（1）管制刑惩罚性的“虚置”

尽管《刑法修正案（八）》增设的禁止令规定对于强化社区处遇的惩罚性起到了一定的作用，但管制刑内容在处遇实践中“虚置”的问题并没有得到根本改观。主要表现在《刑法》第39条规定的5项遵守事项，内容较为空泛，缺乏刑罚的可感性。理由是：“遵守法律、行政法规”根本体现不出惩罚性，因为遵纪守法是每个公民的应尽义务，又何况是罪犯？“未经执行机关批准，不得行使言论、出版、集会、结社、游行、示威自由的权利”。这一条虽然体现出对管制犯某些权利的限制，但细细推敲，这种限制缺乏刑罚的可感性。因为，公民在行使宪法赋予的上述6项自由权利时，也要受到某种限制，况且公民在行使集会、结社、游行、示威自由的权利时，也要报经有关部门批准。如此看来，这一项内容对管制犯也起不了多大的惩罚作用；要求罪犯报告自己的活动情况、遵守会客的规定以及迁居、外出必须经执行机关批准3项，除了在手续上给罪犯带来一些不便外，也无多大的约束作用。此外，《刑法修正案（八）》增设对管制犯和缓刑犯的禁止令后，各地法院积极适用禁止令。总体而言，禁止令的适用基本符合立法的初衷，但在针对性和执行力方面也暴露出一些问题。例如，有的禁止令禁止处遇对象酒后进入公共场所、禁止上网。这样的禁止令在实践中很难得到执行，导致禁止令内容的虚置化。

（2）管制刑强制性的“软化”

现行管制刑的惩罚性内容已显不足，但在现实中，就连这样轻的惩罚性内容也缺乏应有的执行保障。法律只规定管制犯应遵守的事项，至于受刑人违反这些行为规则如何处置却没有相应的规定，管制的考察形同虚设，刑罚的意蕴无法实现。

2. 管制刑的完善

（1）强化管制刑的惩罚性

针对管制内容“虚置”以及惩罚性不足的缺憾，有必要增加管制的惩罚性内容，以强化其惩罚性。具体设想是：

①增加社区服务或公益劳动的义务。吸收英美国家社区服务刑的合理内核，在《刑法》第 39 条第 1 款管制犯应遵守的事项中增加参加社区服务或公益劳动的内容。同时，取消第 2 款关于“对于被判处管制的犯罪分子，在劳动中应当同工同酬”的规定。这样规定，其好处有三：一是可以体现对犯罪人的惩罚，增强管制刑的惩罚力度；二是方便群众对管制犯的监督，因为服刑人参加的这类公益活动，是周围群众看得见的，群众对服刑人在管制期间的表现进行监督就有了载体；三是通过无偿提供公益劳动，能使受害人和社会得到实实在在的补偿。

②适当增加管制犯的经济负担。适当附加管制犯一定的罚金和赔偿，以便对犯罪人进行经济上的制裁，同时也是给社会和被害人造成损失的一种补偿。

（2）增设管制易科制度，体现管制执行的强制性

针对管制执行刚性不足的弊病，学者们积极建言献策，主要有三种观点[①]：一是延长管制刑期说，认为凡在管制期间不遵守有关事项，情节恶劣，经执行机关查证属实的，可由人民法院决定，适当延长原判管制刑期；二是易科社区服务，认为对于违反遵守事项，情节恶劣，应当撤销管制，折处社区服务刑，1 天管制折抵 4 小时社区劳动；三是易科拘役刑，认为对于逃避管制刑或严重违反管制刑内容的，法院可将剩余刑期易科拘役刑。笔者认为，第一种做法实际上是一种加刑，与我国现行刑法不符，故缺乏可行性。

---

① 刘强主编：《社区矫正制度研究》，法律出版社 2007 年版，第 309 页。

比较可行的是后两种做法，对于违反管制遵守事项或禁止事项，情节严重的，可酌情将管制易科社区服务或拘役刑。这样，管制执行刚性不足、流于形式的痼疾就能得到有效根治。

二、缓刑

缓刑是最典型的社区处遇措施之一。缓刑是对被判处短期自由刑的犯罪人，在其符合法定条件的情况下，于一定的考验期内附条件地不执行原判刑罚的一种制度。其特点是：虽判处一定的刑罚，但暂不执行，在一定期间内保留执行的可能性。对于罪犯而言，缓刑体现了国家对其的恩赐，使其免受监禁的痛苦；但同时，原判刑罚如一把达摩克利斯之剑高悬于缓刑犯之头顶，提醒其时刻保持自律，约束自己的行为，从而把缓刑犯的行为导入行刑处遇机关预设的轨道，实现处遇的目的。缓刑在抗制犯罪的刑事政策中扮演了重要的角色，被认为是刑罚、保安处分之外抗制犯罪的第三根支柱，是“特种的刑罚手段”。

我国 1979 年《刑法》第 67 条至第 70 条对缓刑的适用条件、考验以及撤销作出了具体规定，1997 年《刑法》修订时，对缓刑的考察事项、法律后果等作了较大修正，使缓刑制度更趋完善。但美中不足之处是，这次修订并没有涉及缓刑适用的实质性条件，原规定过于原则、笼统的弊病仍然存在。及至《刑法修正案（八）》，对缓刑适用的条件、缓刑监督、缓刑的执行以及后果等方面进行了全方位的修正，缓刑制度得到了进一步的完善。

（一）缓刑的适用条件

1. 缓刑的对象条件

就其性质而言，缓刑是附条件不执行原判刑罚的刑罚制度。适用缓刑的结果，是犯罪人无须收监执行，而是放在社区进行矫治。如果缓刑犯平稳度过考验期，原判刑罚就不再执行。可见，缓刑是对罪犯的一种宽宥处遇。为确保社区的公共安全，缓刑的对象必须被限定在所犯罪行较轻、人身危险性较小的犯罪人。而罪行的轻重以及人身危险性的大小与刑期长短是相适应的。因而刑事法学者把缓刑看作是短期自由刑的替代措施。故此，我国《刑法》第 72 条规定，缓刑适用于被判处拘役、3 年以下有期徒刑的犯罪人。这样规定，是与缓刑的性质相宜的。同时，《刑法修正案（八）》对符合缓刑条件的特殊对象作出特别规定，明确规定对符合缓刑条件的不满 18 周岁的人、怀孕的妇女和已满 75 周岁的人，应当宣告缓刑。缓刑对象中的上述 3 类人属于较为特殊的群体：不满 18 周岁的人，其身心发育尚未完全成熟；怀孕的妇女，则处于孕育孩子的特殊时期；已满 75 周岁的人，年老体衰，再犯可能性较小。基于上述 3 类对象的特殊性，本着人道主义精神，应当给予特殊的体恤和处遇。

2. 缓刑的实质条件

1979 年《刑法》将缓刑的实质条件表述为“根据犯罪分子的犯罪情节和悔罪表现，认为适用缓刑确实不致再危害社会”。1997 年《刑法》修改时，面对缓刑适用的实质条件，存在两种不同的观点：有些学者认为这一规定过于抽象，应当把适用缓刑的条件，在立法上规定得明确具体些，增加可操作性，以减少适用上的保守性或随意性。为此，他们建议在刑法条文中列明应当宣告缓刑的具体情形：（1）正当防卫或者紧急避险超过必要限度的；（2）丧失危害社会能力的聋哑人、盲人和其他病残者；（3）犯罪中止的；（4）犯罪后自首并有立功表现的；（5）被胁迫参加犯罪、初犯，且主观恶性不大的未成年犯罪人。另有学者认为，把适用缓刑的条件规定得太具体了，一不能穷尽所有情形，二使立法失去其前瞻性和操作上的灵活性。加之上述情形虽然其中有的是宣告缓刑可以考虑的情形，但总体上看容易把对犯罪人的量刑情节与适用缓刑的执行情节合二为一或重复使用，同时容易使宣告缓刑和监外执行这两种执行制度相混淆。① 最终立法机关没有接受缓刑实质条件应当进一步细化的建议，而是保留了 1979 年《刑法》的规定。立法规定的粗疏，导致司法实践中缓刑裁量不易操作的难题。鉴于此，近年来，刑事法学者和实务工作者继续呼吁完善缓刑的立法规

① 周道鸾：《刑法的修改与适用》，人民法院出版社 1997 年版，第 194 页。

定，这种努力终于在《刑法修正案（八）》中部分得到体现。修订后的《刑法》第72条将缓刑适用的实质条件规定为四项：一是犯罪情节较轻；二是有悔罪表现；三是没有再犯罪的危险；四是宣告缓刑对所居住社区没有重大不良影响。尽管《刑法修正案（八）》对适用缓刑的实质条件的规定仍然比较原则，有进一步细化的必要，但较之先前的规定则有了明显的改进。这种改进体现在两个方面：首先，修改了先前较为生硬的立法用语。缓刑适用的关键因素是犯罪人人身危险性的消失，这就需要法官在判决前对犯罪人的再犯可能性进行预测。而大凡预测仅仅只是一种主观判断，不可能百分之百准确无误，需要冒一定的风险。但原规定"确实不致再危害社会"的措辞，不仅过于绝对，而且还可能使人产生这样的联想：如果缓刑犯在考验期内再次犯罪，就"反证"了当初作出缓刑判决是错误的。立法用语的不当，在一定程度上抑制了法官适用缓刑的积极性，导致了我国司法实践中缓刑适用的保守倾向。为此，《刑法修正案（八）》将"确实不致再危害社会"的绝对化表述修正为"没有再犯罪的危险"。虽然在《刑法修正案（八）》起草和审议过程中，有意见认为本条规定的"没有再犯罪的危险"主观性太强，但立法机关经研究认为，适用缓刑的基本要求是犯罪人不再具有社会危害性，对于犯罪人是否仍具有社会危害性，并没有绝对客观的、确定性的判断标准，只能交由法官根据个案情况判断。法官应根据案件和犯罪人的具体情况，综合各方面因素考虑，如果认为犯罪人的人身危险性低，不具有再犯罪的动机或者可能性，即可认为"没有再犯罪的危险"。[①] 因此，较之"确实不致再危害社会"而言，"没有再犯罪的危险"的立法表述语气显得平缓，在一定程度上可以解除法官适用缓刑的紧张心理。其次，考量了缓刑适用与社区安全的关系。缓刑制度出于罪犯再社会化、避免监狱化和行刑经济的刑事政策考量，将过去放在封闭的监狱设施内予以惩治和矫正

① 全国人大常委会法制工作委员会刑法室编：《〈刑法修正案（八）〉条文说明、立法理由及相关规定》，北京大学出版社2011年版，第41页。

处遇的受刑人置于完全自由的社区环境中予以矫治，它完全改变了人们传统观念中业已形成的犯罪人行刑处遇的认知，难免给人以放虎归山的感觉。因此，法院在适用缓刑时，必须斟酌考量社区公众特别是被害人对该受刑人的态度以及如果适用缓刑处遇可能出现的情绪反应。① 为此，《联合国非拘禁措施最低限度标准准则》（《东京规则》）敦促会员国在加大适用非拘禁处遇的同时，强调“应力求在罪犯的个人权利与受害者的权利和社会对于公共安全和预防犯罪的关注之间达到妥善的平衡”。《刑法修正案（八）》增设的“宣告缓刑对所居住社区没有重大不良影响”的条款，就是我国在遵守《东京规则》方面所作的立法努力，也是缓刑适用中注重社会公众的情绪反应，增强社区居民安全感的重要举措。

3. 缓刑的排除条件

《刑法》第 74 条规定：“对于累犯和犯罪集团的首要分子，不适用缓刑。”该规定之所以将累犯与犯罪集团的首要分子排除在缓刑的适用范围之外，是因为累犯屡教不改，主观恶性深、人身危险性大，与缓刑的性质不符，适用缓刑难以防止其再犯。犯罪集团的首要分子是指组织、领导犯罪集团进行犯罪活动的犯罪分子。“考虑到犯罪集团的首要分子在犯罪集团中起组织、领导作用，这类犯罪集团经常多次犯罪，有些犯罪行为性质恶劣，对社会危害严重，犯罪集团的首要分子主观恶性极大，需要依法予以严惩，如果构成犯罪，即便被判处三年以下有期徒刑，也不能适用缓刑，应当予以实际执行。”②

（二）缓刑的监督考验

缓刑的监督考验是促使犯罪人悔过自新，从而实现缓刑制度设立宗旨的重要环节。缓刑考验制度的设置是否科学合理，直接影响到缓刑的效果。现行刑法对缓刑考验的内容作了两方面的规定：

---

① 梁根林：《刑事制裁：方式与选择》，法律出版社 2006 年版，第 237～239 页。

② 黄太云：《刑法修正案（八）解读》，载《人民检察》2011 年第 6 期。

1. 遵守事项

《刑法》第75条规定，缓刑犯在缓刑期间，应当遵守下列规定：(1) 遵守法律、行政法规，服从监督；(2) 按照考察机关的规定报告自己的活动情况；(3) 遵守考察机关关于会客的规定；(4) 离开所居住的市、县或者迁居，应当报经考察机关批准。

2. 禁止事项

《刑法修正案（八)》增加法官对宣告缓刑的犯罪人可以附加禁止令的规定，作为《刑法》第72条第2款："宣告缓刑，可以根据犯罪情况，同时禁止犯罪分子在缓刑考验期限内从事特定活动，进入特定区域、场所，接触特定的人。"在法院宣告的缓刑判决中对缓刑犯附带处置措施，是世界各国的一种行之有效的立法例。在缓刑考验内容中增加禁止事项，有针对性地对缓刑犯进行一定的约束，主要是为了确保缓刑犯免受不良环境或消极因素的影响，防止其再次犯罪。禁止令由法官针对缓刑犯的犯罪情节轻重及主观恶性大小等情况作出要求，以此体现处遇个别化。禁止令的内容包括三种类型：一是禁止从事特定活动，一般是指与原犯罪相关的活动，如与操纵证券、期货交易价格罪相关的股票交易、期货交易活动；与交通肇事、危险驾驶犯罪有关的驾车活动；与信用卡诈骗罪有关的申领、使用信用卡活动；与寻衅滋事、醉酒驾车等犯罪相关的饮酒活动；与赌博、开设赌场犯罪相关的赌博活动等。二是禁止进入特定区域、场所，一般是指原犯罪的区域、场所，以及易引发犯罪的区域、场所，如娱乐场所、游戏厅、酒吧等。如2011年5月10日，江苏省扬州市广陵区法院少年庭在审理一被告人盗窃案件中，在判处其有期徒刑1年、缓刑2年的同时，禁止该被告人在缓刑考验期内进入网吧、禁止在每天23时后逗留在住所、工作场所以外的地方。三是禁止接触特定的人，此处"特定的人"一般是指与原犯罪行为相关联的被害人及其近亲属、证人，也包括易诱发犯罪的不良素行者。如2011年5月3日，江苏省南通市港闸区法院发出《刑法修正案（八)》生效后江苏省首份禁止令，禁止一犯盗窃罪的被告人1年内与有盗窃前科的人交往。[①]

从缓刑监督考验内容看，《刑法》第72条第2款是禁止性规定，第75条是命令性规定。完整的缓刑监督考验内容还应当包括义务性规定——犯罪人承担因犯罪而致的民事性义务。如我国台湾地区“刑法”第74条第2项规定：法官宣告缓刑时，得斟酌情形，命犯罪行为人向被害人道歉、立悔过书、向被害人支付相当数额之财产或非财产上之损害赔偿、向公库支付一定之金额、提供40小时以上240小时以下之义务劳动、完成戒瘾治疗、精神治疗、心理辅导等处遇措施，以及执行保护被害人安全或预防再犯之必要命令。笔者建议将来《刑法》修订时或《社区矫正法》立法时，可考虑借鉴我国台湾地区的这一立法规定，增加缓刑犯在缓刑期间的义务性规定，从而使禁止性规定、命令性规定与义务性性规定三位一体，共同构筑缓刑监督考验制度。

三、假释

假释是联结监禁处遇和社区处遇的桥梁。在国外，假释是累进处遇的最高阶段，同时又是取得社区处遇的“入门券”。由于假释适用的条件和程序在第五章已进行充分阐述，本节仅就假释的社区处遇相关内容进行论证。

我国台湾地区学者林纪东先生指出：“要把假释制度运用得好，有赖于事先精密的审查，和事后适当的管束。”这里所谓“事后适当的管束”就是对假释犯的监督考验。为了加强对假释犯的监督考验，使其能平稳地度过考验期，我国《刑法》和《刑法修正案（八）》对假释考验制度都作了完善规定，使假释的执行和管理朝着规范化和科学化方向迈进了一大步。但毋庸讳言，现有假释考验制度仍然存在一定的不足，需要予以完善。

（一）假释犯的监督考察

我国学者把各国立法对假释犯在考验期内遵守条件和义务分为

① 两份判例均参见陈姗姗：《“限行为令”江苏已有多个判例》，载《扬子晚报》2011年9月2日。

禁止性规定、命令性规定和义务性规定。其中禁止性规定是立法者在相关法律中明确规定假释犯在假释期间不得为某些行为；命令性规定是要求假释犯必须为某些行为；义务性规定则要求假释犯履行某些民事义务，以补偿受害人或社区。[①] 反观我国《刑法》的规定，仅在《刑法》第 84 条规定假释犯应当遵守的事项：遵守法律、行政法规，服从监督；定期报告自己的活动情况；遵守会客的规定；离开所居住的市、县或迁居，应报经监督机关批准。从内容上看，上述四项规定属于命令性规定。因此，姑且不论这些命令性规定本身存在的粗疏缺憾，仅就总体而言，我国假释监督考察内容欠缺禁止性规定和义务性规定。因此，为确保假释犯保持善行计，需要增加对假释犯的禁止性规定和义务性规定。（1）增设禁止令。《刑法修正案（八）》增加了对管制犯和缓刑犯的禁止令规定，但没有对假释犯作出如此规定，这不能不说是一种缺憾。为此，可参照《刑法修正案（八）》的规定，假释委员会在宣告假释时，可根据犯罪情况和服刑表现，同时禁止犯罪分子在假释考验期限内从事特定活动，进入特定区域、场所，接触特定的人。（2）增设一定的义务性规定。我国学者吴宗宪教授在比较中外假释犯监督考察内容后指出：现行《刑法》对于假释犯法律义务的规定，仅限于限制其行动的内容，而没有督促假释犯参加必要的矫正活动的内容。因此，在未来修改刑法时，应当考虑增加督促假释犯参加必要的矫正活动的内容。[②] 具体可根据不同罪犯的个体情况和需要因人而异地加以规定：（1）对于有吸毒史的罪犯参加戒毒治疗；对于精神异常者参加医学或精神病学治疗；（2）参加法律教育活动，参加规定的学习课程或者职业培训；（3）根据罪犯的经济能力，要求其赔偿被害人全部或部分因犯罪所致的经济损失；（4）每周参加一定时数的公益劳动或社区服务等。

---

① 柳忠卫：《假释制度比较研究》，中国人民大学 2004 年博士学位论文，第 164～165 页。

② 吴宗宪：《社区矫正制度比较研究》，中国人民大学出版社 2011 年版，第 262 页。

（二）假释犯的更生保护

假释犯是权利状况特殊的社会群体，他们在通过社区矫正的途径回归社会以后，面临着来自社会的多重排斥，遭遇“心理适应”、“就业适应”、“人际适应”三大问题。社会学上将假释犯的这种困境称之为“社会性失权”，即假释犯因其犯罪以及被法律剥夺自由权而留给他的人生印记，并由此而回到社会时面临的失权状况，表现为生活无着落、普遍存在社会孤立感、自卑感和无助感。[①] 需要关注的是，假释犯群体在经历长期的封闭性监禁回归社会以后，在双重的失权——“法律失权”和“社会性失权”的作用和压力下，已经逐渐显现出经济利益的贫困性、社会质量的低层次性、承受力脆弱性的特殊社会群体的特征。一旦他们的需求没有得到满足，就可能爆发各种危机，最终重新犯罪，成为影响社会安全、和谐的重大隐患。[②] 为此，社区处遇机构在对假释犯进行监督考验的同时，还需要针对每个假释犯面临的问题点和失权状况提供心理、物质和生活技能等方面的必要辅导和援助。我国学者王利荣教授提议建立类似国外的中途住所，为那些确有困难的假释人员提供 1 至 3 个月的栖身之地和必要衣食，以帮助其度过出狱后最难熬的阶段。设置中途住所，仅是财政支持的转向，并不需要政府额外投入。在重庆，按常规年份判处 3 年有期徒刑以上的人数计算，为其中部分假释人员提供中间场所的年度支出要明显少于对一个 3000 人关押量的中型监狱的年财政保障，它的回报却非后一投入可予并论。而且政府每年拨付监禁人的生活费用如果随假释转入中间场所，也不过是在合理改变财政投入。[③] 总之，对假释犯提供更生保护措施，能促使假释犯尽快走出心理阴影，增强适应社会的信心，实现犯人与

---

① 周湘斌：《社会工作充权视角下的释犯社区矫正政策分析》，载《北京科技大学学报》2005 年第 4 期。

② 金碧华：《对社区矫正假释犯在社会保障方面的社会排斥问题研究》，载《社会科学》2009 年第 3 期。

③ 王利荣：《社区矫正应向何处去》，载陈兴良主编：《刑事法评论》（第 26 卷），北京大学出版社 2010 年版，第 494 页。

社会的重新融合。

第三节　我国社区处遇实践的现状与前景

一、我国社区处遇实践的现状分析

与西方国家如火如荼的社区性处遇相比，我国当前的刑罚适用和罪犯处模式仍处在以监禁刑为主的阶段，无论在行刑理念、还是在行刑制度方面均存在明显的差异。20 世纪 90 年代以来，受行刑社会化国际性潮流的推动，我国部分学者开始关注并推介社区处遇。经过充分的理论论证之后，2003 年 7 月 10 日，最高人民法院、最高人民检察院、司法部、公安部联合下发了《关于开展社区矫正试点工作的通知》（简称《试点通知》），确定北京、天津、上海、江苏、浙江、山东 6 省（市）作为我国首批开展社区矫正试点省份。2005 年 1 月，又确立了 12 个省（市、区）为社区矫正试点单位。2009 年 9 月 2 日，在总结第一批试点省份开展社区矫正成功经验的基础上，"两高"、"两部"又联合下发了《关于在全国试行社区矫正工作的意见》，社区矫正试点范围进一步扩大到全国 18 个省（市、区）。截至 2010 年底，全国 31 个省（市、区）有 258 个地（市）、1998 个县（市、区）已全面开展社区矫正工作，乡镇（街道）覆盖面达 57%，北京等 11 个省（市、区）已经实现辖区全覆盖。全国累计接收社区服刑人员 57.7 万人，累计解除矫正 30.7 万人。在矫正期间再犯罪率仅为 0.21%，远低于在监狱服刑罪犯 8% 左右的再犯率。[①]

然而，社区矫正试点实践所宣示的矫正绩效并不能消除刑事法学者对社区矫正试点法律依据缺失的隐忧。因为前期社区矫正试点的主要依据主要是"两高"、"两部"的《试点通知》和司法部下发的《司法行政机关社区矫正工作暂行办法》，以及试点省份出台的地方实施细则。这些部门规章和地方实施细则，不仅位阶低，而

---

① 黄太云：《刑法修正案（八）解读》，载《人民检察》2011 年第 6 期。

且有些规定，如强制矫正对象参加社区公益劳动等，于法无据，而且与刑法规定存在冲突，难怪有些刑事法学者认为社区矫正试点做法有侵蚀法制之虞。为了规范社区矫正的运行，社会各界呼吁加快社区矫正立法进程，仅2011年全国“两会”期间要求制定“社区矫正法”的人大、政协提案就有15件之多。社会各界呼吁社区矫正立法的努力，终于在《刑法修正案（八）》中“修成正果”。社区矫正的“入典”，使得社区矫正不再仅仅是一种学术和政治吁求，而是为法律规则所确认的制度设计。对社区矫正的“入典”，我国著名刑法学家高铭暄教授给予了高度评价：《刑法修正案（八）》正式将社区矫正写入刑法，这使得社区矫正的实践正式获得了法律依据，将引起我国刑罚制度的彻底变革，为我国开放式刑罚处遇制度开启了良好开端，是我国法治建设中具有里程碑意义的重大事件。①

10年是一个重要的时间节点。在我国推行社区矫正整10年的时间节点上，我们欣喜地看到社区矫正取得的实践成效和立法成果，但在欣喜之余，也要认真反思社区矫正本土化实践中存在的问题。作为一种“舶来品”，社区处遇在我国还处在“试水期”，还存在一些亟须解决的现实问题，主要有：

（一）处遇对象的狭小化

社区处遇的对象，根据2003年“两高”、“两部”发布的《关于开展社区矫正试点工作的通知》（以下简称《通知》）和2009年颁行的《关于在全国试行社区矫正工作的意见》（以下简称《意见》）的规定，是被判处管制、被宣告缓刑、被暂予监外执行、被裁定假释，以及被剥夺政治权利并在社会上服刑的5种罪犯。对于上述五种对象，学术界和实务部门争议质疑较多的是被剥夺政治权利的罪犯。如有学者认为，“暂予监外执行、剥夺政治权利以及罚金刑由于其自身的特点而不宜列为社区矫正的对象”② 也有学者认

① 高铭暄、陈璐：《中华人民共和国刑法修正案（八）解读与思考》，中国人民大学出版社2011年版，第73～74页。

② 赵秉志：《我国刑事立法领域的若干重大现实问题探讨》，载《求是学刊》2009年第2期。

为，“被剥夺政治权利的监外服刑人不具有社会化行刑的条件”，故不宜作为社区矫正的对象。[①] 来自试点地区实务部门的反应是：对被剥权对象实行社区矫正比较难。[②] 笔者认为，剥夺政治权利是一种资格刑，而社区处遇是一种自由刑刑种或自由刑变更执行措施，二者在性质上难以兼容。将被剥权对象纳入社区处遇对象不仅与社区处遇特性不符，而且实际上增加了被剥夺政治权利对象的刑罚总量，如在实践中要求被剥权对象从事社会公益劳动，就遭到被剥权对象的抵制，因为刑法并没有规定被剥权对象需要参加公益劳动的义务。理论界与实务部门的反映得到了最高立法机关的呼应，2011 年生效的《刑法修正案（八）》吸收了来自学界和实务部门的意见，将剥夺政治权利的罪犯排除在社区处遇的对象范围。根据《刑法修正案（八）》第 2 条、第 13 条、第 17 条的规定，社区矫正适用对象仅限于被判处管制、被宣告缓刑和被裁定假释的罪犯。本来我国社区处遇的“入口”由于限制较多而较为窄小，经过《刑法修正案（八）》，我国社区处遇的对象范围将会进一步收缩。我国社区处遇对象过于狭小化，其直接后果是导致接受社区处遇的人员规模过小，制约社区处遇制度作用的发挥。正如有学者所评价：“对社区矫正对象范围进行过于严格的限制并不利于社区矫正制度的正常运行，不仅会导致出现‘制度浪费’，而且必将在未来成为严重阻碍该制度发展的‘瓶颈’。”[③] 笔者对此评价深以为是。

（二）处遇主体的二元化

根据 2003 年“两高”、“两部”的《通知》规定，社区矫正由司法行政机关牵头组织开展社区矫正试点工作，会同公安机关搞好对社区服刑人员的监督考察，组织协调对社区服刑人员的教育改造

---

① 康均心、杜辉：《对我国社区矫正适用范围的质疑》，载《辽宁公安司法管理干部学院学报》2006 年第 4 期。

② 徐凯：《浅议社区矫正工作中剥夺政治权利对象管理难》，载刘强等主编：《社区矫正理论与实务研究文集》，中国人民公安大学出版社 2009 年版，第 271～274 页。

③ 周折：《浅析目前社区矫正试点存在的问题》，载刘强等主编：《社区矫正理论与实务研究文集》，中国人民公安大学出版社 2009 年版，第 98 页。

和帮助工作。街道、乡镇司法所要具体承担社区矫正的日常管理工作。上述《通知》显然是为了顾及当时《刑法》关于刑罚执行机关的规定，因而规定了一个权责不明的混合主体。在社区矫正试点实践中，司法行政机关具体承担着处遇对象的监督、教育等职能，称之为社区矫正的“工作主体”；《刑法修正案（八）》修正之前，公安机关是刑罚执行机关，在五种处遇对象的刑罚执行中处于核心地位，是法定的“执法主体”。因此，“工作主体”与“执法主体”二元分离的处遇主体格局“虽然维护了现行法律的权威，但却将司法行政机关处于极其尴尬的地位。其在实际工作中承担着大量具体的工作，在实施监管措施时，却缺乏有效的强制管理手段”①。此外，处遇主体二元分离模式还会引起检察机关对社区处遇实施法律监督的困惑，即检察机关究竟应以执行主体即公安机关为监督对象，还是以工作主体即司法行政部门为监督对象，或以两者同时作为监督对象？监督对象的不明确，是导致社区处遇检察监督效能降低的重要原因之一。

（三）处遇机制的松散化

虽然我国开展社区矫正试点已近10年，各地在试点实践中探索社区矫正的运行机制和工作机制方面取得了一些初步成效。但毋庸讳言，我国目前的社区矫正已然处于一种分散模式的尴尬境遇，从控制技术的角度来考量，分散模式只是一种零散式的处遇方法，并未形成一种真正完善娴熟的处遇机制。表现在：（1）司法权运作的脱节。司法权随罪犯矫正系统的介入被认为是符合逻辑的事情，但在我国行刑权的运行机制中，司法权与行刑权几乎完全割裂。法官对管制刑、缓刑、假释的决定属于一个封闭式的过程，其按照起诉书中关于犯罪事实和量刑情节，依法对犯罪人定罪量刑。法官在作出刑事判决之后，很少关涉执行问题。所以，不管是监狱中的刑罚执行，还是社区处遇，司法权在判决前后都与之完全脱节，这就

① 崔会如：《论社区矫正组织体系的完善》，载刘强等主编：《社区矫正理论与实务研究文集》，中国人民公安大学出版社2009年版，第181页。

造成了刑罚权流水作业的运作。(2) 执行权主体的虚置。对于符合内在逻辑系统的监狱行刑而言，它是一个精妙而复杂的罪犯处遇机制。而对于刑罚执行主体的公安机关而言，它既没有形成一整套完善的执行制度，更没有形成一个所谓精妙而复杂的处遇机制。对社区处遇对象的执行，表现在刑法对缓刑、假释、管制应遵守事项的监督考察，在这种粗放式的执行方式中，公安机关既和前期的司法活动或监狱行刑处于几乎完全割裂的境遇，又在众多职能集于一身的职能体系中完全体现不了专业行刑的相应专业技巧。(3) 社会内处遇在行刑结构中处于次生位置。社会内处遇与设施内处遇构成一个国家对罪犯控制的总和。囿于我国特殊的刑罚文化传统，目前社会内处遇处在依附于设施内处遇的尴尬境地。对罪犯的社区处遇，本身就是零散的控制技术，不要说无法形成有机配合的机制，连有效的处理方法都无法提及。在一个高度强调安全的控制社会，法官在对轻罪案件的处理中，因为刑法文本关于缓刑和管制刑本身内容的过于简单，一方面难以形成对社区处遇方法的信任，另一方面社区处遇本身无法形成一种有效的惩罚机制，所以法官对于社区刑罚的选用非常谨慎。①

二、我国社区处遇实践的发展前景

在发现了我国社区处遇实践存在的主要问题之后，接下来该做的就是研究对此进行改革和重新设计的问题。立足本国现实，提升社区处遇的实践绩效，无疑是设计我国社区处遇未来规划时应取的立场。

(一) 处遇对象的扩大化

目前，我国社区处遇的对象范围过于狭窄。社区处遇“入口”狭窄，必然会在未来制约我国社区处遇的发展规模，从而影响社区处遇的实践绩效。为此，应当在现有处遇对象的基础上适当扩大社区处遇的适用范围。

① 参见刘崇亮:《对我国社区矫正模式的反思》，载《江西社会科学》2012 年第 3 期。

1. 拓展社区处遇对象应考虑的因素

一方面，走出犯罪圈，以整个预防违法犯罪体系作为选择范围。我国学者王平教授曾指出，如果不将刑罚、劳动教养、治安处罚通盘考虑，中国的社区矫正终究走不远。因为我国历史形成了刑罚、行政处罚共同构成的预防打击违法犯罪的二元体系。由于该二元体制的存在，其他国家适用社区矫正的轻罪行为，在我国只适用治安处罚和劳动教养。从社区处遇制度的长远发展计，如果仅在犯罪和刑罚的范围内适用社区处遇，必然会造成社区处遇适用范围的狭小甚至错位。因此，走出犯罪圈，以整个预防违法犯罪体系作为社区处遇对象的选择范围，应当是未来指导我国社区处遇对象拓展的战略思路。

另一方面，兼顾犯罪人处遇的系统性、延续性和衔接性。犯罪人处遇是一个系统工程，涉及司法处遇、监禁处遇和社区处遇等一系列环节，同时也涉及犯罪人与被害人、所在社区以及社会的关系问题。因此，在考量我国社区处遇对象的拓展问题时，要兼顾社区处遇与司法处遇、监禁处遇之间的延续和衔接问题，力求在罪犯的个人权利与受害者的权利和社会对于公共安全和预防犯罪的关注之间达到妥善的平衡。

2. 拓展社区处遇对象的具体规划

鉴于我国目前社区处遇对象过于狭窄的弊病以及学者们提出的走出犯罪圈的呼吁，未来我国社区处遇的内涵和外延都应当拓展。就内涵而言，应当强调社区处遇的福利性、社会工作性；就外延来说，应当将社区处遇拓展至一切以社区为基点的处遇方案。① 依据上述思路，我国社区处遇对象的扩展可分为“两步走”规划：第一步，近期规划：扩大假释的适用。在《刑法修正案（八）》规定的社区处遇的三类对象中，管制的适用率偏低，笔者根据《中国法律年鉴》刊载的2002年至2009年“全国法院审理刑事案件被告人判

① 何显兵：《社区矫正若干疑难问题研究》，载刘强等主编：《社区矫正理论与实务研究文集》，中国人民公安大学出版社2009年版，第119～120页。

决生效情况统计表”进行了统计，2002年至2009年适用管制的人数占整个判决总数的比例分别是：1.41%、1.54%、1.63%、1.72%、1.81%、1.65%、1.79%和1.68%。多年来低于2%的判罚率，似乎提升管制的适用具有较大空间，但由于管制设置存在重大缺陷，管制刑实际上是一个欠缺惩罚内容的刑种。众所周知，惩罚性是刑罚的本质属性，离开了惩罚性的管制很难说是一个刑种，因而扩大管制适用具有制度的障碍。缓刑适用近年来一直保持较高比率，2002年至2009年全国法院适用缓刑占判罚率的比例分别是：16.59%、18.06%、20.11%、21.88%、23.23%、24.43%、24.69%和25.12%。尽管与国外的缓刑率相比，目前的缓刑适用率还有进一步提升的空间，但考虑到我国的定罪模式属于定性加定量的模式，起诉到法院的案件多半较为严重，此时有罪不罚得有充分理由，过度适用缓刑动摇责任刑法的根基，伤害社会报应犯罪的正当情感。[①] 而且在现行社区处遇对象中，缓刑犯占有绝对比例。笔者在镇江市京口区进行调研时了解到，该区现在册175名矫正对象中，缓刑人员137名，占全部矫正对象的78%。因此，在现有刑法框架下提高缓刑适用率并不现实。唯一的选择是加大假释的适用率，因为经过《刑法修正案（八）》的修正后，其原来桎梏假释适用的实质条件趋向合理化，加上假释的适用符合非监禁化的国际行刑潮流和宽严相济的刑事政策，因而假释的扩大适用既有刑事政策的支撑，也有刑事法律的保障。多年来我国假释适用率一直低于3%，提升假释的适用空间较大。为此，扩大假释适用应当成为近期拓展社区处遇对象的不二选择。第二步，远期规划：突破现有刑法框架，重新诠释社区处遇，“使其不仅只是一种行刑方式，还应当是独立的综合性的治理手段，不但帮助罪犯，也帮助违法者重归社会”。[②] 在这样的定位下，社区处遇的对象能涵括以下两类人员：

---

① 郝川、王利荣：《再谈社区矫正制度方案的调整》，载《社会科学战线》2011年第4期。

② 万菁、王利荣：《社区矫正制度化的若干建议》，载《河南司法警官职业学院学报》2005年第3期。

(1) 刑释人员。对于刑释人员而言，走出监狱并不是对其主观恶性矫正的结束。由于被隔绝于社会的环境，这类人对社会有一定的排斥和不适应，如果没有后续的跟进工作，这类人很可能又会重蹈覆辙，走上犯罪的道路。① 为了使监狱改造成果得到延续和巩固，有必要把刑释人员纳入到社区处遇的体系中来，由专门的矫正机构来落实刑释人员回归社会后的落户、安置、就业、帮教和管理，使他们能平稳地度过出狱后的困难期，最终顺利地回归社会。(2) 部分劳动教养人员。我国学者陈忠林教授指出，劳动教养这个“法律依据先天不足、运行机制有悖法治基本要求的制度必须进行彻底改革”。笔者认为，改革的思路之一就是把部分劳教人员纳入社区处遇对象范畴，即把具有轻微违法行为、不构成犯罪的所谓“刑法边缘人”适用社区处遇。“刑法边缘人”群体的产生，是因为犯罪定量标准设置不合理，在刑法和治安管理之间出现了一个空白地带，如对他们定罪则显得过重，适用治安管理处罚又过轻而形成的。对轻微违法行为人处置刑法化可以说是一个好办法。通过适当修订犯罪的定量标准，把轻微的违法行为轻罪化，并适用社区处遇。②

(二) 处遇主体的专业化

由哪个机关来执掌社区处遇的执行权？学术界存在不同的观点和声音：第一种意见认为应当由公安机关作为社区处遇机关；第二种意见认为应当由司法行政机关作为社区处遇机关；第三种意见认为应当建立一个全新的社区处遇机关。③ 笔者认为，由公安机关担当社区处遇机关并不合适。理由是：(1) 有违分工负责、相互制约的原则。根据国家权力配置模式，在刑事司法活动中，公安机关、检察机关、审判机关和司法行政机关分别行使侦查、起诉、审判和执行职责，四个机关分工负责、各司其职、相互配合、相互制约，

---

① 岳平：《我国社区矫正对象若干问题的探析》，载刘强等主编：《社区矫正理论与实务研究文集》，中国人民公安大学出版社 2009 年版，第 447 页。

② 张昕航：《试论社区矫正适用对象的完善》，载《中国司法》2006 年第 2 期。

③ 高铭暄、陈璐：《中华人民共和国刑法修正案（八）解读与思考》，中国人民大学出版社 2011 年版，第 81 页。

是实现依法治国方略、保障公正执法的重要保证。而在我国现行刑事执行体制中，公安机关集侦查、执行权力于一身，明显违反了分工负责、相互制约的原则，不利于公正执法目标的实现。（2）公安机关警力不足，难以有效开展执行工作。在我国，公安机关承担着极其繁杂的职能。由于警力有限，基层公安派出所实际上很难分出必要的精力从事非监禁刑的执行工作，致使相当多的非监禁刑服刑罪犯长期处于失控脱管状态而无人问津，使非监禁刑行刑活动形同虚设，刑罚效果无从实现。据调查，辽宁省本溪市本来应该依法严格管理的1300多名监外执行罪犯中，公安机关脱、漏管导致失控的竟然达931人，占总数的70%，这些失控的罪犯中重新犯罪的据不完全统计有34人。[①]（3）制约社区刑罚的扩大适用。非监禁刑执行中的监管不力、形同虚设的状况，引起了社会公众的强烈不满，社会舆论普遍认为管制是“不管不制”、假释是“放虎归山”。民众的呼声通过各种渠道汇集到审判机关，不可避免地对审判机关的审判活动产生影响。法院看到非监禁刑在实践中难以得到有效的执行，在审判中也就有意地少判或不判非监禁刑。这种恶性循环，一方面导致我国监狱拥挤、超押现象严重，另一方面致使我国社区刑罚的适用长期处于低迷状态。

对于第三种意见，笔者认为建立全新的社区处遇机关必将引起现行法律框架和行刑制度的重大调整，牵涉面太大，似乎并不现实，而且造成司法资源的浪费。比较可行的是由司法行政机关执掌社区处遇的执法权。因为较之公安机关，司法者行政机关在实施社区处遇方面具有更多的优势：首先，司法行政机关的工作面向群众、贴近基层，在动员社区力量、整合社区资源方面具有一定的基础。其次，司法行政机关在监禁刑的执行方面，已经积累了丰富的经验，将社区处遇纳入其工作范围，可以充分利用其在矫正领域的经验优势即人力资源，并且可以更好地实现监禁处遇与社区处遇的

---

① 郛焕庆、翟伟：《别让监外执行成为滋生司法腐败的“温床”》，来源于：http://www.sina.com.cn。访问日期：2013年5月2日。

衔接。最后，由司法行政机关承担对社区处遇的执行工作，是在国际范围内被证明了的科学、有效的工作方式。①

在解决了社区处遇执行权的归属问题之后，接下来需要探讨的是社区处遇执行机构和人员的配备问题。

1. 设置专门的社区处遇执行机构

在司法行政机关体系内部如何设置社区处遇执行机构，学者们见仁见智，观点不一。第一种观点认为应在司法部内设社区矫正局，与监狱管理局并立；第二种观点主张将社区刑罚的执行与监禁刑罚的执行有机结合起来，在司法部设置刑事执行总局，负责全国的刑事执行工作，在刑事执行总局下设监狱管理局与社区矫正局，分别负责监禁处遇与社区处遇的执行工作。这样设置的依据是：监禁刑与非监禁刑在执行上有许多相似之处，都包括对服刑人员的监管、改造以及帮助服刑人员回归社会的内容。而且社区处遇和监禁处遇具有操作程序上的接续性，如果将二者放在一个部门来管理，有利于它们工作之间的相互渗透和相互衔接，如果分成两个局进行管理，在具体运作过程中可能会引起两个机构之间的互相扯皮和推诿，既浪费行政管理资源，又造成行刑效益的低下。②

2. 构建专业的社区处遇执行队伍

在设置专业执行机构的同时，另一个需要着力解决的问题是如何配备专业的社区处遇执行人员问题。社区处遇专业人员是隶属于司法行政机关社区矫正部门的国家公务员。社区处遇专业人员除了具体负责辖区内所有社区处遇事务，包括社区刑罚的执行、组织官方和民间资源开展出狱人保护工作以及组织、协调社区参与监狱行刑社会化事务外，还要承担起组织和协调社区志愿者、民间团体开展矫正工作的任务。目前社区处遇专业人员十分缺乏，据司法部基层工作指导司统计，截至2009年底，全国各地从事社区矫正的司

① 崔会如：《论社区矫正组织体系的完善》，载刘强等主编：《社区矫正理论与实务研究文集》，中国人民公安大学出版社2009年版，第184页。

② 参见刘强：《我国社区矫正试点中的管理体制弊大于利》，载《法学》2005年第9期。

法所工作人员共有38471人，大专以上学历占83.1%。司法所平均仅2.5个编制，很多地方甚至存在1人所2人所。而且学历层次偏低，无法胜任社区处遇的专业性工作。作为权宜之计，有些试点省市采取由司法助理员和抽调的监狱司法警察组成专业矫正人员的做法。笔者认为，这一做法其实并不妥当，因为社区矫正是一项专业性、法律性和政策性很强的工作，不是简单的现有人员的拼凑就可以完成的，它需要具有专业的知识和技能的人员才能胜任。笔者建议借鉴国际上通行的做法，建立缓刑官、假释官、矫正官选任制度。我国每年培养的法科学生、研究生数以万计，每年通过司法考试者的数量也很可观，这些法律人才为建立专业化的社区处遇执行队伍奠定了坚实的基础。可以从中挑选一定数量专业基础扎实、热心犯罪人矫正事业的人员，经过短期培训后，担当社区处遇专职矫正官。

（三）处遇机制的科学化

"北美的刑事机制引导判决法庭来鉴别、选择和转处有资格获得监禁替代制裁措施的罪犯，其设计能够发挥实际作用的技术性指导，来选择危险性低的罪犯适用替代性监禁措施，而后又得到缓刑官或其他机构的支持，形成了一个较为成熟的治理系统。"① 反观我国的社区处遇，远未形成一个非监禁刑的治理系统，分散模式的诸多问题还有待完善。为此，应以《刑法修正案（八）》将社区矫正入刑为契机，总结各地试点的成功经验，借鉴欧美社区处遇的先进做法，构建一种和谐合作、衔接有序、高效顺畅的社区处遇"一体化"运行机制。

1. 构建专业人员与社会力量相配合的管理机制

当今世界，社区矫正管理模式存在"警务管理模式"与"专业管理模式"之分。由公安机关负责社区处遇执行的"警务管理模式"遭致众多学者的诟病，"专业管理模式"受到学者们的推崇。必须指出的是，"专业化管理"不是排斥非专业的社会力量的参与，

① 刘崇亮：《对我国社区矫正模式的反思》，载《江西社会科学》2012年第3期。

而是要借助和依靠社会力量来完成社区处遇的管理任务。因为，随着社区处遇对象的拓展，可以预见将有大量的罪犯在社区服刑和矫治，仅仅依靠专业的社区处遇工作人员是无法完成监督、管理工作的。为此，在专业化管理过程中，应最大限度地发挥社会力量协助管理主体对社区处遇对象进行教育、感化和帮扶，最终形成一个配合默契的有效机制。①

在社会力量的运用方面，民间志愿者是一支重要的力量。由于“我国的志愿服务尚处于发展的初级阶段，制约发展的各种因素和矛盾还普遍存在，如相对于我国庞大的人口基数，参与志愿服务的总体人数较少、参与程度低，组织化、规范化和专业化水平不高，激励机制不健全，缺乏资金保障和政策引导扶持等”②。因此，当务之急是建立一套征聘、培训、使用民间志愿者的制度，充分发挥民间志愿者在社区处遇中的不可或缺的作用。

首先，民间志愿者的素养。社区矫正是一项涉及罪犯监管、帮教和服务的专业性工作，这就要求民间志愿者具备较高的素养：（1）精神素养。对于从事志愿工作的民间志愿者来说，具备良好的精神素养尤为重要。在社区矫正志愿工作中，志愿者除了要具备一般志愿者应当具备的志愿精神外，还要拥有一颗宽容之心，要平等对待服刑罪犯，宽容、接纳服刑罪犯，以“助人自助”的理念感化服刑罪犯，帮助他们度过人生的低谷期，重新扬起生活的风帆。（2）知识素养。在知识储备上，民间志愿者应当具有一定的法学、社会学、心理学、行为科学等相关的专业知识，能正确解答社区服刑人员的咨询，针对他们的行为和心理问题提出切实有效的对策；（3）工作素养。民间志愿者应当“具有敏锐感知服刑人员病态行为”，并“通过劝说方式对犯罪人进行外部控制的能力”③；协调服刑人员与家庭、所在社区以及矫正机构之间的关系，增进服刑人员

---

① 刘崇亮：《对我国社区矫正模式的反思》，载《江西社会科学》2012年第3期。

② 徐楠：《民间力量是可以信赖的》，载《南方周末》2008年6月19日A6版。

③ 郭建安、郑霞泽：《社区矫正通论》，法律出版社2004年版，第110页。

与环境的融合。

其次，民间志愿者的选拔。从国外的情况来看，社区矫正领域中的志愿人员的来源多种多样，主要有退休人员、在校学生、社会团体人员、宗教人员和刑释人员等。结合我国的国情，可以考虑从以下三类人员中进行选拔：(1) 在校大学生。青年大学生富有知识和热情，是我国志愿者队伍中的一支生力军。可以选择一些具有人文社会科学知识背景、热心社会公益事业的大学生充当社区矫正志愿者，负责帮教在社区服刑的未成年罪犯。(2) 退休和下岗人员。这部分人员有较为充裕的时间，可以聘请他们担任专职志愿者，给予他们必要的补贴和报销合理支出的费用。(3) 刑释人员。使用刑释人员参与矫正的现象始于20世纪60年代的美国。根据美国的经验，多数犯罪者或多或少地带有一定程度的精神疾患或心理症状，因此，这些罪犯对于一般人具有较强的戒备心理，利用犯过罪的人对服刑罪犯进行帮助，相同的人生挫折或体验的人的现身说法，或许更有说服力。① 我国也可以积极探索这一做法，发挥刑满释放人员在社区矫正中的独特作用。

最后，民间志愿者的培训。社区矫正是一项专业性很强的刑事执法活动，它不仅需要专业的知识，而且必须具有一定的个案调查和心理治疗的技术和经验。为此，必须对民间志愿者进行必要的培训，以便他们能够迅速了解和掌握社区矫正的基本规则和流程，提升工作的技能和效率。

2. 建立司法权与行刑权合作的联动机制

2003年“两高”、“两部”的《通知》规定，社区矫正应在政府的统一领导下进行，公、检、法、司各部门应分工负责、密切协作予以落实。这是我们构建司法权与行刑权和谐合作的“一体化”互动机制的法律依据。其主要思路是：(1) 审判权对行刑权的适度涉入。我国刑事审判与刑事执行之间的关系较为松散，审判机关审理刑事案件主要根据“已然”的犯罪行为表现出来的社会危害性与

---

① 鲁兰：《中日矫正理念与实务比较研究》，北京大学出版社2005年版，第223页。

行为人的主观恶性定罪量刑，法官考虑较多的是报应犯罪和保全社会的需要，甚至会考虑到刑罚适用后的社会公众反映，而对于犯罪人的受刑情况和再社会化的可能，则很少关注。这种状况在一定程度上制约着判决的科学性，制约着罪犯矫正的质量。在现有的行刑权设置模式下，要改变这种现状，就必须改革量刑制度，审判机关适度介入行刑，增强刑事裁判权的调配力。法官在确定刑种和行刑方式时，不仅要考虑已然的罪行，也要考虑罪犯的人格状况，考虑如何有利于罪犯的再社会化，有时甚至应适当考虑监狱的容量问题，以充分体现刑事裁判与刑事执行之间的互动关系。在试点实践中，判决前调查报告制度的运用即是裁判权向后延伸的重要体现。（2）检察权的全程跟进。检察机关作为我国的法律监督机关，其对社区处遇的监督应当是全方位的，涉及社区刑罚的量刑和行刑过程。因此，检察权在社区处遇的作用场域涉及三个环节：一是社区处遇的决定环节；二是刑罚变更执行环节；三是社区处遇执行环节。可见，为了确保社区处遇的规范、有序运行，检察权必须全程跟进。（3）行政权的直接保障。尽管《刑法修正案（八）》已将公安机关排除在社区处遇执行机关的范围之外，但在我国社区处遇的实施过程中，公安机关的作用还不可或缺。理由有二：一是现有社区处遇的某些内容，包括禁止令在内的法律法规的监督和考察，有些属于公安机关的工作范围，需要其介入，而且处理时便捷，如对违反《治安管理处罚法》的服刑人员的处理等；二是公安机关已建立了完善的户籍管理等信息数据库，便于对社区处遇对象的掌控。①因此，公安机关的这些优势，决定了其在现阶段对社区处遇具有直接保障作用。因此，在司法权与执行权合作机制的构建中，公、检、法、司在参与社区处遇的过程中，作为专业的管理机关的司法行政机关应当建立联动机制，在司法行政机关职业化管理的基础上，通过裁判权向后的延伸、检察权的全程跟进、行政处罚权的直

① 史丹如：《社区矫正执行的若干问题研究》，载《中国人民公安大学学报》2011年第4期。

接保障等多方面的合作，真正改变社区处遇原有的零散式处遇方法，从而形成真正的“一体化”的合作运行机制。①

3. 构建“宽严相济”的犯罪人处遇衔接机制

宽严相济刑事政策已成为我国社会转型时期的基本刑事政策。在罪犯处遇领域，“宽严相济”体现为根据犯罪人的服刑表现和人身危险性的消长情况给予宽严不等的处置和待遇，并在处遇的“宽”与“严”之间应当具有一定的平衡，互相衔接，形成良性互动。

消除罪犯业已存在的人身危险性，是现代行刑的基本任务之一。而服刑中的罪犯人身危险性，处在一个不断变化的动态过程，具有反复性。因此，有必要根据罪犯人身危险性的消长情况，借助于累进处遇中的升、降级制度，建立监狱处遇与社区处遇的良性互动衔接机制。在保证刑罚公正的前提下，罪犯人身危险性降低，则可以渐次获得监狱内的宽松处遇，直至获得假释而回归社区享受社区处遇；当社区服刑罪犯人身危险性复归，或者发现新的危险，罪犯则要接受监禁处遇，甚至监狱中的严格管理处遇。即实现“监狱内的严格管理”←→“监狱内的宽松管理”←→“社区处遇”的可逆处遇机制。② 两种处遇模式之间的良性互动衔接具有十分重要的作用：它可以利用自由刑的弹性，把打开监狱大门的钥匙交给犯人自己，并在社区矫正中进一步巩固监狱矫正的成果；如果罪犯在社区矫正过程中表现不佳，屡次违反社区矫正事项，则可以收回“钥匙”，终止社区矫正处遇，改行监狱矫正处遇。

（1）累进处遇中的晋级制度：监狱处遇与社区处遇的正向衔接

监狱处遇与社区处遇的正向衔接主要通过累进处遇中的晋级制来完成。累进处遇制是根据罪犯表现的好坏相应升降罪犯处遇的一种制度，具体而言，是把判决上宣告的刑期分为四个阶段：独居监禁——杂居监禁——半自由监禁——假释。根据罪犯在服刑期间的

① 刘崇亮：《对我国社区矫正模式的反思》，载《江西社会科学》2012 年第 3 期。

② 翟中东：《自由刑变革》，群众出版社 2005 年版，第 275 页。

表现，渐次放宽其警戒力度和改善处遇条件的制度。累进处遇制的运作机理，在于抓住服刑罪犯渴望早日重获自由的心理需求，充分利用自由刑的剥夺度调控理论和阶梯激励原理，建立服刑表现与处遇的等价交换关系，[①] 从而形成服刑罪犯的自律机制和激励机制，把刑罚执行和罪犯改造导向行刑机关预设的轨道，强化了服刑矫正过程的可控化进程。

可见，累进处遇中的晋级制度要求在不同的监狱矫正处遇阶段根据矫正的需要与受刑人改善的程度逐渐降低警戒程度，增加与社会接触的机会，最终通过假释使受刑人由监狱矫正进入社区矫正，从而实现监狱处遇与社区处遇的有机衔接。就此而言，累进处遇是实现监狱矫正与社区矫正的有机衔接的重要行刑制度保障。[②]

（2）累进处遇中的降级制度：社区处遇与监狱处遇的逆向对接

单纯的升级——正向衔接只会是一种单向运动，而除了升级之外还应有降级——逆向对接，从而形成一种双向运动，双向运动的结果，有可能使激励作用翻倍。社区处遇与监狱处遇逆向对接机制的运作机理，在于抓住服刑罪犯害怕失去自由的心理需求，通过社区处遇与监禁处遇的转换，从而形成对不良表现的服刑罪犯的惩罚机制，从反向把刑罚执行和罪犯改造导向行刑机关预设的轨道，以确保社区处遇目标的实现。

社区处遇虽然是在不剥夺自由的社区环境中对罪犯进行矫正，但其仍然是专门国家机关主导下进行的一种刑罚执行活动，必须体现其惩罚性和强制性。因此，在推行社区矫正的过程中，必须根据矫正对象的改造表现和人身危险性消长情况，分别对其实施宽严不等的监管措施。如果被矫正对象屡次违反社区矫正的监督管理规定，则根据其不同的身份，通过法定程序终止其社区矫正处遇：对于缓刑犯，则撤销缓刑，收监执行原判刑罚；对于假释犯，则撤销假释，收监执行剩余刑期；对于被暂予监外执行的罪犯，则终止监

① 参见王泰：《现代监狱制度》，法律出版社2003年版，第150～177页。

② 梁根林：《刑事政策：方式与选择》，法律出版社2006年版，第243～244页。

外执行处遇，收监继续执行原判刑罚。对于管制犯，由于我国现行刑法并未规定管制犯违反管制行为规则应当承担的相应法律后果，致使管制刑执行的强制性无从体现，这是我国学者诟病管制刑惩罚“虚无化”的主要理由。为了体现管制刑的惩罚性以及社区处遇与监禁处遇的对接性，笔者建议，建立我国管制刑易科拘役刑制度，即对那些有意逃避法律制裁的被管制犯，根据刑法对受刑人先行羁押日期与管制的折算方法，管制2日折抵拘役一日，送往监狱执行拘役刑。

第四节　我国社区处遇的检察监督

一、社区处遇检察监督权的作用场域

社区处遇检察监督，是与检察院监所监督相对应的，由检察机关对审判机关和狱政机关所作出的已经生效的缓刑、管制、假释和监外执行的判决、裁定和决定执行情况是否合法所进行的法律监督。

社区矫正检察监督权作用场域的确定受制于以下两个因素：一是社区矫正的本体属性。国内学界对社区矫正的概念厘定存在多种观点的分野，其中“刑种、量刑与行刑制度说”属于主流学说。由于社区矫正在现阶段被官方定位为一种“非监禁刑罚执行活动”，因而社区矫正检察监督的重心应置于社区矫正的执行过程。与此同时，社区矫正的实施，很大程度上受制于刑事裁判与监狱行刑。前者决定管制刑、缓刑、剥夺政治权利刑以及交付前的监外执行的适用，后者负责假释的提请以及交付后的监外执行的决定。因此，为了确保真正符合社区矫正的罪犯进入社区进行矫正，有必要把社区矫正的检察监督前置到审判阶段和监狱行刑过程，这样有助于审判环节与执行环节的衔接以及监狱矫正与社区矫正的互动。二是检察机关在社区矫正中担负的职责。2010年2月5日，最高人民检察院颁布的《关于深入推进社会矛盾化解、社会管理创新、公正廉洁执法的实施意见》明确指出：各级检察机关要认真履行检察职责，积

极参加社区矫正试点和推广工作，保证纳入社区矫正的服刑人员符合法定条件和程序，促进建立适应宽严相济刑事政策要求的社区矫正工作体系。完善对社区矫正进行法律监督的方式和措施，依法开展对社区矫正各执法环节的法律监督，防止和纠正脱管、漏管等问题，促进社区矫正工作依法规范开展。该《实施意见》明确了检察监督权必须延伸到社区矫正的源头——审判环节，因为只有强化对社区矫正量刑活动的监督，才能“保证纳入社区矫正的服刑人员符合法定条件和程序”。基于以上分析，笔者认为，社区矫正检察监督权应当作用于三个场域：

（一）社区处遇决定环节

在社区处遇审判阶段，检察院主要行使两项职权：一是社区处遇建议权；二是社区处遇适用对象的监督权。社区处遇建议权是人民检察院量刑建议权的延伸。检察机关对刑事被告人提起公诉时，对于所犯罪行比较轻微、人身危险性较小、符合法定的社区处遇适用条件被告人，可以提出社区处遇的量刑建议。通常情况下，人民法院对公诉机关的社区处遇量刑建议都会采纳并适用社区处遇。如果人民法院拒绝采纳社区处遇的量刑建议，其作出的适用实刑判决明显不公的，检察机关可以通过抗诉的形式行使监督权。

社区处遇是一种不剥夺自由的开放式行刑方式，因而成为众多罪犯及其家人追逐的目标，于是社区处遇决定环节就成为司法腐败的“寻租市场”。试点实践中出现的滥用社区处遇行为主要有：社区处遇被滥用为平衡各方关系的工具；社区处遇被待价而沽，作为“权钱交易”的砝码，成为一些部门公开创收的门路，或成为某些掌握司法资源的人暗中的敛财之道；社区处遇成为解决某些罪与非罪疑案的折中做法。[①] 检察机关在行使监督权的过程中，针对上述滥用社区处遇的行为展开监督，一方面通过抗诉和查处职务犯罪等方式，规范社区处遇决定权的使用，确保进入“社区”矫正的罪犯

---

① 何斐明、龚卫清：《检察机关介入社区矫正工作的问题及对策》，载《法治论丛》2007 年第 1 期。

完全符合法定的条件和程序；另一方面，通过量刑建议权的行使，引导审判机关把符合社区处遇的罪犯适用社区性刑罚，使宽严相济刑事政策能落到实处。

（二）刑罚变更执行环节

刑罚变更执行是在刑罚执行过程中，根据服刑罪犯的服刑表现或特殊的身体状况，对其原判刑罚所作的调整。减刑、假释和监外执行（保外就医）是三种重要的刑罚变更执行活动，其中假释和监外执行被纳入社区处遇范畴。因此，假释和监外执行的审批就关涉监禁矫正处遇向社区处遇处遇的转变。这种转变，对服刑罪犯而言，意味着自由的早日到来或暂时到来，因而服刑罪犯千方百计想获得这种机会。于是，假释、监外执行等刑罚变更执行环节也就成为权力的“寻租市场”。一些不符合假释、监外执行条件的服刑罪犯通过与某些狱政部门执法者的“权钱交易”获得了通往社区处遇的“通行证”。我国检察机关于2004年5月起开始打击违法减刑、假释、保外就医专项检查中，仅5个月时间，就查出违法减刑、假释、保外就医17836人。[①] 此外，由于变更执行衔接管理上的脱节，导致部分假释犯、监外执行犯处于脱管、漏管状态。据统计，截至2007年6月底，重庆市因监狱未送达法律文书或未将罪犯交付执行而导致漏管的监外罪犯有84人，占所有漏管罪犯的15%。[②]

（三）社区处遇执行环节

社区处遇执行环节担负着行为矫正、教育帮扶，使罪犯重新社会化的重任。可以这么说，社区处遇执行环节是事关社区处遇工作成败、社区处遇目的能否实现的关节点。与此同时，执行环节也是最容易滋生问题的阶段。就检察监督的视野看，社区处遇执行环节存在的主要问题可归结为两类：一类是“社会控制网络扩张的问题”。欧美国家在实施社区处遇过程中曾经发生过社会控制网络扩

① 甄贞等：《21世纪的中国检察制度研究》，法律出版社2008年版，第373页。

② 钟文华、王远伟：《社区矫正检察监督研究》，载《中国刑事法杂志》2010年第1期。

张的问题。美国社区处遇研究人员指出，社区处遇研究导致了社会控制网络的急速扩张，尤其是很多罪行轻微的人，间接地被政府纳入控制则更为明显。① 我国社区处遇试点初期，就有学者提醒防止把社区处遇演变为监狱的“异形”扩大。② 但在社区处遇试点中，社会控制网络扩张的问题在不同地区程度不同地存在着，社区处遇机关及其工作人员抱着严管、强控的思想，生怕被矫正对象脱管、漏管，这种工作思维极易侵害被矫正对象的合法权益。表现在两个方面：一是对社区服刑人员正常生活的过度干预。如强迫被矫正对象从事超强度的公益劳动，甚至带服刑人员到狱警自己家中从事“义工”等；二是不当侵犯被矫正对象的合法权益的行为，如滥用行政权限制被矫正对象的人身自由，对被矫正对象进行变相体罚等。③ 另一类是忽视社区处遇惩罚性的问题。社区处遇作为一种非监禁性刑罚执行方式，尽管其惩罚的严厉性远低于监禁刑，但惩罚性仍然是其首要功能。在社区处遇试点中，部分地区已然出现了严重忽视惩罚性的问题，认为社区处遇就是对被矫正对象进行教育矫治和帮扶救济，社区处遇的惩罚性功能严重缺失。这将有可能引起社会公众尤其是受害人对社区处遇制度的质疑或抵触，有悖预防犯罪目的和社会公平正义的客观要求，导致社区处遇方向性偏离。④ 针对第一类问题，检察机关要注重维权性监督，重点督查社区处遇中侵害被矫正对象合法权益的行为；通过对后一类问题实施检察监督，引导行刑人员转变重教育服务轻惩罚制裁的观念，严格对社区服刑人员的监管，规范社区服刑人员的活动，确保社区处遇的惩罚性落到实处。

---

① 转引自王琪：《人民检察院在社区矫正中的法律监督职能探讨》，载刘强等主编：《社区矫正理论与实务研究文集》，中国人民公安大学出版社 2009 年版，第 449 页。

② 张绍彦：《社区矫正在中国——基础分析、前景与困境》，载《环球法律评论》2006 年第 6 期。

③ 杨家庆、肖君拥：《人民检察院社区矫正监督权诠释》，载《人民检察》2006 年第 3 期。

④ 武玉红：《社区矫正的惩罚性不容忽视》，载《探索与争鸣》2009 年第 7 期。

二、我国社区处遇检察监督的现状

作为一种单向性的国家法律行为，检察监督要真正发挥督促和保障被监督主体正确适用法律的效用，不仅要明确检察机关有权对社区处遇活动进行法律监督，更重要的是要设定具体程序使检察机关能够掌握社区处遇活动的真实情况，并要有具体的能够实际运用的程序和措施保障监督措施落到实处。[①] 但令人遗憾的是，现行社区处遇法律监督机制尚不具备这些特性，现有的法律制度规范既未赋予社区处遇监督主体与监督权运行相匹配的特定权限，也未赋予监督手段以刚性效力，因而使得社区处遇领域的检察监督处于“理想与现实的交困”状态。

（一）我国社区处遇检察监督之缺陷

1. 检察监督模式不当

检察机关介入社区处遇进行法律监督主要涉及检执关系。我国现行刑罚执行体制采行的是检执分离的构造，这种构造的优越性在于检察机关能够“不带偏倚地对执行权可能存在的滥用权力现象，作出完整而清醒的判断”[②]，从而实现国家法律监督权对行刑权的监督制约，具有深厚的宪政意义。但毋庸讳言，这种检执分离的构造也存在自身难以克服的弊病：检察机关并非刑罚执行权的法定主体和程序指挥者，而仅仅是作为一个纯粹的监督者来对执行程序进行监督，因而无法真正对刑罚执行程序实施权力制约和程序控制，因为“外在式”监督者的立场和身份决定了，检察机关只能在社区处遇具体执法环节中就其所“看”、所“闻”，提出纠正意见或检察建议，至于矫正机关是否纠正以及如何纠正完全取决于矫正机关的意愿。[③] 可见，在现行社区处遇乃至整个行刑体制中，检执分离的构造导致检察监督对刑罚执行的司法控制的削弱，因而检察监督难以达到理想的定位。

---

① 参见刘妍：《侦查监督机制的构建与完善》，载《中国刑事法杂志》2009 年第 5 期。

② 王利荣：《中国检、执权分离模式评析》，载《金陵法律评论》（2002 年秋季卷）。

③ 万毅：《论检察监督模式之转型》，载《法学论坛》2010 年第 1 期。

2. 检察监督定位偏移

在社区处遇试点过程中，各地检察机关往往存在定位偏移的问题：即轻制约而重配合，检察机关把自己定位成社区处遇工作的参与者而不是独立的法律监督机关。如《上海检察机关参与社区处遇工作试行办法》第2条明确规定："市各级检察机关应当积极参与社区处遇工作，结合履行检察职能，支持配合社区处遇工作机构的领导下，积极主动地开展工作，努力完成社区处遇工作机构分配的各项任务"。该规定根本没有提及检察机关的监督地位。在检察机关机构设置方面，目前只有在辖区内有监狱或看守所的检察机关内部才设有刑罚执行监督部门，对社区处遇的监督，只是临时抽调人员参与社区处遇工作，其行使的职权远远超过了现有监所检察部门行使职权的范围。检察机关不能转换自己的角色定位就会丧失法律监督者应有的独立性，使得自己直接变成了社区处遇工作的一方当事人，直接导致检察机关对社区处遇重视力度不够。①

3. 检察监督时机迟滞

现行的社区处遇检察监督偏重于事后的追惩性监督，忽视了事前预防性监督及事中的过程性监督，形成一种"马后炮"式的监督。例如，根据我国修改后的《刑事诉讼法》第263条的规定，检察机关只能在人民法院的假释裁定作出后，依据裁定书副本进行监督。由于假释裁定一经作出立即生效，检察机关如果发现错误提出书面纠正意见，但为时已晚，此时服刑罪犯已经假释出狱。此外，对于因保外就医而发生的监外执行，其批准权限属监狱主管部门，只要监狱报主管部门批准即可，一经决定就可以释放，而检察机关提出纠正只能是事后监督。

4. 检察监督手段乏力

就检察权配置的应然层面而言，检察监督权具有他向性特征，是检察权对其他权力的一种刚性的制约。但从社区处遇检察监督手段的实然层面来看，除了查处职务犯罪具有启动立案侦查程序的强

① 王春林：《和谐语境下社区矫正中的检察监督》，载《太平洋学报》2010年第9期。

制效力外，检察建议和纠正违法通知书的共同缺陷是“刚性化”不足，“弹性化”有余。表现在：一是监督手段的效力完全依赖于被监督对象的配合。正如其名称所显现出的，检察建议本身就带有“建议”性质，“纠正违法通知书”仅具有信息告知的性质，二者带有强烈的“商榷”色彩，均不不具“强制力”，被建议单位可以接受，也可不予采纳，完全取决于被监督单位的配合。二是在于立法并未规定其应当引起的程序性法律后果。一个完整的法律规则，其逻辑结构应当由三个要素构成：（1）假定条件，（2）行为模式，（3）法律后果，三者缺一不可。“检察机关的法律监督行为，按照法律规定要产生一定的效果，这是法律监督与其他任何监督的显著区别之一。”① 而现行法律规定的“纠正违法通知书”和检察建议，其内在逻辑结构具有不完整性，即缺少法律后果的规定。检察机关针对被监督对象的违法或不当行为提出检察建议或纠正违法通知书后，法律并非进一步规定被监督对象如何应对及怠于应对或不应对的法律后果。根据《刑事诉讼法》的规定，检察机关对监外执行的监督措施就是向监外执行的批准机关提出书面纠正意见，该纠正意见的法律效力是，批准暂予监外执行的机关收到后，“应当立即对该决定进行重新核查”。至于审批机关重新核查后如何处理，要不要以书面形式反馈给检察机关，法律没有作进一步的规定，让人有一种虎头蛇尾之感。正是由于监督手段的“弹性化”，导致实践中的社区处遇监察监督乃至整个刑罚执行监督面临的一个窘境，就是监督的成效依赖于被监督者的配合。不少被监督机构存在抵触情绪，被监督机构藐视或者无视检察机关的纠正违法通知书和检察建议的情况时有发生。据2006年重庆市部分区县检察院统计，当地执法机关对检察院检察建议的回复率不到40%。② 这种严重依赖于被监督者配合的监督被人形象地称之为“乞丐式监督”。

---

① 孙谦：《中国检察制度论纲》，人民出版社2004年版，第67页。

② 钟文华、王远伟：《社区矫正检察监督研究》，载《中国刑事法杂志》2010年第1期。

（二）制约我国社区处遇检察监督效能的成因

1. 社区处遇监督主体理念落后，缺乏创新性

一般而言，监督理念主要体现在监督人员的监督心理或监督意识上。监督理念是否科学、能否与时俱进，将直接关系到检察监督机制效能的发挥程度。但在社区处遇监督中，有些检察机关及其工作人员思想不够解放，观念陈旧落后，不能根据我国行刑制度改革和行刑社会化实践的需要及时转变自己的执法理念。表现在：首先是被动监督的理念。由于检察监督一直被定位为事后监督，只有发现了社区处遇中的违法行为、职务犯罪行为的线索，检察机关才通过制发违法通知书要求被监督者予以纠正，或者启动立案程序追究犯罪嫌疑人的刑事责任。一些检察机关习惯于“等案上门”，主要依靠控告、检举、坦白和纪检部门移送等被动方法获取案件线索或案源，而缺乏主动经营案件线索的观念。① 其次是“机械”监督的理念，表现在两个方面：一是机械割裂罪犯矫正与人权保障的关系，注重刑罚报复功能的发挥，轻视罪犯权益的保护。“检察权在执行监督中更倾向于对惩罚到位的要求，更愿意充当社会安全保卫者的角色，这或许可以解释检察权为什么有时宁愿放弃主动地位，站在行刑权一边。”② 执行监督过于强调行刑惩罚性的结果，就会罔顾罪犯合法权益的保障；二是机械割裂“监督”与“配合”的关系，重“配合”轻“监督”。在各地社区处遇试点，其运作模式一般是“政法委牵头，公检法司配合，司法行政机关具体负责”。在此模式下，有些地方的检察机关自身定位容易发生偏差，以社区处遇参与者的身份介入社区处遇的具体运作，配合司法行政机关开展社区处遇工作，而忽视了自身的法律监督者的角色。如果说这种情况在社区处遇试点初期尚有一定合理性的话，则随着社区处遇工作在全国范围的推开及深入推进，检察机关就必须及时转换定位，

---

① 狄小华：《社会矛盾凸显期检察监督面临的难题及其破解》，载《人民检察》2010年第12期。

② 周洪波、王虹：《监所检察与被羁押者的权利保障》，载《法学杂志》2010年第9期。

回归作为法律监督者的角色。

2. 社区处遇检察监督法律规定不够健全，缺乏可操作性

健全的社区处遇监督法制体系是保证社区处遇检察监督机制功能发挥的法律基础。《刑法修正案（八）》增加的“社区矫正”的内容过于原则性，只能让人徒生“有聊胜于无”的喟叹。因此，《刑法修正案（八）》并未从根本上解决我国社区矫正检察监督的法律制度供给严重不足的困境，这在很大程度上制约了检察监督机制实效性的发挥。表现在两个方面：一是检察监督的范围不明晰。表现在：（1）监督对象的离散，造成检察监督的迷惘。《刑事诉讼法》第224条规定：“人民检察院对执行机关执行刑罚的活动是否合法实行监督。”这条规定清晰地表明了刑罚执行监督的客体是行刑机关的执行行为，在其他行刑领域，行刑主体具有单一性，但根据“两高”、“两部”的《通知》，在社区处遇场域，存在者“双主体”，即公安机关是执法主体，司法行政机关是工作主体，这就使检察监督面临困惑：到底应当监督谁的执法行为？执法依据的不统一，造成检察监督的茫然性。（2）执行内容的缺失，导致检察监督客体的虚无。从理论上而言，社区处遇检察监督客体是社区处遇权力的运作，而社区处遇权力的运作又体现在社区刑罚的执行内容上。但现行刑法对五种社区刑罚的规定显得过于原则、抽象，缺乏刑罚的执行力。例如，《刑法》第75条规定缓刑犯应当遵守的四项义务，仔细审视后就会发现，这些执行内容缺乏应有的规范标准，体现不出惩罚性。对于单处剥夺政治权利的罪犯来说，《刑法》第54条规定了剥夺权利的内容，但实践中如何“执行”剥夺言论、集会、游行等自由权是一件根本不具操作性的事。《刑法》第58条规定：“被剥夺政治权利的犯罪分子，在执行期间，应当遵守法律、行政法规和国务院公安部门有关监督管理的规定，服从监督。”但遗憾的是，迄今尚未出台对于“剥权”对象的监管办法，这种监管处罚条款的“闲置”，使得“剥权”对象的刑罚执行处于“空转”状态。既然执行内容无法感知，又谈何检察监督问题？二是检察监督的程序不完善。作为一种程序性权力，程序设计的细密和完善对

检察监督权而言是极为重要的。在刑罚执行阶段，检察监督缺乏程序保障由来已久。我国《刑事诉讼法》对检察机关的法律监督范围仅限于监禁刑及其变更执行上，而且规定比较笼统、原则，缺乏具有可操作性的程序内容，而立法对作为非监禁刑执行的社区处遇的规定尚付阙如，因而使得检察机关法律监督权在社区处遇中的行使出现“盲区”。目前各级检察机关对社区处遇实施监督的主要依据是“两高”、“两部”的《通知》，虽然《通知》确立了检察机关对社区处遇的法律监督权，但对检察机关在社区处遇监督中实施监督的途径、监督对象、矫正对象申诉的处理等程序问题缺乏明确具体的规定。

3. 社区处遇检察监督职权配置不够科学，缺乏权威性

从应然层面而言，检察机关要对社区处遇运行实现有效的监督，就必须拥有与其监督职能相适应的职权。检察机关应拥有随时介入社区处遇运作过程，并对社区处遇执法主体有一定的命令、指挥、纠正其错误的权力。这样的权力构造方能确保监督主体处于权力上位的优势，并对社区处遇执法主体及其执法行为有同步、单向的监督控制权。但就我国社区处遇试点以来检察监督的实然现状来看，现有的法律制度规范并未赋予社区处遇监督主体与监督权运行相匹配的特定权限。检察机关既无对社区处遇事务的调查知情权，也无对社区处遇违法行为启动特定程序以实施监督的权力，检察监督因缺乏权威性而难以达到理想的效果。

三、优化社区处遇检察监督机制的路向选择

在理性审视我国现行社区处遇法律监督机制存在问题的基础上，接下来就应当按照社区处遇运行的内在规律，从观念机制、法律机制、组织机制和程序机制四个路径对未来我国社区处遇检察监督机制进行规划和设计。

（一）观念机制：实现检察监督“两大转向”

监督理念是监督行为的先导。要有效提升社区处遇检察监督机制的效能，首先要转变检察干警的监督理念，实现理念上的“两大转向”：一是由被动监督转向主动监督。尽管检察监督具有事后监

督的特性，但监督事项不会自动呈现在监督者面前，它需要检察机关通过建立畅通的检举、举报等渠道，甚至主动经营案件线索去发现。面对社区处遇可能成为新的“寻租市场”的新情况，检察机关必须转变检察监督为事后监督的观念，改变过去那种“坐堂”等线索而后进行监督的习惯，应当深入被矫正对象生活、劳动现场，查阅相关案卷材料，约谈被矫正对象等方式，发现违法线索，纠偏惩恶，依法履行法律赋予检察机关的监督职责。[①] 二是由“机械监督”转向“能动监督”。首先要正确处理“监督”与“配合”的关系。在现行社区处遇运作中，检察机关与公安机关、司法行政机关构建了联动执法的工作机制，检察机关扮演着配合者和监督者的双重角色。笔者认为，在检察机关的角色担当中，监督应始终处于首位，配合是监督之下的配合；同时，监督并不排斥配合，配合可以更好地实现监督。其次，纠偏型监督与维权型监督并重。在既往的监外执行检察监督中，重心置于纠正执行机关及其工作人员的不当执法行为和违法行为，堵塞监外执行对象脱、漏管现象的发生，确保每一个监外执行对象都能处于有效监管中。相对而言，维护监外执行对象合法权益的监督则不够重视。随着网络信息技术的突飞猛进和广大民众权利意识的日益提高，未来的社区处遇检察监督，必须重视对被矫正对象合法权益是否受到侵犯的监督，将纠偏性监督和维权性监督放在同等重要的位置。检察人员要深入社区处遇实践，与被矫正对象进行随机约谈；通过设立检察官信箱、举报电话等渠道，切实保障被矫正对象的申诉权、控告权和检举权，确保其在矫正活动中的合法权益不受非法侵犯。

（二）法律机制：确保检察监督“有的放矢”

完善的社区处遇立法，既是刑罚执行的依据，又是检察监督的标尺。因此，社区处遇的立法完善，承载着重要的使命：一方面使得刑罚执行具有执行力，另一方面又使社区处遇中的检察监督具有

---

① 狄小华：《社会矛盾凸显期检察监督面临的难题及其破解》，载《人民检察》2010年第12期。

“可感性”。社区处遇的立法完善，需要从以下方面进行：

1. 充实矫正内容，规范矫正措施。《刑法修正案（八）》首次将社区处遇纳入刑罚制度体系，为未来社区矫正立法预留了空间。接下来应尽快制定《社区矫正法》，充实矫正内容，规范矫正措施。主要包括：（1）完善社区矫正的规定，对缓刑犯、管制犯、假释犯、剥权犯在社区处遇期间应当遵守的义务进行细化，剔除无法实施的内容，增设参加公益劳动或社区服务的内容，解决试点实践中业已存在的制度供给不足的问题。（2）明确社区矫正的执法主体，基于公安机关无法有效实施监管的现实，以及“监督不可委之于警察”的国际原则，由司法行政机关执掌社区处遇执行权是妥当的。从近年来的社区处遇试点工作看，司法行政机关作为社区处遇的执行机关也是完全胜任的。（3）规范矫正措施。要通过立法明确对社区处遇服刑人员日常管理、学习教育、公益劳动、帮困解难等矫正内容，同时对具体矫正措施做出规定，如“居住地变更核准制度”、“异地托管制度”、“信息通报制度”、“收监执行制度”等。①

2. 明确社区处遇检察监督的范围。根据社区处遇的运行规律，社区处遇检察监督重点应作用于以下领域：（1）社区处遇决定环节中所作出的判决、裁定是否正确的监督。主要涉及被矫正人员是否符合法定的条件，是否存在“暗箱操作”和权钱交易的违法犯罪行为等。（2）刑罚变更执行环节涉及的假释和监外执行是否合法的监督。（3）社区处遇执行环节的监管措施是否到位、落实，是否存在侵犯被矫正对象合法权益的行为之监督。

3. 科学配置职权，提升监督能力。检察监督能力是检察机关根据法律的授权，运用法律规定的手段，遵循法律规定的程序对社区处遇运作状况进行监察督促的能力。“监督能力是社区处遇中的检察监督得以顺利进行的基本保障。赋予检察机关必要的、非实体性介入的、对被监督对象资源的调度权或被监督对象的指挥权，可

① 周红波等：《社区矫正检察监督权研究》，载《天津法学》2010 年第 2 期。

以缓解检察机关知情权短缺、监督措施乏力的问题，无损于‘分工’原则的贯彻，又有利于‘制约’原则的落实。”① 为此，必须完善相关立法，在国家权力体系中优化社区处遇检察权的配置模式，赋予检察机关与其在社区处遇中的监督职能相匹配的职权，提供完善的制度保障。

从社区处遇检察监督权的运行规律来看，检察机关要想有效监督社区处遇的运作行为，除现行的对违法行为的检察建议权、对犯罪行为的刑事追诉权外，立法上还需配置以下权力：（1）调查知情权。知情才能举事。“检察机关对检察权所及范围内的事项进行调查，以便了解事实真相，是行使检察权的先决条件。法律赋予检察机关的调查权，也就因此成为检察权的一个基本要素。”② 通过调查知情权的行使，检察机关可以随时介入社区处遇的运行活动，调阅案件的案卷、被矫正对象的日常情况汇报等材料；有权随时约谈被矫正对象，畅通被矫正对象申诉、控告、举报渠道。调查知情权的配置，使得检察机关能及时获取社区处遇运行中的违法犯罪行为的线索，从而为有效监督奠定了基础。（2）督促纠正权。督促纠正权是检察机关在获取社区处遇中的违法或不当行为的信息后，要求相关社区处遇机构及其人员改正错误的职权。督促纠正权的行使载体是检察建议和纠正违法通知书。“权力影响力的大小依赖于行使权力的手段的刚性和有效性，法律监督也不例外。”③ 当前，强化检察机关督促纠正权应当着力解决社区处遇检察监督实践所反馈的问题，赋予检察建议和纠正违法通知书以强制执行力，通过增设程序性法律后果，以刚性的手段捍卫能力的权威。（3）提请惩戒权。提请惩戒权是检察机关对社区处遇中的违法和不当行为的责任人员，提请其所在单位或上级主管部门予以惩戒的权力。检察监督权

---

① 王学成、朱国平：《论我国检察权能的优化配置》，载《政法学刊》2010 年第 5 期。

② 白泉民、刘继国：《监所检察权的优化配置和立法完善》，载《人民检察》2009 年第 3 期。

③ 谢佑平、张海祥：《论法律监督方法与途径创新的必要性》，载《人民检察》2009 年第 3 期。

是一种程序性权力，本身不具有实体处分的功能，但它对实体处分权却有直接的启动作用。立法应当规定，提请惩戒程序启动后，违法行为所在单位或上级主管部门必须作出回应，并将处理结果及时通知检察机关。

（三）组织机制：提升检察机关的监督效能

由于社区处遇的监督必须借助于一定的组织，而不同的组织对监督的理解以及实施的力度不一，因此，采用何种组织来保障监督的实施就成为需要规范的问题。笔者认为，在现有检察机关组织机构框架内，社区处遇组织机制的构建可从以下方面入手：

1. “一体化”配置刑罚执行监督机构

监督权力的不可分割性是有效的检察监督机制的内在要求。我国现行检察监督组织机制的多元化，制约了检察监督的效能的发挥。要改变这种局面，就应契合社区处遇一体化监督的特性，朝着一体化的方向重构刑罚执行监督组织机制。随着我国刑罚适用模式的调整和社区处遇的深入推进，非监禁刑的大量适用是一种必然的趋势。为确保社区处遇的顺利运行、防止社区处遇的滥用，各级检察机关应当在加大对法院适用非监禁刑的监督力度的同时，整合侦查监督、审判监督和执行监督力量，改变矫正工作之前各职能部门各自为战、联系松散的状况，形成检察监督部门之间在非监禁刑适用中的监督合力，建立起以监所检察部门为主体的一体化监督组织架构。鉴于监所检察部门的名称已不能适应社区处遇扩大适用后的形势需要，建议将其改名为刑罚执行监督局（处、科），其内部分设若干分支机构，如监所检察、社区处遇检察等。一体化监督的实现形式是现有检察机关办案系统，通过该系统实现相关监督信息和意见的流转和处理，必要时监所检察部门协同公诉部门做好审前监督工作。[①] 一体化监督组织架构体现了职能集中、科学便利、高效权威的原则，使刑罚执行监督主体在检察机关内部得到统一，符合

---

① 何斐明、龚卫清：《检察机关介入社区矫正工作的问题及对策》，载《法治论丛》2007年第1期。

刑罚执行监督的广泛性、综合性、多样性特点。[①]

2. 构建派驻检察制和巡回监察制相结合的组织形式

经过长期的实践探索，我国检察机关对行刑活动的监督已形成了行之有效的工作机制，即向监狱等羁押场所派驻检察机构，对日常监管活动实行近距离的检察监督。派驻检察制的优势在于，检察机关可以通过派驻机构随时督促行刑机关严格依法行使刑罚执行权、保障受刑人的合法权益，并可以直接受理受刑人的控告检举和侦查监管场所内的职务犯罪。[②] 社区处遇本质上是一种行刑活动，与监狱矫正具有同质性，实践中形成的派驻检察制同样可以适用于社区处遇。在社区处遇试点省市，已有部分检察院进行了派驻检察制的尝试，如重庆市万州区人民检察院在太白街道设立社区处遇检察官办公室。建议各级检察机关应尽快在社区处遇推行地区设置相应的派出机构，该派出机构可设置在同级司法行政部门，其职责是依法对社区处遇运行实行全程监督，确保社区处遇工作依法有序推进。

此外，由于社区处遇没有固定的场所和集中的区域，矫正对象处于流动和分散状态，故仅凭派驻检察制难以完整了解矫正对象的服刑改造情况。因此，针对社区处遇的特点，有必要建立巡回检察制，作为派驻检察制的补充。检察机关监督部门可选派得力检察官，定期深入社区处遇第一线，采取与矫正工作人员、社会工作者、矫正对象、社区民众个别访谈或座谈的方式，了解社区处遇动态。考虑到目前检察干警人员紧张的现实，笔者建议可借助于人民监督员这支队伍。人民监督员生活在社区，与社区联系比较紧密，由其担当对社区处遇的巡回检察工作是适宜的。

（四）程序机制：确保检察机关的“介入”和“在场”

社区处遇检察监督权在发挥作用时，必须借助于一定的程序机

---

① 周骏如、赵鹏：《刑罚执行活动中的法律监督问题》，载《中国刑事法杂志》2009年第3期。

② 张雪妲：《刑罚执行监督权的立法完善》，载《法学》2006年第8期。

制，通过其运行才能完成。就实务而言，程序机制是体现和落实检察监督机制运作程序的操作系统，是从宏观迈向微观、从可能走向现实的必然过程。因此，程序机制的构建和完善是社区处遇检察监督机制绩效发挥的重要保障。社区处遇检察监督权运作的程序机制包括四部分：

1. “参与式”导向的指挥监督机制

鉴于现行检、执分离的监督模式所导致的监督效能低下的困境，有必要改革“外在式”检察监督模式，实行“参与式”为导向的检察监督模式创新，将检察机关塑造成刑罚执行的指挥者，创设刑罚执行检察官指挥监督机制。构建检察官指挥监督机制的法理依据是：检察机关作为国家的追诉机关，其追诉犯罪的目的是通过刑罚的执行而最终实现的，因此检察机关应当具有控制刑罚执行的权力。① “参与式”为导向的检察官指挥监督机制的价值和意义在于，能切实消除我国现行刑罚执行监督的结构性缺陷。在我国，检察院被定位于刑罚执行监督机关，法院实际上处于裁判执行机关的地位，这种职能分工是导致检察机关缺乏对刑罚执行活动实施控制和约束的制度性因素。而检察官指挥监督机制的确立，赋予检察机关直接参与和控制刑罚执行的权力，确保检察机关能全程介入具体的刑罚执行过程，从而在程序结构上实现检察机关对整个行刑活动的控制力和约束力。

就社区处遇而言，检察官指挥监督机制的基本构造设计如下：

（1）赋予检察机关对社区处遇执行程序的启动权。社区处遇的交付执行，是整个社区处遇活动的一个重要环节。但目前的交付执行仅是在法院与社区处遇执行机构之间展开，并没有检察机关可以介入其中进行监督的程序设计。因此，在社区处遇交付执行环节，应当在程序上赋予检察机关启动社区处遇的权力。具体设想是：人民法院将适用社区处遇的生效裁判文书送达同级人民检察院，人民检察院根据该裁判文书签署执行命令，连同执行流转记录表交由矫

① 张智辉：《刑罚执行监督断想》，载《人民检察》2006 年第 2 期。

正对象户籍所在地的司法行政机关执行。派驻在司法行政机关的检察官对矫正过程实施监督。矫正期满，社区处遇机构应把矫正情况书面报送签署执行命令的人民检察院。

（2）赋予检察机关对假释、监外执行程序的控制权。在现行社区处遇框架内，假释和保外就医（监外执行）属于由监禁处遇变更为社区处遇的刑罚变更执行方式。长期以来，由于检察机关对假释、监外执行等刑罚变更执行权缺乏程序引导、参与权，检察机关无法介入监督，导致检察监督在该领域的“虚置”状态。为确保假释、监外执行权力的规范运行，必须赋予检察机关对假释、监外执行的程序引导和控制权。申言之，监狱行刑部门对在押服刑犯拟提请假释、监外执行时，必须将提请假释、监外执行建议书报送派出人民检察院或者派驻检察室。派出人民检察院或派驻检察室经审查后认为符合法定的假释、监外执行情形的，签署“同意监狱矫正变更为社区处遇”的检察意见书，连同提请建议书移送该罪犯户籍所在地中级人民法院审理；派出人民检察院或派驻检察室经审查后认为该服刑犯不符合法定的假释、监外执行情形的，应提出书面的否定理由，连同提请建议书退回提请的监狱。

2. 违法性核查的调查机制

社区处遇检察监督调查机制，是检察机关为履行法律监督职能，在法律框架范围内，建立以发现、核实社区处遇中的违法行为为核心内容的工作系统。[①] 建构调查机制，可从三方面入手：首先，建立检察机关随时介入制度。立法应当规定检察机关可随时介入社区处遇进行调查，调取相关案卷材料，与矫正对象进行约谈。只有通过随时介入制度，检察机关才能发现违法行为的存在，为下一步纠正机制的运作打下基础。其次，构筑信息交流平台。社区处遇检察监督机制不仅仅是对社区处遇运行过程中的违法行为进行纠正的事后行为，它更应该是未雨绸缪、消灭违法行为倾向于萌芽状态的有效预防措施。为此，在社区处遇检察监督中，要充分利用公安机

① 蔡喜贵：《法律调查机制研究》，载《人民检察》2010 年第 7 期。

关、司法行政机关已建立的社区处遇信息资源，建立数据平台、技术资源等方面紧密联系的信息共享机制，逐步实现公安、监狱、社区处遇机关等刑罚执行机关与检察机关的信息联网共享。通过信息交流机制，检察机关就能同步获得社区处遇的相关信息，拓宽其的监督视线，为有效监督奠定了基础。最后，设计调查的具体程序。检察机关调查程序通常可分为立案、确定调查人员、收集证据、核实和确认五个环节。立案是调查程序启动的标志，通常采取两种情形：一是依申请启动，即通过接受公民举报、控告、申诉等途径获取社区处遇中的违法信息，检察机关经初步审查后启动调查程序；二是依职权启动，即检察机关参与社区处遇工作中发现违法信息，可依职权启动调查程序。在收集违法信息基础上，确定调查人员，然后围绕是否存在违法行为收集证据，约见被调查人员或前往被调查机关进行核实，在此基础上确认违法行为存在与否以及轻重程度。

3. “刚性化”改造的纠正机制

目前在社区处遇的检察监督中，纠正机制发挥功效的主要载体是检察建议和纠正违法通知书。鉴于检察建议和纠正违法通知书效力的“弹性化”缺陷，为提升社区处遇检察监督的效能，必须从赋予纠正违法通知书和检察建议以刚性效力入手，来完善检察监督的纠正机制：首先，规范检察监督法律文书的行使方式。“纠正违法通知书”虽然属于法律文书的类型之一，但其作用主要在于告知信息，而其本身对被通知者并无强制力功效。为此，应当从名称上更改“纠正通知书”为“纠正决定书”。当检察机关发现社区处遇机关的执法活动违反法律规定时，应当作出“纠正决定书”，督促其纠正错误，以强化检察监督的规范性和强制性。① 其次，赋予检察监督法律文书以程序性法律后果。程序性法律后果也就是检察监督的效力问题，对此，我国学者龙宗智教授指出：“就监督效力问题改革检察机关法律监督制度，就是要求原则上法定司法监督行为均

① 朱立恒：《我国刑事检察监督制度改革初探》，载《法学评论》2010 年第 1 期。

具有某种法律监督效力，包括：其一，也是最主要的，是重新审议程序发动效力，即引起被监督机关或其上级机关对被监督的行为和法律决定的重新审议程序；其二，要求被监督者按其答复的法律约束力；其三，对某些行政或司法决定，尤其是涉及公民权利的，有暂时中止执行的效力。”[①] 据此，笔者认为，社区处遇中的检察监督的程序性法律后果应当包括以下内容：①纠正期限。对于检察机关发出的“纠正决定书”与检察建议，社区处遇机构应在法定期限内（例如15日内）查明事实情况，如果确有违法情况的，要及时进行整改，追究相关责任人员的责任。②回复制度。立法应当规定：对于检察机关发出的检察建议和纠正违法通知书，被监督对象应在纠正期限届满之日起3日内将整改情况书面通报发出检察建议或纠正违法决定书的检察机关。如果被监督对象对该检察建议或纠正违法通知书有异议的，应当在接到该检察建议或纠正违法通知书之日起7日内向发出机关提出书面异议并说明理由。目前，福州、厦门等市检察院已经通过地方人大立法的形式，确立了检察建议强制反馈制度，并强化检察机关跟踪监督检察建议落实情况的责任，增强了检察建议的权威性和时效性。[②] ③重审程序启动。检察机关对违法监外执行或假释的决定作出纠正决定或检察建议后，应当具有与抗诉同等的效力，启动再审程序。④程序中止。一旦检察机关对社区处遇中的违法行为提出检察建议或纠正决定书，该执行程序就暂时中止，直到该违法行为被纠正之日再恢复执行程序。

4. 权威性保障的弹劾机制

虽然检察监督权是一种程序性权力，检察机关并没有实体处置权，但它对实体处分权却有直接的启动作用，即可借助于外部强制机制对确有违法行为但拒不改正或拖延推诿的被监督对象追究其法律责任。建立社区处遇检察监督弹劾机制，就是要赋予检察机关对社区处遇中的各种违法行为的追责程序启动权，其意义并不仅仅只

---

① 龙宗智：《检察制度教程》，法律出版社2002年版，第100页。

② 张新：《对完善检察建议立法的实证思考》，载《河北法学》2010年第11期。

着眼于惩罚的不可避免，更重要的在于它的警示性。弹劾内容具体包括提出处分意见，提请有关机关撤销职务、移送追究刑事责任等，分别对应轻重不同的违法行为。如果被监督机关对检察机关作出的“纠正决定书”或检察建议置之不理或超过一定期限未实际整改的，检察机关应将该情况通报其上级主管部门，建议对相关责任人员予以纪律处分；对拒不接受纠正决定或检察建议，造成严重后果的，检察机关有权提请主管机关撤销相关责任人员的职务；对玩忽职守构成犯罪的，应立案追究其刑事责任。实施追责程序启动权的工具或载体，主要是检察意见。为确保追责程序启动权的法律效果，可比照二审终审程序对其进行立法设计，即受到追责的社区处遇机关的上级司法行政机关收到检察机关的呈请处分意见后，应当依法进行审查并作出决定，并将决定书副本送交检察机关备案；检察机关收到不予处分的决定书后，认为决定不合法的，可以通过上级检察机关向作出决定机关的上级机关提出复议，该上级机关的决定为最终决定。[①] 弹劾机制的创建，进一步保障了纠正机制的实施功效，增强了社区处遇检察监督机制整体的权威性。

① 刘远：《行政执法与刑事司法衔接机制研究》，载《法学论坛》2009 年第 1 期。

第六章 特殊犯罪人群体的特别处遇

在我国犯罪人群体中，有几类特殊的群体值得我们关注：第一类是未成年人和老年人，他们因为年龄因素导致刑事责任能力降低而需要宽宥；第二类是精神障碍者，他们因精神疾病而导致认识和控制自己行为的能力减弱，因而需要给予特别的处遇；第三类是孕妇，其特殊的生理状况和出于对胎儿的保护，要求我们对其从宽处遇。本章即对上述特殊犯罪人群体的特殊处遇进行阐述。

第一节 未成年人犯罪的特别处遇

一、我国未成年人犯罪处遇的基本原则和刑法规制

（一）我国未成年人犯罪的基本处遇原则

改革开放以来，青少年犯罪是我国刑事犯罪领域的一大热点，未成年犯作为一个特殊的犯罪群体越来越受到社会各界的普遍关注，保护未成年犯罪嫌疑人、被告人及未成年罪犯（以下统称“未成年犯罪人”）的合法权利的呼声日益高涨。在这种形势下，我国逐步建立起一套旨在保护未成年犯罪人的刑事法律制度。经过多年总结和完善，“教育为主、惩罚为辅”成为当前我国刑事司法领域矫治未成年犯罪人的一项最重要的也是基本的法律原则，是对未成年犯罪人进行司法保护的基本指导思想。

“今日之儿童，即次代之国民，欲求国民道德之向上与民族基础之强固，必须扶植今日之可爱儿童，养成次代健全之国民。”[①]但是，并非所有少年儿童都能遵循正常的成长轨迹顺利融入常态社

① 赵琛：《少年犯罪之刑事政策》，载何勤华、姚建龙编：《赵琛法学论著选》，中国政法大学出版社2006年版，第190页。

会，保障未成年人的健康成长是我国政府一直高度重视的问题。1979 年中共中央第 58 号文件首次提出对违法犯罪的未成年人要实行“教育、挽救、改造”的方针，1982 年中共中央再次发文，要求对违法犯罪的未成年人“必须坚决实行教育、感化、挽救的方针，着眼于挽救”。1991 年《未成年人保护法》第 38 条（2006 年修订后第 54 条）明确规定：“对违法犯罪的未成年人，实行教育、感化、挽救的方针，坚持教育为主、惩罚为辅的原则。”这是首次从法律上正式确认了这一原则的基本地位。1999 年颁布实施的《预防未成年人犯罪法》再次将“教育为主、惩罚为辅”原则纳入其中。2001 年，最高人民法院《关于审理未成年人刑事案件的若干规定》为法院审理未成年人刑事案件作了更加详细的规定，并再次强调了审判未成年人刑事案件必须坚持“教育为主、惩罚为辅”的原则。至此，从我国目前的刑事法律体系来看，“教育为主、惩罚为辅”原则作为一项重要的刑事法律原则的地位已经是不容置疑了，关键是如何在司法实践中正确理解、适用和完善。

所谓“教育为主”，就是要求司法机关在办理未成年人刑事案件时，要充分考虑到未成年人特有的年龄特征及生理、心理特征，在办案过程中对未成年人着重进行有针对性的教育，以达到“感化和教育”的目的，不能一审一判了之。所谓“惩罚为辅”，是指不能动辄适用刑罚，刑罚是必要时才动用的惩戒措施，立足挽救改造而适用。“惩罚为辅”不等于不惩罚，而是强调惩罚的目的是使未成年犯罪人吸取教训，改过自新。惩罚只是辅助手段，教育和挽救才是根本的目的。当然，教育不能流于形式，否则会给违法犯罪的未成年人指向轻视或蔑视法律的错误方向。根据这一原则的要求，未成年人案件的司法过程应区别于成年人案件，应分别在公安局、检察院、律师事务所、法院、司法行政部门设置专门机构或者专职人员承办未成年人违法犯罪案件，对违法犯罪未成年人的讯问应当采取不同于成年人的方式，要依法准确、及时地查明起诉指控的案件事实；对于构成犯罪的未成年人，应当帮助其认识犯罪原因和犯罪行为的社会危害性；庭审语言应简明、语气平和，教育用语应生动有效、准确易懂，在既严肃又温和的气氛中寓教于审，惩教结合。

“教育为主、惩罚为辅”原则实际蕴含着一个重要的立法思想，那就是：在刑事司法领域对未成年人的特殊保护。首先，未成年人在生理和心理上发育都还不成熟，辨认和控制能力都比较差，加上法律意识淡薄，很容易受到外界的影响或受到不良的诱惑而走上犯罪的道路。未成年人犯罪的自然治愈论认为，未成年人特有的年龄特征及生理、心理特征决定了他们在躁动的青春期容易犯罪具有一定的必然性，随着他们年龄的增长，个性的沉稳，许多原有的容易犯错的冲动会自然消失。许多未成年人犯罪后都悔恨不已，都有强烈的痛改前非的决心。从这一角度来看，未成年犯罪人具有很大的可塑性，易于接受教育和改造。其次，未成年人是祖国的未来，是民族的希望，对违法犯罪的未成年人进行教育改造，使他们成为服务社会、建设国家的有用之才，在很大程度上减少了社会不稳定的因素，有利于国家的富强和社会的安定。同时，也体现了党和国家对未成年人的关爱，体现了社会主义制度的优越性。正因为如此，在刑事司法实践中必须注重对未成年人的保护。所以，在贯彻“教育为主、惩罚为辅”原则时，应当充分考虑到“保护未成年犯罪人”这一本质性的内涵，不能只是为了教育而教育，为了惩罚而惩罚，而全然忽略了对未成年犯罪人的保护。审判不过是惩罚和挽救未成年犯的一个环节，而且不是最后环节，未成年犯的矫治是一个十分漫长的过程。

（二）我国未成年人犯罪处遇的刑法规制

未成年人既有容易受影响、被引诱走上犯罪道路的一面，也有可塑性强、易被教育和改造的一面，鉴于这些显著不同于成年人的生理和心理特点，我国现行刑法对未成年人犯罪处遇做出了一些特别规定。

1. 刑事责任年龄

根据《刑法》第 17 条，刑事责任年龄可分为三个阶段：第一阶段，不满 14 周岁的，完全不负刑事责任，即法律对不满 14 周岁的人所实施的危害社会的行为，一概不追究刑事责任，但应依法责令其家长或监护人加以管教，也可视需要由政府收容教养。第二阶段，已满14周岁不满16周岁的，相对负刑事责任，即14周岁至16周岁的未成年人犯故意杀人、故意伤害致人重伤或者死亡、强奸、抢劫、贩卖毒品、放火、爆炸、投毒罪（2001年《刑法修正案（三）》改为投放危险物质罪）8种具体的犯罪行为[①]，应负刑事责任。第三阶段，已满16周岁的，完全负刑事责任。根据有关司法解释，“周岁”一律按照公历的年、月、日计算，并从周岁生日的第二天起算。法律在未成年人定罪和处罚问题上所规定的年龄界限，不能有任何伸缩性，如果允许突破界限，将违背罪刑法定原则，容易侵犯违法犯罪的未成年人的人权。与此同时，未成年司法还要把握对不负刑事责任的问题少年的教育和预防矫治。曾有14周岁的未成年人公开宣称“我还能偷两年”，这种无所谓的心态和对法律认知的肤浅偏颇令人震惊，但却是一部分问题少年对刑事责任年龄的颇具代表性的理解。它反映了形式化的法制教育没有使孩子们树立自尊自爱意识和感受法律的威严，反使一些孩子受到某种暗示和纵容。必须将关于刑事责任年龄等与未成年人相关的法律知识完整全面、准确无误地向他们解释灌输。“因不满十六岁不处罚”，并不是不闻不问，听之任之；并不是鼓励“不负刑事责任年龄人”为所欲为，法律的目的是对他们进行教育保护；“不处罚”法律适用的重点在于对这些被不处罚者的法制教育和行为矫治。“因犯有特定的八类犯罪行为而被定罪处罚”，也不是只有刑罚及其带来的痛苦和威慑，还有配套的矫正措施，使其不再重蹈覆辙。

2. 处罚从宽

《刑法》第17条第3款规定，已满14周岁不满18周岁的人犯罪，应当从轻或者减轻处罚。此即我国《刑法》对未成年人犯罪从

① 2002年7月24日全国人民代表大会常务委员会法制工作委员会《关于已满14周岁不满16周岁的人承担刑事责任范围问题的答复意见》：刑法第17条第2款规定的8种犯罪，是指具体犯罪行为而不是具体罪名。

宽处罚的规定。这一规定是基于未成年人责任能力不完全的特点而确立的，反映了刑罚与罪责相适应的原则以及刑罚目的的要求。正确理解对未成年人犯罪应当从轻或者减轻处罚这一规定的含义，包括：第一，该款规定中的“应当”，应理解为“必须”、“一律”，而不是“可以”，不允许有例外，即凡是未成年人犯罪都必须予以从轻或者减轻处罚。第二，处罚从宽，是相对于成年人犯罪而言，即在犯罪性质和犯罪情节相同或基本相同的情况下，对未成年人犯罪要比照对成年人犯罪的处罚予以从轻或者减轻处罚。因为我国没有专门的“少年刑法”，现行刑法又只是一部以成年人为适用对象而制定的“成年刑法”，所以，对于未成年人犯罪处罚从宽的根据即是本款规定。所谓“从轻”处罚，就是在法定刑幅度内比没有未成年这个情节的成年人犯罪所应判处的刑罚适当轻一些，且是在具体犯罪内部相应罪刑单位的法定刑幅度内从轻。所谓“减轻”处罚，刑法第 63 条已明确是“在法定刑以下判处刑罚”，即低于相应法定刑的最低刑罚判处刑罚；减轻处罚，既可以是同一刑种内不同刑度（或数额）的减轻，也可以是减为该法定刑内没有的另一种更轻的刑种。至于是从轻还是减轻，以及从轻、减轻的幅度，则由司法机关根据具体案件确定。最高人民法院《关于审理未成年人刑事案件具体应用法律若干问题的解释》第 61 条还规定，对未成年罪犯量刑应当依照《刑法》第 61 条的规定，并充分考虑未成年人实施犯罪行为的动机和目的、犯罪时的年龄、是否初次犯罪、犯罪后的悔罪表现、个人成长经历和一贯表现等因素，决定对其适用从轻处罚还是减轻处罚，以及从轻处罚或减轻处罚的幅度，使判处的刑罚有利于未成年人犯罪的改过自新及健康成长。

3. 禁止适用死刑

死刑作为一种极刑，剥夺人的生命，大多数国家都禁止对未成年人适用死刑。我国《刑法》第 49 条明确规定，犯罪的时候不满 18 周岁的人不适用死刑。不适用死刑，意指不能判处死刑，包括不能判处死刑立即执行和死刑缓期执行，而非“不执行死刑”，亦非“等满 18 周岁再判决、执行死刑”。对于未满 18 周岁的人禁用死刑，是刚性规定，不允许有任何变通或例外。同时，犯罪的时候不满18周岁，而审判的时候已满18周岁的人，仍然不适用死刑。

4. 从宽适用缓刑

缓刑是一种非监禁化的处遇措施。被适用缓刑的犯罪分子，不需要关押，可以放在社会上进行改造，与监禁刑相比显得更为宽缓。据《刑法修正案（八）》的修订，《刑法》第72条规定，对于被判处拘役、3年以下有期徒刑的犯罪分子，如果犯罪情节较轻、有悔罪表现，没有再犯罪的危险，并且宣告缓刑对所居住社区没有重大不良影响，可以宣告缓刑，对其中不满18周岁的未成年人，则应当宣告缓刑。可见，在同样都符合缓刑适用条件的情况下，对不满18周岁的未成年人，“应当”宣告缓刑，而不是“可以”，即法律规定必须宣告缓刑，不是由法官自由裁量。这就体现了对未成年犯罪人适用缓刑从宽的政策。当然，这里的“不满18周岁”应当是指宣告缓刑的时候不满18周岁，而非犯罪的时候不满18周岁。

5. 不成立累犯

累犯是一种严厉的刑罚裁量制度。根据《刑法》第65条、第74条和第81条的规定，对累犯，应当从重处罚，并且不得适用缓刑和假释。为体现对未成年人的宽宥，经《刑法修正案（八）》修订后刑法第65条第1款规定，被判处有期徒刑以上刑罚的犯罪分子，刑罚执行完毕或者赦免以后，在5年以内再犯应当判处有期徒刑以上刑罚之罪的，是累犯，应当从重处罚，但是过失犯罪和不满18周岁的人犯罪的除外。这里的“不满18周岁的人”，既可以是犯前后两罪时都不满18周岁，也可以是犯前罪时不满18周岁但犯后罪时已满18周岁。未成年人犯罪不成立累犯，既体现了对未成年人犯罪从宽处理的原则，也不至于限制对未成年犯罪人适用缓刑、假释，有利于促进未成年犯罪人的改造。

6. 轻罪免除前科报告义务

《刑法》第100条对有犯罪前科的人规定了前科报告的义务，即依法受过刑事处罚的人，在入伍、就业的时候，应当如实向有关单位报告自己曾受过刑事处罚，不得隐瞒。这就是前科报告制度。当有前科而又犯罪但不构成累犯或者特定再犯的情况下，前科是从重处罚的酌定量刑情节，因为有前科又犯罪，说明犯罪人的人身危险性大，难以改造。所以前科报告制度无疑让犯罪人不光彩的过去再次曝光在众人面前，虽然有助于犯罪人“警醒自新”，但在入伍、就业时候报告前科，也会使自己处于不利的地位，容易受到歧视。犯罪的标签化效应显然不利于刑满释放的犯罪人重新回归社会。而这对于未成年人而言太过严厉。于是，《刑法修正案(八)》增设的《刑法》第100条第2款规定，犯罪的时候不满18周岁被判处5年有期徒刑以下刑罚的人，免除前款规定的报告义务。

二、我国未成年人犯罪特别处遇的完善

刑法上述规定均将未成年人犯罪量刑区别于成年人，一定程度上体现了对未成年人犯罪量刑上的“特殊处遇”理念，体现了对未成年人利益的特别保护。但是，未成年人权益被日益强调并加强保护的今天，未成年人犯罪问题却日益严重，犯罪与刑罚之间似乎出现了矛盾或者不相适应。这也意味着当前关于未成年人犯罪特别处遇存在很大的完善空间。

（一）基本原则的完善

“教育为主，惩罚为辅”是未成年人司法的基本原则，该原则突出了对未成年人的保护，因其内涵较片面，易被形式化地理解，各种特殊保护的规定甚至被误解为通过减少对未成年人犯罪的认定以及减轻对未成年人犯罪的刑罚适用，就能达到保护未成年人并且预防犯罪的目的。而这就走向了“过度轻刑化”的一极，与我国宽严相济的基本刑事政策不符，也不利于对涉法涉罪的未成年人进行矫正。笔者认为，鉴于我国参加的儿童保护国际公约都规定了一些未成年人犯罪处遇的重要原则，反映了国际未成年人司法趋势，应当将其国内法化，既可以弥补国内法中对未成年人犯罪处遇基本原则的不足，又有助于履行国际公约的义务。

1. 双向保护原则

双向保护原则，正式规定于联合国《少年司法最低限度标准规则》（简称《北京规则》）。它是指国家在对有犯罪行为的未成年人所进行的司法活动中，既要注重保护社会秩序、维护社会的稳定和社会公众的利益，对犯罪的未成年人依法惩处，又要注重保护犯罪未成年人的教育和挽救，从而在整个少年司法活动中将二者有机结合起来，以实现秩序和公正的目的，达到最佳的社会效果。20 世纪从 60 年代至 90 年代，英国未成年犯罪人的处遇制度发生了根本转变，英国少年犯罪的日趋恶化，说明一味的福利和保护主义并不能达到双重保护的效果。在此基础上，对未成年犯罪人的处遇也开始向惩罚方向转变。[①] 一味地保护和一味地惩罚都是片面的，关键是要找到对未成年犯罪人惩罚和保护的最佳契合点，当然，前提是遵守“对未成年犯罪人的保护优于打击”这一基本理念。如我国学者康均心教授所说：“双重保护原则的核心，就在于在坚持依法审判的前提下，把重点放在对未成年人的教育、感化、挽救上，从而达到既保护社会，又保护未成年人的一箭双雕的目的。”[②] “我国少年司法实践证明：保护未成年人利益与保护社会利益并不矛盾，是并行不悖的”。[③] 我国少年司法制度在“以事实为依据、以法律为准绳”的原则下，查实犯罪事实、危害轻重、分析原因、积极教育，包括必要的处置与惩罚，达到使犯罪者辨明是非、认罪改错、消除社会危害，从而实现了保护未成年人的利益与保护社会的利益统一。[④] 因此，双向保护，作为我国少年司法实践中的一项事实的基本原则，更应当在立法中规定下来。

---

① 高佳：《论我国未成年犯罪人处遇制度》，苏州大学 2007 年硕士学位论文，第 13 ~ 14 页。

② 康均心：《未成年人刑事审判：中国的实践》，载《法学评论》1995 年第 1 期。

③ 丁年保：《中国少年法庭之路》，人民法院出版社 2004 年版，第 204 页。

④ 郑列：《双向保护原则在中国少年司法中的运用》，载《青少年犯罪问题研究》2004 年第6 期。

2. 儿童最大利益原则[①]

儿童保护的“最大利益原则”，最早由1959年《儿童权利宣言》确认为保护儿童权利的一项国际性指导原则。此后，在若干国际公约和区域性条约中这一原则又多次得到重申。1989年《儿童权利公约》是确立儿童最大利益原则的里程碑，其第3条第1款明确规定：“关于儿童的一切行动，不论是由公私社会福利机构、法院、行政当局或立法机构执行，均应以儿童的最大利益为一种首要考虑。”[②]

所谓儿童利益最大化，即涉及儿童的一切行为，必须首先考虑儿童的最大利益。具体包括尊重儿童生存发展等基本权利原则、无歧视原则、尊重儿童观点原则三个原则。儿童利益最大化原则的确立，其意义在于在涉及处理儿童的所有行为，包括犯罪行为时，不但均应把儿童置于优先考虑的地位，更侧重于考虑如何才能实现儿童的最大利益，确保儿童能在健康而正常的状态和自由与尊严的条件下，得到身体、精神、心智和道德等方面的发展，这一原则成为保障儿童权利的航标。尽管《公约》对“最大利益”内涵和外延并没有具体定义，但是对于其是未成年人刑法领域最基本的原则这一点是毫无疑问的。即对未成年人犯罪的处遇也应坚持儿童利益最大化原则。这部分未成年人虽然实施了对社会有严重危害的犯罪行为，但这并不能成为摈弃儿童最大利益原则的理由。相反，在成年人具有话语霸权的世界，对于作为未来主人的儿童，虽然他们触法涉罪，也不能照搬成人世界的刑法予以处置，处罚与否、如何处罚均应以儿童最大利益为依归。

---

① 我国政府1991年批准的、1989年第44届联合国大会上一致通过的《儿童权利公约》（Convention on the Rights of the Child）将“18岁以下的任何人”界定为“儿童”，与我国《未成年人保护法》中所指的“未成年人”是同一含义。

② 王雪梅：《儿童权利保护的“最大利益原则”研究》（上），载《环球法律评论》2002年冬季号。

（二）少年法院之创设

1. 从少年法庭到少年法院

世界上第一部《少年法庭法》及第一个少年法庭——芝加哥少年法庭，诞生于1899年美国伊利诺伊州。而中国大陆第一个少年法庭——少年犯合议庭，则出现于1984年上海市长宁区（通称“长宁模式”），作为刑庭中的一个专门合议庭，不具有独立性，1988年独立建制，成为少年刑事案件审判庭，但大约从20世纪90年代，特别是90年代中期以来，我国少年司法制度的发展开始面临诸种困难，例如案源不足、机构人员不稳定、少年法庭被“关、停、并、转”等，其中尤以案源不足最为突出。[①] 1998年8月，在成都召开的全国法院“第四次少年法庭工作会议”统计，全国许多地方的少年法庭都被撤销、合并，仅剩余2504个，少年法庭的数量在3年内萎缩超过了1/4。有的地方为扩大收案范围，推动了少年综合案件审判庭的出现，简称“少年综合庭”，最早是江苏省常州市天宁区人民法院于1991年设立，从单一的审理未成年人刑事案件发展为综合审理涉及未成年人的刑、民、经济、行政案件，“天宁模式”为各地所效仿。1998年连云港市决定开展未成年犯罪案件指定管辖试点，设立少年案件指定管辖审判庭，而2000年兰考县法院将原少年刑事案件审判庭变更为“青少年刑事犯罪案件审判庭”，使得18～25周岁的青年被纳入受案范围，可管辖被告人或被害人为25周岁以下（含25周岁）的刑事案件，即“兰考模式”。由于我国地域广阔，各地区的差异较大，这种多元的少年审判机构有其存在的合理性但却不可能是我国少年审判体系的最终格局。[②]

2006年7月20日至21日，最高人民法院在黑龙江省哈尔滨市组织召开了“全国部分中级人民法院设立未成年人案件（综合）

---

① 姚建龙：《少年法院研究》，华东政法学院2003年硕士学位论文，第49页。

② 宋雅歌：《从少年法庭到少年法院——论我国少年审判机构的构建》，华东政法大学2009年硕士学位论文（摘要）。

审判庭试点工作会议”，此次会议一改以往的消极态度，对少年综合庭予以明确的肯定，确定北京市二中院、上海市一中院等18个中级法院为设立独立建制“未成年人案件综合审判庭”（以下简称“少年综合庭”）试点单位，将传统的以仅受理少年刑事案件的少年法庭扩大为受理涉少民事、行政案件和刑事案件为一体的综合性少年法庭。最高人民法院舍弃其他形式的少年法庭而选择原来不支持的少年综合庭作为试点推广，一方面是看重其案源充足，具有稳定少年法庭机构和队伍的重要作用。另一方面从形式上看，少年综合庭颇具“小少年法院”的特点。它可谓少年法院的雏形，试点可以为少年法院的建立积累经验、制造舆论，不失为推动少年法院建立过程中的一个重要步骤。

2. 少年司法的社会支持机制

在二元结构的社会背景下，提高犯罪控制效益的根本出路在于改变刑法运行模式，由“国家本位”向“国家—社会”双本位过渡，加强国家力量和社会力量在犯罪控制方面的协同和配合。① 越来越多人意识到，强大而成熟的社会支持体系是少年司法改革的关键所在。传统的由公检法主打或者单打独斗，或者在体系内部处理问题的方式，不能全面实现保护未成年人、预防其犯罪的目的。如果说社会福利制度存在与否并不能够成为成人刑事司法存在的前提，但是如果没有少年福利就不是少年司法，此乃少年司法与成人刑事司法的重要区别。反观我国，我们在进行少年司法机构改革的过程中，赋予法院、检察院太多本不应该由其承担的社会责任。在司法改革的过程中，应加大外部社会参与力度，形成有力的支持保障体系。② 笔者认为，社会调查制度和法庭之友制度是社会力量参与控制犯罪的典型代表，也是少年司法社会支持机制中特别需要建立健全的两项制度。

（1）社会调查制度。所谓社会调查，又称人格调查，是指在刑

① 参见储槐植：《刑事一体化和关系刑法论》，北京大学出版社1997年版，第408页。

② 参见王新：《中国少年司法热点问题概览》，载《中国青年研究》2011年第5期。

事程序上为了对每个犯罪人都能选择适当的处遇方法，由专门机构对行为人的个人情况、犯罪背景进行专门调查，并对其人身危险性进行系统的评估，然后将调查与评估报告提交法院，供法院在量刑时参考的一种制度。人格调查主要是为了提高“再犯预测”的科学性和准确性，目前已在德日和英美等国被广泛采用。[①] 在各国少年法中，一般都明文规定把进行犯人的人格调查作为运用刑罚的基础。如日本 1948 年《少年法》就规定家庭法院调查少年案件时“务必就少年、保护人或关系人之现状、经历、素质、环境等，运用医学、心理学、教育学、社会学及其他专门知识，努力为之”。我国最高人民法院在 2001 年 4 月 12 日颁布的《关于审理未成年人刑事案件的若干规定》第 21 条中也规定：“开庭审理前，控辩双方可以分别就未成年被告人性格特点、家庭情况、社会交往、成长经历以及实施被指控的犯罪前后的表现等情况进行调查，并制作书面材料提交合议庭，必要时，人民法院也可以委托有关社会团体组织就上述情况进行调查或自行进行调查。”2006 年少年综合庭试点已经实行该制度，但也只是停留在少数法院的试点上，尚未推广。我们认为，社会调查制度的借鉴和创新非常适合未成年人特点，可以避免刑罚机械主义，防止仅依偶发的犯罪事件而致断送未成年人一生的错误，体现对未成年人的人性关怀，应尽快通过立法或者司法解释先行予以规范和推广，使其成为少年刑事审判必经程序，尽快建立一支中立的、专业化的社会调查员队伍和一套比较合理的调查程序和量化考核指标，而目前在开展的方式上，我们倾向于由处于中立地位的人民法院委托妇儿委、共青团、社区、司法行政部门等独立于刑事诉讼之外的社团、单位进行调查并向法院提供。[②]

（2）法庭之友制度。所谓法庭之友（Friends of the Court）是指针对法院有疑问的问题或法律上的观点由有专业特长或独到见解

① 参见马晓：《社会力量参与犯罪控制模式之探索——以“流动少年”犯罪为视角》，载《法律适用》2009 年第 8 期。

② 参见邓修明：《论未成年人刑事司法体制创新》，载《社会科学研究》2005 年第 3 期。

的人或组织提交书面意见，其目的是帮助法院正确裁判。它源于罗马法，后被移植到美国法中并得以繁荣发展。[①] 一般提交法庭之友意见有三条途径：法院要求某些专业组织或人士提供；对案件感兴趣的个人或组织，主动要求经法院允许提交；当事人联系有关机构，请求经法院允许提交意见。[②] “法庭之友”的作用是：对案件可能涉及的尖端技术，或敏感的宗教伦理，还有关系到国家的国际声誉，或者社会舆论反响十分强烈等超越了法律知识的复杂性问题，由法庭之友向法庭提出详细的陈述并表明鲜明立场。与此类似的是我国部分司法机关建立的以法学家为主体的特邀咨询员制度，但是法学家毕竟是单一群体，专业知识结构也略显单一。我们认为，少年审判涉及的案件类型多，法律领域宽，除了审理刑事案件外，还审理民事、行政案件，知识面要求更广，并要具备一定的社会学、教育学、心理学、犯罪学等相关知识。这就对少年法庭的法官提出了更高的要求，除了加强少年法庭法官的选配和培训以外，法庭之友制度是一项不错的选择，可以弥补法官裁判的专业基础的欠缺。如由儿童心理专家对严重越轨或犯罪少年进行一定的心理评估和心理干预，加强对未成年当事人的心理矫正和疏导，为法院裁判提供科学参考，为判后有针对性的矫治提供客观依据。而且，相比目前司法机关建立的专家咨询或者专家鉴定人，“法庭之友”制度提供了更为开放的平台，在民意参与司法方面发挥了独特的、明显的作用，使得少年法庭裁判更具民意基础，更容易地获得公众认同。

（三）非刑罚化及其实现路径

1. 非刑罚化的必要性

鉴于未成年人特殊的生理、心理特征，现代刑法理论和刑事政策均认为，对未成年人犯罪的刑事追究，目的在于教育挽救，而非

---

① 参见张小燕、齐树洁：《程序输入的新渠道——“法庭之友”制度及其借鉴意义》，载《厦门大学法律评论》总第11辑，厦门大学出版社2006年版，第53页。

② 参见于秀艳：《美国的法庭之友》，载《法律适用》2005年第4期。

惩罚报复。许多法治国家都淡化对未成年罪犯适用刑罚的观念，而代之以保安处分和教育处分等非刑罚处理方法。对未成年人来说，非刑罚方法较之刑罚具有以下优点：一是可以避免未成年犯罪人因被判处实刑而在监禁场所受到交叉感染，降低其再犯的可能性；二是减少犯罪的“标签化”阴影，有助于失足少年的重新社会化，以保证其受教育权、就业权等的顺利实现；三是在一定强制条件下矫治未成年犯罪人违法犯罪的倾向，医治其不健康的心理，使其成为自食其力、遵纪守法的公民；四是以形式上的惩罚平息被害人和社会的公愤，使被害人从犯罪造成的痛苦中解脱出来，达到补偿安抚的目的，也对虞犯少年起到一定威慑作用。国际公约认为，对待犯罪的未成年人，应当优先适用非刑罚措施，尽量少用监禁等刑罚措施，即便使用监禁刑罚措施也应最大程度地加以限制。《北京规则》第 18.1 条要求：“应使主管当局可以采用各种各样的处理措施，使其具有灵活性，从而最大限度地避免监禁。有些可以结合起来使用的这类措施包括……”①

我国《刑法》也规定了一些非刑罚措施，如第 17 条第 4 款规定：“因不满 16 周岁不处罚的，责令他的家长或者监护人加以管教；在必要的时候，也可以由政府收容教养。”第 37 条规定：“对于犯罪情节轻微不需要判处刑罚的，可以免予刑事处罚，但是可以根据案件的不同情况，予以训诫或者责令具结悔过、赔礼道歉、赔偿损失，或者由主管部门予以行政处罚或者行政处分。”但我国的非刑罚措施存在很大缺陷：一是非刑罚处罚方法未整合社会资源共同实施，要么由政府承担，要么由未成年人个人承担，未能发挥综合治理的优势；二是非刑罚处罚方法多为一次性处理，如训诫、责令具结悔过、赔礼道歉、赔偿损失等，难以真正发挥矫治功能，反而给人一放了之的感觉，社会也难以接受；三是非刑罚处罚措施缺

① 《北京规则》规定，这类措施具体包括：“（a）照管、监护和监督的裁决；（b）缓刑；（c）社区服务的裁决；（d）罚款、补偿和赔偿；（e）中间待遇和其他待遇的裁决；（f）参加集体辅导和类似活动的裁决；（g）有关寄养、生活区或其他教育设施的裁决；（h）其他有关裁决。”

乏量刑阶梯，难以体现对一般不良行为与严重不良行为、一般违法行为与严重违法行为的区别对待和不同程度警示作用，以致造成司法实践中往往只有要么升格处理判处刑罚，要么降格处理免除刑事处分后一放了之。因此，需要对我国的非刑罚化方法重构。

2. 非刑罚化实现的具体路径

（1）建立健全刑罚犹豫和司法转处制度

实践证明，无论在监狱内如何模仿社会方式运行，监禁刑实质上都使罪犯与真实的社会相隔离，虽然在监禁场所也可以培养部分技能，但作为个体的人与现实社会脱离时间越长其就越难以再融入社会，人格异化使社会对其也产生排斥力，因此，监禁刑除具有报应性和一般预防性外，在使罪犯回归社会的特殊预防性方面收效甚微。所以，非刑罚化首先就要尽可能避免刑事司法处遇，缩小刑罚适用范围。具体方法如：在侦查阶段，建立微罪处分机制；在审查起诉阶段，设立暂缓起诉和不起诉制度；在审判阶段，实施暂缓判决。《刑事诉讼法》对第二阶段已经有所规定，但是对于第一、三两阶段则尚缺乏刑罚犹豫和司法转处规定。总之，赋予警察、检察官、法官对于犯罪性质不严重、情节轻微、初犯、偶犯或其他情有可原的未成年人一定的自由裁量权，代之以行政处罚、刑罚替代措施、社会帮教等非刑罚方法，使其改过自新，又免于背上刑罚烙印。

（2）改革现有非刑罚处罚方法

①训诫、责令具结悔过、赔礼道歉三者合一，可称为“司法警告”，即由司法机关对未成年犯罪人予以口头警告，加以批评教育，并要求其做出书面悔改保证；如果存在被害人，还应当要求未成年犯罪人当场做出赔礼道歉的举动。②修改“建议主管部门予以行政处罚或行政处分的规定”为“建议主管部门予以纪律处分的规定”，理由就是未成年人不归属于任何行政单位，无从给予行政处罚或行政处分。教育部（局）一般不直接管理学生，而是管理各类学校、办学机构和教师。如果说未成年人的主管部门是学校，那么学校的处分只能是纪律处分，诸如不发毕业证或学位证、退学或开

除学籍等行政处分不仅无法起到教育挽救未成年人的作用，还会适得其反。③赔偿损失应当限制在未成年人有一定经济条件或者家庭经济条件宽裕的情形下适用，以避免牵累无辜，并且，未成年人可以劳动作为易科。

（3）创新非刑罚处置措施种类

第一，善行保证。责令其监护人交付金钱，或者由某些有固定住处、且有能力对未成年人进行监护的人员或者单位作出担保，保证未成年人在一定期限内，不再实施任何违法犯罪行为。如果因违反规定再次受到治安拘留以上的处理，担保金予以没收，或者取消担保人的担保资格，重新对未成年人适用刑罚措施。

第二，社会服务令。鉴于《刑法修正案（八）》已规定禁止令，可以禁止未成年人在一定时期接触于其有害的人、物或场所，但是这毕竟是消极的隔离，还需要辅之以积极的改造，故有必要将社会（区）服务令法定化，扩大适用范围，成为社区矫正的补充。即由司法机关责令免予刑事处罚的未成年人在指定的场所内完成一定期限的劳动，使之在劳动中得到帮助和教育。社会服务的项目可由司法人员根据本地情况选定，如打扫社区或者学校的环境卫生；协助警察维护交通秩序；到附近的敬老院、福利院、孤儿院、医院、公园、市政办公大楼参加义务劳动；组织参加各种文体活动；参观监狱、少管所；学习背诵、抄写法律、纪律规则等。

第三，管教协助。有的未成年人走上犯罪道路与家庭管教不严有很大的关系，因此，对于免除刑事处罚的未成年人，如果其家庭无力管教或者管教不当，可以由法院派辅导员对未成年人进行帮教。责令父母或者监护人严加管教的同时，司法机关应当出具司法建议，督促和帮助父母或者监护人适当地纠正未成年人的不良行为，并规定在一定时期内未成年人向司法机关作思想汇报。而且，根据我们近五年来的案件统计发现（如下表），未成年犯案高发期年龄段为16～17岁，正是初中毕业，义务教育已结束而又未能升高中，流入社会但尚难就业，是一段典型的学校和家庭双脱管阶段，所以管教协助措施十分必要。

2007～2011年江苏省镇江市经济开发区人民法院未成年犯罪统计①

年度	案件类型	作案人数（人）	年龄（岁）	文化程度
2007	盗窃	12	16～17	初中
	寻衅滋事	4	16～17	中专—初中
2008	聚众斗殴	1	17	小学
	盗窃	6	16～17	文盲—初中
	寻衅滋事	3	17	初中
2009	抢劫	5	14～17	初中—高中
	盗窃	2	16～17	初中
	寻衅滋事	1	16	初中
2010	抢夺、抢劫	3	15～17	初中
	盗窃	3	16～17	小学—初中
	聚众斗殴	8	16～17	小学—职高
2011	交通肇事	1	17	初中
	盗窃	2	17	小学
	危险驾驶	1	17	初中

（4）部分行政处罚措施的司法化改造

劳动教养、收容教养和收容教育等行政处罚措施饱受诟病，建议废除劳动教养和收容教育，保留收容教养，对其进行司法化改造。收容教养涉及剥夺未成年人人身自由，由公安机关单独决定和执行显然难以保证未成年人的利益得到最大程度的维护，建议改为由人民法院审理决定，公安机关负责执行。

另外，工读学校适用范围要扩大，由主要是适用于有违法或者不良行为的少年扩大至包括犯罪少年在内。工读学校集控制和教育于一体，对矫治不良少年起到了重要作用，然而目前工读学校的数量在逐年减少，且全国各地发展很不平衡。我们建议将工读学校纳入未成年人犯罪非刑罚处罚措施的体系中，对于某些免予刑事处罚

① 该统计数据由江苏省镇江市经济开发区人民法院钱晓龙主任提供，在此表示谢忱。

的未成年犯罪人，如果尚未完成义务教育、家庭又无监管条件，司法机关可以判令其进入工读学校加以严格教育。

（5）将轻罪封存制度推进为前科消灭制度

修改后的刑事诉讼法对未成年犯罪人增设了轻罪封存制度，旨在通过封存犯罪记录，消减轻罪未成年人被社会群体排斥的几率，去掉未成年人改过自新道路上的“包袱”，有益于未成年人升学、就业，有助于其再重新社会化。但是，这一改革略显保守，对未成年人的保护并不彻底，因为在特定情形下该犯罪记录仍可以被查到，并且彻底保密尤为困难，一旦泄露造成不良影响也无法予以有效的法律救济。我们建议同许多国家一样，对未成年人的轻罪记录设置一定的考验期，考验期满，表现良好，就撤销犯罪记录，对前科予以消灭。人在年少轻狂时犯错难免，没有必要一直影响一辈子，社会多一点宽容才能多一份和谐。

第二节　老年人犯罪的特别处遇

一、中国老年人犯罪处遇的现行刑事政策及立法解读

德国著名犯罪学家施奈德指出，人们把所有60岁或60岁以上的老人所实施的犯罪行为统称为广义上的老人犯罪，而狭义的老人犯罪是指由于人的身体、心理、社会生活等方面处于老年化的过程而引发的犯罪行为。[①] 无论是广义的还是狭义老年人犯罪都离不开对老年人年龄的界定。我国1996年制定的《中华人民共和国老年人权益保障法》第2条规定：“本法所称老年人是指60周岁以上的公民。”同时我国现行的老年人退休标准中一般男职工为60周岁，女职工为55周岁。法律上将60周岁以上的人定义为老年人是合乎我国国情的。

（一）关于老年人犯罪量刑处遇的争议及立法回应

随着我国步入老龄化社会，老年人犯罪逐渐增多，对老年人量

① 参见［德］汉斯·阿约西姆·施奈德：《犯罪学》，吴鑫涛等译，中国人民公安大学出版社1990年版，第758页。

刑是否应当从宽的争论声不绝于耳，而《刑法修正案（八）》草案一公布，则掀起了一股关于老年人犯罪是否免死的全民大讨论。

老年人犯罪是否应当从宽量刑？赞成者认为，“矜老恤幼”是我国传统美德，既然法律规定未成年人犯罪应从宽处罚，那么没有理由不宽恕老年人。古代封建统治者从长期的实践经验中，深知老年人活力衰竭，心智、体力都不支持其进行危害封建皇帝和国家政权的活动，即使犯罪，其社会危害性也会大大降低，不足以对封建统治构成多大威胁，所以在立法上对其作出犯罪宽宥的规定。如汉宣帝元康四年诏曰：“朕惟耆老之人，发齿堕落，血气衰微，亦亡暴虐之心，今或罹文法，拘执囹圄，不终天命，朕甚怜之。自今以来，诸年八十以上，非诬告杀伤人，它皆勿坐。”① 那么，当今文明社会就更不应该苛责失足老年人。反对者则坚持“罪责刑相适应”，老年人犯多大的罪就依法适用多重的刑罚，不能因为年龄大就可以逃避或减免处罚，他们与未成年人不同，未成年人生理心理尚未成熟，刑事责任能力不完全而产生行为偏差，主观恶性较小，而老年人心理生理都很成熟，且拥有充足的社会经验和丰富的人生经历，虽然身体逐渐衰弱，但仍触法犯罪，则主观恶性较大，不容从宽。

老年人犯罪是否应当免死？主张不适用死刑的理由是：符合“少杀慎杀”的限制死刑政策；70 岁以上老年人犯死罪几率很低，不会冲击司法体系，还可改善我国司法的国际形象；符合刑法伦理精神。而反对者认为，刑法面前人人平等，年龄大不是不判处死刑的理由，否则助长为老不尊、任意犯下重罪、雇佣老人犯罪，有的老人体力智力精神状况良好，犯罪手段残忍。全国人大常委会委员李连宁的想法代表了很多人的疑问。他说，假设有一位老人划了根火柴，本来想烧某家人的房子，结果火灾殃及整栋大楼，造成了几十人、上百人的死亡。划了根火柴，手段不残忍，后果很严重，该不该判死刑？另一位全国人大代表张淑琴想得更远，“如果 75 周岁

① 《汉书》卷 8《宣帝纪》。

以上的老人被人利用，从事贩毒以及严重影响国家安全的其他活动，后果非常严重怎么办?”甚至有人认为，贪官是老年人中涉死刑的高危群体，老人免死在一定程度上就是贪官免死。同为此次修正案中限制死刑的新规，老人免死比取消13个死刑罪名在网络上得到更多的评论，几大主流网站上的网友跟帖，基于对中国社会现实状况的担心，他们几乎表达了一边倒的反对。

对于上述争论，立法采取了保守的态度，即对老年人犯罪持“部分”从宽和“一定限度的”免死。

（二）老年人犯罪处遇的现行刑事政策立场

2011年5月1日生效的《刑法修正案（八）》对老年人犯罪处遇作出特别规定，内容有三：一是规定了老年人犯罪的一般从宽原则，《刑法修正案（八）》第1条规定：“已满七十五周岁的人故意犯罪的，可以从轻或者减轻处罚；过失犯罪的，应当从轻或者减轻处罚。”二是原则规定了老年人犯罪免除死刑，但有例外，第3条规定：“审判的时候已满七十五周岁的人，不适用死刑，但以特别残忍手段致人死亡的除外。”三是规定了老年人犯罪适用缓刑从宽，第11条对已满七十五周岁的老年人犯罪适用缓刑作了和未成年人、怀孕的妇女犯罪适用缓刑相同的规定，即只要符合缓刑条件的，是“应当”宣告缓刑，而非选择性的“可以”缓刑。该立法严格限定老年人犯罪从宽或免死的年龄为75周岁以上，并区分故意与过失，手段特别残忍与否等情形，可谓对老年人犯罪“部分”从宽和“一定限度的”免死。不过总体而言，仍体现了“矜老”精神，虽略显保守。其实，早在2010年2月，最高人民法院发布《关于贯彻宽严相济刑事政策的若干意见》第21条明确规定：“对于老年人犯罪，要充分考虑其犯罪的动机、目的、情节、后果以及悔罪表现等，并结合其人身危险性和再犯可能性，酌情予以从宽处罚。”第34条规定对于老年犯依法减刑、假释时，应当根据悔改表现予以从宽掌握。

上述规定反映的刑事政策立场可以解读为两个方面，一是国家密切关注老年人犯罪，及时出台相关法律措施予以规范；二是老年人犯罪适用宽严相济刑事政策，并且根据案件具体情况可以从轻、从宽处罚。“两减少、两扩大”的刑事司法指导方针就包含了对老年犯罪人处遇从宽的刑事政策，即对“罪行轻微的老年减少判刑、扩大非罪处理；非判刑不可的，依法减少监禁刑、扩大适用非监禁刑和缓刑”。对老年人犯罪予以从宽处罚，不仅符合现代世界主要国家对老龄犯罪量刑和行刑宽宥的通例，而且也与我国传统社会矜老恤刑的立法原则和规范相契合。

二、老龄犯罪宽宥是中国传统社会法律中的精华①

中国素有尊老敬老的优良传统，表现在法律方面，是对老龄犯罪与成壮年犯罪在立法例上的明显差异与减缓、定罪量刑与行刑上的宽宥。

1. 先秦时期

我国古代典籍《礼记·曲礼上》记载：“八十、九十曰耄，七年曰悼。悼与耄，虽有罪，不加刑焉。”这说明周朝80岁以上的老人与7岁以下的幼童犯罪都可免除刑罚。《周礼·秋官·司刺》记载有三赦之法：“一赦曰幼弱，再赦曰老耄，三赦曰蠢愚。”即年幼无知的儿童、年事已高的老人及智力低下的痴呆者违法犯罪，依法予以赦免，不追究其刑事责任。据《汉书·刑法志》记载：西周时法律规定，“凡有爵者，与七十者，与未龀者，皆不为奴。”至战国初年，我国第一部成文法典《法经》，把年龄和犯罪情节作为定罪量刑的重要依据。“其减律略曰：罪人年十五以下，罪高三减，罪卑一减。年六十以上，小罪情减，大罪理减。”② 即十五岁以下的罪犯，罪重的减三等，罪轻的减一等。六十岁以上的罪犯，无论罪大罪小都要酌情减罪。从先秦开始，在立法上就奠定了老年人犯罪减免刑罚的发展方向。

① 本部分论述参照和节选了张先昌教授、刘新媛合作的论文《老龄犯罪宽宥的中国传统法考察》，在此表示感谢。

② 桓谭：《新论》卷下《补遗》。

2. 秦汉与三国两晋南北朝

汉初，由于秦朝的苛政和连年战争，社会生产遭到严重破坏，最高统治者需要一个相对稳定的社会政治环境，使人民休养生息，恢复发展生产，以巩固刚刚建立的封建政权，在这一背景下，“约法省刑”的立法指导思想得以确立，进而废除野蛮的死刑、残酷的肉刑以及老幼犯罪减免刑罚成为汉代前期立法与司法的主流。反映汉代前期法律状况的张家山汉简《二年律令》，摒弃秦朝以身高划分刑事责任的做法，改为以自然年龄作为划分的标准。《二年律令·具律》：“公士、公士妻及老行年七十以上，若年不盈十七岁，有罪当刑者，皆完之。”即有爵位身份高贵者及其妻子、年龄70岁以上的老人和不满17周岁的少年儿童，其刑事责任是受限制的，受刑者皆排除肉刑。《汉书·惠帝纪》也有“民年七十以上若不满十岁有罪当刑者，皆完之”的记载。《汉书·刑法志》载汉景帝诏曰：“高年老长，人所尊敬也；鳏寡不属逮者，人所哀怜也。其著令：年八十以上，八岁以下，及孕者未乳，师、侏儒当鞠系者，颂系之。”特殊群体犯罪从宽制度在西汉前期得以确立和发展。

西汉中叶以后，儒家思想被定为一尊，其伦理原则开始法律化。在法律条文中，矜老宽刑的内容进一步系统化、明确化。及至汉代后期，宣帝元康四年诏曰：“自今以来，诸年八十以上，非诬告杀伤人，它皆勿坐。”[①] 平帝元始四年，“明敕百僚，妇女非身犯法，及男子年八十以上七岁以下，家非坐不道，诏所名捕，它皆无得系”。[②] 尊老怜幼，抚恤鳏寡、孤独、废疾等是儒家提倡的伦理道德，重申和强调对老年人犯罪从宽处罚，是儒家“宽刑主义”刑罚思想影响的结果。东汉建武三年诏曰：“男子八十以上，十岁以下，及妇人从坐者，自非不道、诏所名捕，皆不得系。当验问者即就验。”[③] 郑玄注《周礼》引汉律：“年未满八岁，八十以上，非手

① 《汉书》卷8《宣帝纪》。

② 《汉书》卷12《平帝纪》。

③ 《后汉书》卷1上《光武帝纪》。

杀人，他皆不坐。"[①] 西汉后期完善了老龄犯罪从宽的相关法律规定。

三国两晋南北朝虽处于中国封建社会的分裂战乱时期，但关于老年犯罪减免刑罚的规定，却在各朝代的律典中继承下来。如《晋书·刑法志》载晋律："若八十，非杀伤人，他皆勿论。"《魏书·刑罚志》载北魏律："年十四已下，降刑之半，八十及九岁，非杀人不坐。""八十已上，八岁已下，杀伤论坐者上请。"

3. 隋唐时期

隋朝开创了我国历史上第二次大一统局面，其政治法律制度综合南北，不断发展完善，在中国古代法制史上处于承前启后的重要地位。唐王朝建立后，承袭隋制，又不断创新，从而奠定了中国传统社会后期的法制模式和发展方向。隋唐时期，关于老年犯罪的处罚，在律典中规定得更详细、更具体，形成了一整套关于老年人犯罪及承担刑事责任的完善制度。《唐律疏议·名例律》"老小及疾有犯"条规定："诸年七十以上、十五以下及废疾，犯流罪以下，收赎。八十以上、十岁以下及笃疾，犯反、逆、杀人应死者，上请；盗及伤人者，亦收赎。余皆勿论。九十以上，七岁以下，虽有死罪，不加刑；即有人教令，坐其教令者。若有赃应备，受赃者备之。"[②] 由此不难看出，唐代对老幼残疾刑事责任年龄的规定分为三个档次：已满70岁不满80岁的老年人、15岁以下的未成年人及废残者，是减轻刑事责任阶段，犯流罪以下的，允许收赎；已满80岁不满90岁的老年人、10岁以上、15岁以下的未成年人及笃疾者，是相对负刑事责任阶段，只对几种严重犯罪如谋反、大逆、杀人负刑事责任，但应上请皇帝裁决，对其他犯罪则不负刑事责任；已满90岁的老年人、7岁以下的儿童，是不负刑事责任年龄阶段，即使犯有死罪，亦不承担刑事责任。

---

① 《周礼·秋官·司刺》郑玄注。

② ［唐］长孙无忌等撰：《唐律疏议》，刘俊文点校，中华书局1983年版，第80～85页。

4. 宋明清时期

宋、明、清三代关于老年犯罪宽宥的规定与唐代大致相同。[①] 以宋代为例，《宋刑统·名例律》“老幼疾及妇人犯罪”门规定：“诸年七十以上、十五以下及废疾，犯流罪以下收赎。八十以上、十岁以下及笃疾，犯反逆、杀人应死者上请，盗及伤人者亦收赎，余皆勿论。九十以上、七岁以下，虽有死罪不加刑，即有人教令，坐其教令者，若有赃应备，受赃者备之。诸犯罪时虽未老疾，而事发时老疾者，依老疾论。若在徒年限内老疾亦如之。犯罪时幼小，事发时长大，依幼小论。”

此外，在《宋刑统·名例律》“老幼疾及妇人犯罪”门律文之后，还附以“准”《刑部式》：“诸准格敕应决杖人，若年七十以上、十五以下及废疾，并斟量决罚。如不堪者复奏，不堪流徒者亦准此。八十以上、十岁以下、笃疾，并放，不须复奏。”宋朝建国后，为厘革五代以来的酷刑，在刑罚制度方面实行重大改革，增创“折杖法”，作为代用刑，替代五刑中的笞、杖、徒、流刑。其基本原则是，行刑时将原刑罚折算成一定的杖刑，以统一的刑具击打犯人的臀部或脊背。其目的是“流罪得免远徙，徒罪得免役年，笞杖得减决数”。[②] 作为宽刑的对象，如果七十岁以上、十五岁以下及残疾者犯罪，应斟量决罚；身体不胜科责者复奏。八十岁以上、十

① 《大明律·名例律》“老小废疾收赎”条规定：“凡年七十以上、十五岁以下及废疾，犯流罪以下，收赎。八十以上、十岁以下及笃疾，犯杀人应死者，议拟奏闻，取自上裁。盗及伤人者，亦收赎。余皆勿论。九十以上、七岁以下，虽有死罪，不加刑。其有人教令，坐其教令者，若有赃应偿，受赃者偿之。”“犯罪时未老疾”条规定：“凡犯罪时，虽未老疾，而事发时老疾者，依老疾论。若在徒年限内老疾，亦如之。”（《大明律》，怀效锋点校，辽沈书社1990年版，第12~13页。）《大清律例·名例律下》“老小废疾收赎”条规定：“凡年七十以上，十五以下，及废疾，犯流罪以下，收赎。八十以上，十岁以下，及笃疾，犯杀人应死者，议拟奏闻，取自上裁；盗及伤人者，亦收赎；余皆勿论。九十以上，七岁以下，虽有死罪，不加刑；其有人教令，坐其教令者；若有赃应偿，受赃者偿之。”“犯罪时未老疾”条规定：“凡犯罪时虽未老疾，而事发时老疾者，依老疾论。若在徒年限内老疾，亦如之。”（《大清律例》，田涛、郑秦点校，法律出版社1999年版，第106~107页。）

② 《文献通考》卷168。

岁以下与笃疾者犯罪，不须复奏，一概放人。

另附有“准”唐天宝元年十二月十八日敕节文：“刑部奏准律八十以上及笃疾，犯反逆、杀人应死者上请，盗及伤人收赎，余皆勿论。臣等众议，八十以上及笃疾人有犯十恶死罪、造伪、劫盗、妖讹等罪至死者，请矜其老疾，移隶偏远小郡，仍给递驴发遣。其犯反逆及杀人，奏听处分。其九十以上、十岁以下，请依常律。敕旨依奏。”[①] 宋代在唐律、敕的基础上，对八十岁以上及严重疾病患者犯罪，在刑事政策上又进一步放宽，只作移乡处理，并备驴骑用以代步，对老龄犯罪的宽宥、照顾前所未有。

北宋神宗元丰五年，开封府言：“令文：诸老幼疾病犯罪应罚铜而孤贫无以入赎者，取保矜放。本府日决狱讼，应赎者多孤独贫穷，又无邻保，不免责厢巡状，以便取保之文。自今乞从本府审察，贫乏直行放免。”[②] 该条史料一方面说明对特殊群体犯罪进一步减免的趋势，放免孤独贫穷的老幼、疾病案犯，而不必赎铜；另一方面，说明该条法令在司法实践中得以较好的贯彻执行，并受到皇帝的肯定，故曰“从之”。

宋代律、式等成文法对老龄犯罪、刑罚及量刑的规定是较为完善的，特别是律作为根本法，始终起着其他法律不可替代的作用；敕、令是以皇帝名义发布的命令，宋代大量修纂编敕对律进行损益和补充，敕、律并行不悖，在很大程度上，敕、令是律条的发展和细化，便于司法官操作实施。

通过对中国古代老龄犯罪宽宥的历史考察，我们可以得出这样的结论：从先秦时代始，历代王朝都以立法的形式确立了老年犯罪减免刑罚这一规范，并且一以贯之，经久不衰。随着时代的进步和立法水平的提高，法律的相关规定越来越完善。与刑罚制度向着文明、轻缓的方向发展相一致，老龄犯罪所承担的刑事责任也越来越轻，年龄越长承担的刑事责任越小，九十岁以上的老人犯罪免除死

① ［宋］窦仪等撰：《宋刑统》，吴翊如点校，中华书局1984年版，第56～60页。

② 《续资治通鉴长编》卷323。

刑。从刑法理论上说，这一规定具有确认刑事责任能力的意义。这是中国古代德主刑辅、量刑从宽指导思想和尊老、敬老政策在立法上的体现，给我们留下诸多启示：

第一，立法不能割断历史文化传统，不能忽视民众普遍的道德情感、基本的价值观念和沿袭已久的生活习惯，传统道德和习惯是立法不可或缺的“本土资源”。只有充分反映大众生活常理、常情的法律才可能更容易得到认同与信仰，从而被自觉遵守与执行。① 老龄犯罪从宽处罚，符合民众的文化心理与道德观念，能够获得全社会道德信念的普遍支持而得到较好的贯彻执行。

第二，任何一部法律，特别是刑法，其立法指导思想要具有长期性、稳定性，条文要保持协调性、一致性。法律才可能是“善法”，法律的权威才可能树立。老龄犯罪宽宥作为恤刑条款，始终贯穿于中国封建社会各王朝的法律之中。作为一项重要的法律规范，它不是一个孤立的现象，有关涉及老年人的立法如赋予尊长种种权力，“亲亲相隐”、“存留养亲”等条款之间相互配合、支持，构成了尊老、敬老、老有所养、老龄犯罪宽宥等完整的体系，这既体现了封建律典的周密设计，也是维护宗法制社会的必然选择。

第三，政策与法律的关系要保持统一性。政策是制定国家法律的基本依据，对立法具有指导作用，政策的贯彻和实现也离不开法律的推动和保证。以我国古代尊老尚齿政策为例，《礼记·祭义》中记载：“昔者有虞氏贵德而尚齿，夏后氏贵爵而尚齿，殷人贵富而尚齿，周人贵亲而尚齿。虞夏商周，天下之盛王也，未有遗年者。年之贵乎天下久矣，次乎事亲者也。”“居乡以齿，而老穷不遗……军旅什伍，同爵则尚齿。”这段史料反映了传统社会无论乡里交往还是军旅生活都以年长为敬，并逐渐发展成为完善的尊老、敬老、养老制度。正因为中国古代有了“以孝治天下”的基本国策

① 参见张建军：《老龄犯罪宽宥论——以贯彻“宽严相济”的刑事政策为视角》，载《西南政法大学学报》2007 年第 4 期。

和具体的尊老、敬老政策，老龄犯罪宽宥、亲亲相隐、存留养亲等才可能载入律典，成为法律规范，法律体现了政策的精神和内容。

三、中国老年人犯罪特别处遇制度之完善

（一）老年人犯罪处遇之域外立法先例

从世界其他国家或地区的刑事立法关于老年人犯罪的规定来看，主要可以划分为如下几类：

1. 在刑法总则中，对老年人犯罪规定予以从轻、减轻或者免除处罚，或者对不同年龄的老年人犯罪规定不同的从宽处罚幅度。如《墨西哥刑法》第 34 条、《荷兰刑法》第 3 章第 3 条都规定，70 岁以上的老年人犯罪的，免除刑罚。1940 年《巴西刑法典》第 48 条规定，犯罪人超过 70 岁的，是处刑的从轻情节之一。

2. 对老年人适用死刑进行限制。如现行《蒙古国刑法典》第 53 条第 4 款规定："60 周岁以上的人和犯罪时未满 16 周岁的人不得适用死刑。"《俄罗斯联邦刑法典》第 59 条第 2 款规定："死刑不适用于妇女以及犯罪时未满 18 周岁的人和法院下判决时已满 65 周岁的男性。"

3. 在刑罚执行的种类、内容、方式上对老年人犯罪予以从宽处罚。如 1916 年《蒙古刑法典》第 19 条规定："剥夺自由刑的最高期限不得超过 15 年，但对犯罪时 60 岁以上的男子和 50 岁以上的女子，剥夺自由刑的期限不得超过 10 年。"法国《新刑法典》第 131 ~ 132 条规定："被判刑人年龄达 65 岁者，禁止居留自然停止。其他剥夺自由的刑罚（徒刑、监禁刑），如被判刑人是老年人，可以在收容监狱内执行。"《日本刑事诉讼法》第 482 条规定，被判刑人年龄在 70 岁以上时，可经一定程序批准而停止执行剥夺自由刑。"

4. 放宽适用缓刑、减刑、假释的条件。1940 年《巴西刑法典》第 30 条规定："对被判处监禁刑的犯罪人不得适用缓刑，但犯罪人超过 70 岁，且所监禁不超过 2 年的，可以宣告缓刑。"《意大利刑法典》第 163 条第 3 款规定："如果犯罪由……满 70 岁的人实施的，当所科处的限制人身自由刑不超过 2 年 6 个月时，或者当单处

或与监禁刑并处的财产刑依据第135条折抵后相当于总共不超过2年6个月限制人身自由刑时，可以决定暂缓执行。”

综上，国外对老年人犯罪处遇主要呈现这样两个特点：第一，从轻量刑。诸多国家立法考虑到年龄引起身体或精神衰退而实施犯罪应是量刑中需考虑从轻的因素，因此多以高龄为由减轻或免除刑罚。特别是在死刑适用上，国外对老年人限制适用死刑的年龄起算点普遍比我国要低，既是为了使老年人真正得到国家宽宥的福利，也是基于对刑罚一般预防和特殊预防功能在老年人身上的极其有限性的理性认识。第二，节约监禁成本，多适用缓刑或非监禁刑或提前释放老年犯。杂居（老年犯与年轻犯人关在一起）不利于老年人的改造及回归社会，监狱设施及经费不足以支撑老年犯人的生活、医疗等问题。因而，从节约监狱监禁成本考虑，一般倾向于放宽适用缓刑、减刑、假释的条件，但我们认为，也不能因此放纵老年人犯罪，姑息其作奸犯科的主观恶性，所以，完善老年犯的监禁替代措施可能是必要选择。

（二）中国老年人犯罪特别处遇完善路径

1. 降低死刑豁免年龄

死刑豁免年龄的上限在我国现行刑法中规定为75岁，与60岁的老龄标准之间存在着不小的差距。立法者确定这个标准存在着现实和刑事政策的考虑，既要使老年人犯罪受到刑事司法上的优待，体现“以人为本”，延续“尊老怜幼”的儒家伦理道德，又要防止这种优待超过限度，75岁是一个基本可以消除立法者担心的界限。但是，这个年龄界限与国外相比，显得格外保守，如我国的近邻蒙古是60周岁，俄罗斯则区分性别，男性65周岁，女性无年龄限制，均不适用死刑，日本70岁的人可经一定程序批准而停止执行剥夺自由刑。而且就我国国情而言，在目前的医疗水平和养老保障水平下，75周岁以上的人身体和心理健康状况大多堪忧，他们犯死罪的可能性甚微，对这一小部分人不适用死刑不会给刑事司法体系造成冲击，而且不适用死刑不等于不给予刑罚，也不会放纵犯罪。2005年人口普查发现，我国人均寿命已达73岁，如果据此就认为75岁才能享受死刑豁免，这是不科学的，因为人均寿命无法反映我国人口的年龄结构，也无法反映我国老年人的身体、精神状况，应该考虑的是我国人口年龄的分布，特别是75周岁以上的人占总人口的比例以及他们的犯罪率。我们认为，60周岁是我国规定的退休年龄，离开工作岗位意味着人体器官机能的衰弱程度已趋明显化，60周岁是人步入老年期的标志；在我国古代也称为“花甲之年”。当自然人达到80岁左右时，已经到了生命的晚期，身体各个器官的功能严重衰退，在外界事物的感知能力、自己的思维能力方面将会出现较大缺陷，这时候，会出现是非不分的状况，对自己行为的辨认和控制能力已经严重不足，但仍以完全刑事责任能力标准来适用刑罚是不适当的。于是，70周岁便成了这两个年龄合适的中间值。太低，对社会秩序的稳定存在威胁；太高，一般老年人适用的可能性大大降低，司法实用性无法得到有效发挥，也就形同虚设。

2. 改善设施内处遇条件

司法实践中，大部分老年犯罪人被定罪量刑后，需要交付监狱行刑，这就涉及服刑人员处遇的问题。考虑到老年犯罪人与年轻犯罪人不同的特殊情形，应更加注重处遇个别化原则的贯彻，即按照老年犯罪人的特点安排最为妥当的处遇，需要掌握老年犯罪人特点，通过一些知晓医学、生物学、心理学、社会学等知识的专业人士对他们进行处遇前调查，根据调查结果安排处遇措施。与此同时，很多老年犯罪人身体机能减退，人身危险性较小，对社会危害不大，同时适应环境能力差，完全封闭式改造不足以使其适应社会变化，因此处遇宜采取接近社会化的原则。而接近社会化的原则目的在于改造老年犯罪人的监狱尽量贴近社会的结构，即安排条件让老年犯罪人在监狱中适应社会生活，同时让社会一般人参与到监狱中来，最终使得监狱中的生活社会化。我们建议建立独立的老年犯罪人监禁场所。这包含两个层次，一是完全独立关押老年犯的监狱，就类似少年管教所。这样可以将老年犯与其他犯人完全隔离，有利于有针对性的改造措施的贯彻。但缺陷是独立监狱的设立成本较高，既涉及经费耗损，也关系到管理人员及其培训问题。不过，长远来看这是理想的模式，应当在我国监狱分级改革中尝试实施。二是可以在杂居的监狱环境中单独设立老年犯罪人单元。此设置虽未完全将老年犯罪人与其他犯罪人隔离，但这种相对隔离的方式依然可以对其实施个别化处遇。这既可以节约司法成本，又能达到一定的处遇效果。当然，此举属于渐进式的设施内处遇改良，如条件允许，应转向完全独立化的监狱改造更为有利。①

3. 尽量适用非监禁或非刑罚措施

国外研究表明，老年人随着自身身体机能的下降，难以适应社会的发展变化。在监狱这种封闭的环境中改造时间愈长，走向社会的可能性就愈小，这就促使一些老年犯罪人形成对监狱的依赖心理，刑满释放后不愿意走向社会，而出现改造结束后重新犯罪而形成频繁进宫的现象。② 我国国内也出现这样的真实案例，曾经有个73岁的湖南老人犯故意抢劫未遂，被判处两年有期徒刑，一年半后因表现良好而获减刑，提前释放住进敬老院，但是却因不满敬老院的生活条件而希望再进监狱。这里可能有敬老院设施太差的原因，也可能是老人对监狱产生了依赖而无法适应监狱外的生活。因此，对于老年人犯罪后的刑罚执行要保持相当的灵活性，尽量多适用非刑罚措施或者非监禁刑，即使被投入监狱，在刑罚执行一定期限后，也要由缓刑监督员（一般是检察院指派的监督员）与社会专业人士对老年犯罪人的身体状况、生活自理能力、社会危险性等情况进行评估。根据评估意见适时变更执行措施。如果老年犯患有严重疾病，或生活不能自理，或无社会危险性，监狱或看守所可提出暂予监外执行的书面意见，并交付执行机关。

4. 改良刑事司法体系外的处遇

在国外，有学者通过实证方法对老年犯罪人缓刑处遇的效果进

---

① 参见贺小军：《论老年犯罪人处遇——基于刑事政策的维度》，载《河南科技大学学报》2012年第1期。

② 参见［日］大谷实：《刑事政策学》，黎宏译，中国人民大学出版社2009年版，第420页。

行调查，从老年人违法类型、老年缓刑犯的危险评估数据、老年缓刑犯的犯罪历史、老年缓刑犯生活需求评估数据、对老年缓刑犯危险与需求安置等指标进行分析后发现，老年缓刑犯生活、工作中面临诸多问题，但缓刑官却无力解决，这可能导致老年缓刑犯继续犯罪。[①] 日本学者大谷实曾指出，根据刑事司法体系来抑制高龄犯罪非常困难，年龄大而陷入犯罪的人，最好放在刑事司法体系之外。[②] 由此，我们必须认识到，单一的刑事司法处遇对于老年人犯罪的预防是捉襟见肘的，就连完全社会化的缓刑处遇在执行过程中都不理想，缓刑官员无精力、时间及资源去监督及管理缓刑老年犯人，致使老年犯人可能实施新的犯罪活动。所以，我们还是要回到中华民族的传统美德——尊老、敬老、养老。早在西周国家就建立了较为完善的尊老、养老制度——国家设置有管理该项事务的官吏；在经济上对那些丧失劳动能力和部分丧失劳动能力的高龄群体以赡养；在政治上对高年群体以尊崇，赋予高年老人以一定的政治特权。到了汉朝，以孝道治国，通过不定期的赏赐粮物、布帛、免除赋税徭役，以解决老年群体生活的实际困难，并为汉之后的历代王朝效仿。如今盛世中国，经济腾飞，步入老龄化社会，预防老年人犯罪不仅是刑事司法系统的任务，更应强调改良刑事司法体系外的老年人处遇，全社会共同努力抑制老年人犯罪才能真正达到实效。

第三节　精神障碍者犯罪的特别处遇

一、精神障碍者犯罪现状考察

随着社会经济的快速发展，人的压力越来越大，精神疾患比率越来越高，精神障碍者犯罪也日益增多。据权威数据统计，我国精神障碍者从 20 世纪 70 年代中后期的 3.2‰ ~ 7.2‰上升到 90 年代

① Thomas Ellsworth，ARIN A Helle. Older Offenders on Probation [J]. Federal Probation，1994，(58)：23 ~31.

② 参见［日］大谷实：《刑事政策学》，黎宏译，中国人民大学出版社 2009 年版，第 420 ~422 页。

的15.56‰，到2003年全国精神障碍者已达1600万，占总人口的1.23%，障碍明显，有暴力倾向的高达160万。[①] 但是其中只有20%的患者到医院就医，另外80%的精神障碍者则流散在社会中，有相当一部分成为危害公共安全的“定时炸弹”。2006年的统计推算，我国各类精神障碍患者已超过8300万人，以精神分裂症为代表的重性精神疾病患者也达1600万人以上。[②] 中国疾病预防控制中心精神卫生中心2009年初所公布的数据表明，我国各类精神疾病患者人数在1亿以上，在这些人群中，暴力型精神病人肇事肇祸事件时有发生，他们实施犯罪时往往手段残忍，后果严重，社会危害性及人身危险性极大。

暴力犯罪是精神障碍者最常见的犯罪，有些学者对4859例精神障碍者犯罪的案例进行调查后，发现实施暴力犯罪的有1769例，占36.41%，这个比例高于精神正常者犯罪数量中暴力犯罪所占的比例。[③] 据学者统计，近10年来，我国各精神病院累计收治肇事肇祸精神病患者7.5万例，其中有杀人行为者约占30%。[④] 在社科院2010法治蓝皮书中提到，2009年1到10月，中国刑事案件立案数和治安案件发现受理数大幅增长，在故意杀人案件中，精神病患者实施的恶性杀人案件比较突出。的确，在近几年中，如江西万载爆炸案、陕西邱兴华、福建郑民生等很多件手段残忍、后果严重的刑事案件已成为媒体和社会公众关注的热点话题。

与之形成巨大反差的是中国精神卫生资源极度匮乏，中国精神科医师的数量只有19130名，其中受过专业训练的约占30%，平均一个医生要负责一万多名精神病患者，无论是民间还是公安机关所

---

① 参见齐麟：《对精神疾病的社会学分析》，载《临床心身疾病》2006年第1期。

② 参见胡海梦：《精神障碍者犯罪的现状、特定与预防》，载《白城师范学院学报》2010年第5期。

③ 参见周东丽：《精神障碍者暴力犯罪的防治对策探析》，载《辽宁警专学报》2012年第2期。

④ 参见吴贻伙：《强制医疗，良法要靠公正司法来实现》，载《检察日报》2013年1月17日第4版。

属的安康医院在数量和条件上都显得十分不足。据预测，21 世纪我国各类精神卫生问题更加突出，到 2020 年精神疾病相关的疾病负担将上升到 25% 左右。这种医患数量比例严重失调的现状导致：一方面，精神障碍患者无法得到及时的治疗，另一方面，也为社会的健康发展带来了极大隐患。① 2005 年央视《新闻调查》专门对精神病人暴力事件进行了一次调查。据报道，我国目前官方公布的重症精神病人的数量为 1600 万，但这个数字还是 1992 年调查得出的。采访中记者发现很多地方对于本地区的精神病人的数量、分布、状态都不掌握，精神病人所在的村组或社区谈不上对精神病人的有效监护。监护责任仍旧仅仅依靠家属，但亲属监护是远远不够的。精神病人多数都正值壮年，而他们的监护人往往都已年迈，而且作为监护人的家属，对于精神病医理知识却知之甚少，往往对病情复发的危险比较漠视，这使得监护人难以真正实现对精神病人的监管，一旦病情发作，监护人只能陷入束手无策的境地。走访发现，精神病人的家庭境况确实令人同情，多年患病的病人带给家庭经济和情感的双重压力。在多数精神病人的家庭中，精神病人基本上都处于失控的状态下，作为法定监护人的亲属都没有真正的尽到监护人的责任。精神病人的亲属除了承受经济和情感压力，人身安全也得不到保障，本身也面临被精神病人伤害或杀害的危险。有的监护人选择以极端方式结束他们无力承担的重负，四川省自贡市 2004 年 1 月到 2005 年 6 月间，就发生了两起家属把精神病人杀害的案件。这样的悲剧在北京、桂林、甘肃都有发生。②

二、当前我国对精神障碍者犯罪的刑事处遇规定

我国《刑法》第 18 条规定：“精神病人在不能辨认或者不能控制自己行为的时候造成危害结果，经法定程序鉴定确认的，不负刑

---

① 参见胡海梦：《精神障碍者犯罪的现状、特定与预防》，载《白城师范学院学报》2010 年第 5 期。

② 参见柴静：《精神病人暴力事件调查：每年严重肇事案件超万起》，来源于：2005 年 9 月 26 日《新闻调查》http：//www. sina. com. cn。

事责任，但是应当责令他的家属或者监护人严加看管和医疗；在必要的时候，由政府强制医疗。间歇性的精神病人在精神正常的时候犯罪，应当负刑事责任。尚未完全丧失辨认或者控制自己行为能力的精神病人犯罪的，应当负刑事责任，但是，应当从轻或者减轻处罚。”这是目前我国刑法上关于精神障碍者犯罪的基本规定，主要涉及刑事责任等级和强制医疗的概括性内容。

（一）“精神病人”概念的狭隘性

我国刑法学界传统观点一般认为精神医学上的精神病概念有广义和狭义的区别。广义的精神病即为精神疾病或精神障碍的同义语，将所有的精神障碍均称为精神病，从程度上区分，将精神分裂症、偏执狂等严重的精神障碍称为重性精神病，而把精神症、人格障碍称为轻性精神病。狭义的精神病仅指重性精神障碍，是具有特定的病理基础、精神活动异常达到相当严重程度并且持续一定时间的精神障碍。本条文中的精神病人可以作广义理解，不必增加“其他病态”字样。① 有学者指出，这是出于解释《刑法》第 18 条规定的需要，却是对精神病学中精神疾病分类的一种误解。② 无论是理论上还是临床实践，现代精神医学都对“精神病”、“精神疾病”和“精神障碍”做了区分：“精神病”特指精神分裂症等少数程度严重的精神疾病，内涵不确定，已极少使用；“精神疾病”是一个生物学概念，具有一定狭隘性；“精神障碍”则具有心理、社会性的概念，随着单纯生物医学模式向生物——心理——社会医学综合模式的转变，使用更为普遍。我国 2012 年通过的《精神卫生法》也采用了该概念。当前《刑法》与《刑事诉讼法》关于精神病人的表述不十分科学，需要作出调整。③ 笔者认为，我国刑法的立法

---

① 参见高铭暄：《中华人民共和国刑法的孕育与诞生》，法律出版社 1981 年版，第 42 页。

② 赵国玲教授的观点，参见喻建立：《精神障碍者危害行为与犯罪预防——首届中日犯罪学学术研讨会观点述要》，载《人民检察》2007 年第 22 期。

③ 参见陈卫东等：《司法精神病鉴定刑事立法与实务改革研究》，中国法制出版社 2011 年版，第 274 ~ 275 页。

应当顺应精神医学的发展，与精神医学保持一致，以精神障碍取代精神病一词，以避免精神病概念本身的狭窄所造成的刑事立法与司法实践之间的矛盾，以较好地适应司法实践的需要。

（二）刑事责任的判定亟须完善

根据《刑法》第18条规定，我国精神障碍者的刑事责任能力应划分为无刑事责任能力的精神障碍者、限制刑事责任能力的精神障碍者和完全刑事责任能力的精神障碍者。区分三者主要考察行为人辨认或控制自己行为的能力的丧失程度，依次是完全丧失、尚未完全丧失和不受精神病理的影响，相对应的刑法评价是不负刑事责任、可以从轻或减轻刑事责任、承担完全刑事责任。这与世界各国刑法规定是一致的，如日本《刑法》第39条规定，对心神丧失者，不予处罚，对心神耗弱者予以减轻处罚。不过，目前对精神障碍者刑事责任能力的判定存在很大缺陷，即法官与精神鉴定专家作用发生偏差，混合标准未能真正施行，鉴定程序未能法定，社会认同度较低。

从法律规定来看，我国对精神障碍者责任能力的判定，采用生物学和心理学相结合的混合认定标准，这也是各国通常所采用的标准[①]，分为两个步骤：首先要在医学上判断行为人是否患有精神疾病，其次要进一步判断行为人是否因患有精神疾病而不能辨认或者控制自己的行为。因此，前者要由精神病医学专家鉴定，需要由其得出是否具有精神病以及精神病种类与程度轻重的结论，后者由司法工作人员在此基础上进一步判断行为人是否具有辨认或者控制能力。[②] 即“精神病由医生负责判断，刑事责任能力由法官负责判

① 其原因在于：精神病并不总是导致辨认控制能力的丧失，如单纯采取生物学或者医学的标准，就扩大了无责任能力的范围，而心理学的标准能够从精神障碍对于具体行为的影响程度上深刻了解责任的承担本质，从而起到限定的作用；如单纯采取心理学或者法学标准，就可能缺乏一个相对确定的认定标准，导致其判定过于含糊，而生物学的标准恰恰约束了司法的判断，从而在一个更为科学的基础上奠定了法的安全性。

② 参见张明楷：《刑法学》，法律出版社2007年版，第253页。

断”，先后由不同的主体独立进行的两个不同层次、不同性质的判断，这在理论逻辑上没有问题，但是实践中却不会实现。法院的判断本来就是一个很局限性的判断，一般不能推翻精神病医学专家对有无精神病、精神病种类、程度所作的结论，所能做的仅仅是在医师的精神病鉴定意见基础之上，再行独立判定辨认能力和控制能力是否因此受到影响，如此完成医学标准和法学标准的统一。但调查发现，公安司法办案人员均倾向于在刑事责任能力的问题上服从鉴定人的判断。甚至有基层法院的刑庭法官曾因自己对于被告人的刑事责任能力加以分析而受到上级法院的严厉斥责，上级法院指出法官不是鉴定人，不应对此问题做出判断，而应交予专业的鉴定人员回答。[①] 这与现行的精神病鉴定制度安排有直接关系。我国的《精神疾病鉴定规定》第9条第1项规定：刑事案件中，精神疾病司法鉴定包括有确定被鉴定是否患有精神疾病，患何种精神疾病，实施危害行为时的精神状态，精神疾病和所实施的危害行为之间的关系，以及有无刑事责任能力。据此，医学的判断和法学的判断在同一程序中由医师完成，有无责任能力的结论是由医师而不是法官作出。出于降低担责风险，审判实践中，法官也愿意成“甩手掌柜”，对于鉴定意见，法官通常不作审查，而只是简单地做出采信或者不采信，以及采信哪一个鉴定意见的选择。如此，医学和法学混合标准事实上根本没有落实，在“有病即无罪无责”观念的支配性影响下，法官只要采信被鉴定人患有精神病的鉴定意见，通常就意味着被鉴定人将会被评定为无（或者限制）刑事责任能力。与此同时，所谓的“经法定程序鉴定”操作方面也不方便，因为《刑法》与《刑事诉讼法》或其他相关的专门性司法文件，都没有对鉴定程序做出细致的规范，导致了公安司法人员在实践操作中缺乏一种明确的指导，鉴定意见客观性、公正性、权威性大打折扣，多头鉴定、反复鉴定，或者鉴定意见相互“打架”等问题常常出现。以至于法

① 参见陈卫东等：《刑事案件精神病鉴定实施情况调研报告》，载《证据科学》2011年第2期。

官一般不愿意启动鉴定程序，一旦启动又“唯专家鉴定是从”，采纳比例极高。“概言之，法官一旦决定启动司法精神病鉴定程序，就相当于把定罪的权力转移给了精神病鉴定专家。这种权力配置方式不仅缺乏理论上的正当性，实践中也易于引发鉴定腐败的风险和重复鉴定的压力，降低鉴定的信誉，法院由此失去了针对案件具体情况和复杂的社会现实而灵活处置的能力。”①

（三）监护和医疗方面政府责任不到位

《刑法》第18条规定，对于不负刑事责任的精神障碍者，“应当责令他的家属或者监护人严加看管和医疗；在必要的时候，由政府强制医疗”，对于应当负刑事责任的精神障碍者（包括完全刑事责任和部分刑事责任）则依法追究刑事责任，可以从轻或减轻刑罚。《刑事诉讼法》（2012年修正）第254条规定，对被判处有期徒刑或者拘役的罪犯，如果有严重疾病需要保外就医的，可以暂予监外执行。根据《监狱法》第39、71条规定，监狱对成年男犯、女犯和未成年犯实行分开关押和管理。综合前述法律规定，目前对于精神障碍者的监护和医疗方面，政府责任显著不到位，具体表现为：

第一，监管责任主要由精神障碍者的亲属或监护人承担。刑法将不负刑事责任的精神障碍者的家属或监护人作为其监管首要责任人，只有在必要时候才由政府强制医疗。可见，我国对无刑事责任能力的精神障碍者实行的是社会化处遇，该处遇初衷也许是出于人道主义，保护无刑事责任能力的精神障碍者的合法权益，但这种社会化处遇仅仅依靠家属，社区或村组、民政部、公检法等政府代表的身影阙如，无论是从经济上，还是从精神障碍专业护理知识上，或是突发事件处置上，个人或个别家庭的实力根本不足以对精神障碍者做到有效监护，前文所述央视2005年对精神病人暴力事件的新闻调查对此有真实详细的描述。如此一来，政府也就默许了精神

① 周长军：《论疑似精神病人刑事责任能力评定的原则》，载《山东大学学报》（哲学社会科学版）2012年第5期。

障碍者的失控现象的存在，也就将精神障碍者病情复发或再度实施危害行为的风险转嫁给了社会。

第二，精神障碍者强制医疗并无相应保障。新中国成立60余年，《刑法》施行30余年，我国都没有建立完整的精神障碍者强制医疗法律体系。一方面，精神病人自杀、杀人等事件时有发生，对精神病人进行强制医疗的必要性显而易见；另一方面，利用强制治疗制度达到非法目的、侵害人权的事件也不时见诸报端。例如山东新泰公安机关将长期上访者全部强行送到精神病院治疗，[①] 另如深圳女子邹某，被其母亲和哥哥送进了白云心理医院10个月；广州千万富翁何某则被与其有利益纠纷的妻子送进了广州芳村精神病医院。[②] 由于法律规定的缺位，精神病人得不到及时和持续的医疗护理，或者正常人“被精神病”等问题层出不穷。直到2012年，为了规范强制医疗制度，保障被强制医疗的人的合法权益，《刑事诉讼法》修改才专设“依法不负刑事责任的精神病人的强制医疗程序”一章，规定了强制医疗制度，并规定检察院对强制医疗的决定和执行实行监督。但是该章规定仍显粗糙，操作起来还需要完善的配套措施。如强制医疗的条件是“实施暴力行为，危害公共安全或者严重危害公民人身安全，经法定程序鉴定依法不负刑事责任的精神病人，有继续危害社会可能的，可以予以强制医疗”，但是谁来启动鉴定，谁承担鉴定费用，强制医疗是否应以“有治疗可能性”为前提，等等。

第三，精神障碍者监禁处遇未能实现分管分押。在我国的监狱类型中，没有收押分类中心，类似机构只有各个监狱中的入监队、或新收犯监狱。但这些机构旨在对罪犯进行入监教育，并不负责对罪犯进行分类评估，也没有专门的人员、专家从事这方面的工作，完全依赖法院判决。但即便判处相同刑罚的犯人，其主观恶性和人

---

① 参见黄玉浩：《山东新泰多名欲进京上访者被强送精神病院》，载《新京报》2008年12月8日A1版。

② 参见曹攀峰等：《精神卫生法怀胎24年仍难产》，载《南方农村报》2009年6月16日第5版。

身危险性也不尽相同，需要采取个别化处遇方案，进行有针对性的矫正和改造。我国罪犯的分类处于低层次的状态，即便在入监教育环境增设分类评估环节，却会因无专门设施而无法实现分管分押。目前我国只是对男犯、女犯和未成年犯分开关押，没有对精神障碍者实行专门单独关押，更谈不上对其治疗护理，也无法切实保障这些罪犯的基本人权。而部分精神病和精神失常的罪犯由于得不到及时医治，会滋生违法乱纪的现象，给监狱管理带来麻烦，对监狱安全造成威胁，令干警整日不得安宁，提心吊胆。如 1995 年，辽宁省监内发生了两起杀死杀伤几人的重特大恶性案件，分别是一名精神病罪犯和一名精神失常罪犯所为。①

三、我国精神障碍者犯罪处遇的完善

（一）刑事责任的判定

精神障碍者犯罪刑事责任的判定可依循如下实体和程序路径进行：（1）修改《精神疾病鉴定规定》相关条款（如第 9 条第 1 项）和司法机关相关责任追究制度，使鉴定专家和司法人员“回归本位，各尽其职”，有关精神障碍的事实判断由医学专家进行，有关刑事责任能力的判断则由司法人员（主要就是法官或者检察官）进行，医学的判断是基础，法学的判断是最终确定有无责任能力的关键。所谓“控制能力”与“辨认能力”不是医学上的概念，本属于法律意义上应交由法官自由裁量的内容。（2）整顿司法精神病鉴定市场，提高鉴定机构和鉴定专家的准入资格门槛，鉴定人权利义务和责任追究都应有一定的制度安排。建议建立全国司法精神病专家库，对确有必要鉴定的犯罪嫌疑人进行全面细致的鉴定，重大疑难案件必要时实行外地专家提供咨询意见的联合鉴定。本地专家尽管在语言、文化背景上存在明显的优势，但在结论公正客观上确实存在怕报复或得罪人的隐患，应尽量减少鉴定的次数。②（3）为司

① 参见徐伟菊：《论监狱分类》，华东政法学院 2002 年法律硕士学位论文，第 21 页。

② 参见李卓凝：《司法精神病刑事责任能力的评定》，载《中国审判新闻月刊》2011 年 1 月 5 日第 59 期。

法人员制定统一的可参照的精神障碍者责任能力量化指标，提高司法办案人员对精神病鉴定意见的审查力度。2011 年司法部已下发了精神障碍者刑事责任能力评定指南，法院技术人员要多练内功，勤于钻研，和法官一起甄别鉴定过程是否全面规范、鉴定意见是否客观准确。（4）赋予当事人及其代理人精神病鉴定启动权，强化鉴定意见的当庭质证。从理论上讲，控辩双方都应有精神病鉴定的直接启动权。现状是必须借助侦查、起诉、审判机关才能启动鉴定程序，这等于需要对手的同意才能启动，有违控辩平等的原则。另外，当事人的参与度不足，参与缺乏有效性，鉴定专家很少回应当事人对鉴定程序或意见的质疑，法官裁判也缺乏充分解释，以至于不能使当事人信服而诉诸信访等途径申冤，所以要强化对鉴定意见的当庭质证环节。

（二）强制医疗法治化

2012 年我国强制医疗在有法可依方面迈进了一大步，从原来《刑法》第 18 条的一句话到《刑事诉讼法》修正专门设立一章“依法不负刑事责任的精神病人的强制医疗程序”，但是，我国的强制医疗法治化程度仍然很低，尚未形成一个完整的法律体系。

1. 拓展强制医疗的适用对象。日本，存在两种强制医疗措施：《关于精神卫生和精神障碍者福利的法律》设“措置入院”制度，不经患者同意由行政机关（都道府县的知事）决定强制其入住到普通精神病院治疗；《医疗观察法》对发生重大他害行为的精神障碍者的处理单独处以“强制性入院·通院处分”，需要经司法处理。它们适用于不需服刑的心神丧失和心神耗弱的精神病人，即包括无责任能力人和限制责任能力人。① 所以，我国目前强制医疗的对象过窄，即便从犯罪处遇的角度将没有实施刑法所规定的犯罪行为的精神病人排除在本文讨论范围之外，刑法和刑事诉讼法的规定仍然过窄，从有效防卫社会和保障精神障碍者权益考虑，都应扩大强制

① 石川正兴教授的介绍，参见喻建立：《精神障碍者危害行为与犯罪预防——首届中日犯罪学学术研讨会观点述要》，载《人民检察》2007 年第 22 期。

医疗的适用对象，一方面应将不负刑事责任的人扩大至限制刑事责任人、完全刑事责任人（如犯罪之后患有精神障碍的）和重复性暴力侵犯者，另一方面应将精神病人扩大至精神障碍者。

2. 立法应明确强制医疗的性质定位和适用条件。对于强制医疗的性质，在美国被视为国家监护权和警察权的统一，当警察权运作涉及个人权利时，对精神病人的人身权利赋予程序上的保障，由法院听证后决定。而我国法律没有明晰的定位，按照以往的实践来看，基本上应归属于社会法的范畴，是作为一种社会救助制度来运作的。对于精神病人的强制住院治疗的决定，法院也无权干预，完全属于医疗机构的职责范围。正是因为将之作为社会救助、社会保障的一种具体措施，所以尽管该类措施涉及对精神病人的人身自由的限制和拘束，但是却被认为是符合精神病人（乃至其家属）利益的，一种类似于推定的承诺的判断就成为这种措施的合法性根据。[①]因此，精神病人的人身权利无法得到保障，甚至非精神病人都可能“被精神病”。2012 年新修正的《刑事诉讼法》对此有一定的纠偏，将强制医疗决定权赋予法院，由检察院对强制医疗的决定和执行实行监督。不过由于立法粗疏，强制医疗的性质仍未被明晰，只笼统地规定为一种刑事处遇措施，旨在防止精神病人的暴力行为继续危害社会，突出了其保安处分的功能，却没有对精神病人权利受到侵害时给予应有的救济，除向上级法院复议外。建议在立法中明确强制医疗的性质，赋予精神障碍者及其家属如听证权、申辩权、上诉权等救济权利。依据刑事诉讼法的规定，强制医疗的适用条件为“实施暴力行为，危害公共安全或者严重危害公民人身安全，经法定程序鉴定依法不负刑事责任的精神病人，有继续危害社会可能的”。客观条件为实施了危害社会的暴力行为，不一定要造成严重后果，未遂情形也应涵盖。主观条件是无刑事责任能力的精神病人，且有人身危险性。我们认为，除了应该扩大适用对象范围外，

---

① 参见时延安：《中美精神病人强制医疗制度之比较》，载《法学评论》2009 年第 4 期。

还应考虑治疗的可能性。唯实施犯罪人之精神障碍状态具有治疗可能性，始有予以强制医疗之必要，否则徒增资源之浪费。

3. 应建立分级医疗体系。已有学者提出，应当借鉴俄罗斯的经验，为危险性不同的患者设定不同的医疗措施。病情轻微的，可令其接受门诊治疗或者心理咨询；一般的精神疾病患者在公安部门管理的精神疾病专门医院——安康医院接受治疗；病情极为严重、人身危险性极大的患者，在安康医院的专门病区接受治疗，采取特别的保安措施，由专门人员负责保安警备工作。[①] 荷兰和日本为减缓监护处所之负担，甚至避免浪费经费，对再犯危险性低及轻微犯罪者不施以监护者，命其至指定精神病院住院或接受定期治疗。治疗不中断，亦可达到使精神障碍者回归社会之处遇目的。[②] 毕竟，许多精神障碍犯罪人再犯之原因为中断治疗。

（三）增设医疗监狱

目前，我国现有的专门强制医疗机构称为安康医院，它是由公安机关管理的一种特殊监管场所。安康医院接收的精神病人主要有两种：一是公安机关立案后，被鉴定出患精神病的犯罪嫌疑人；二是违反治安管理处罚法达到拘留以上肇事肇祸的人。安康医院只接收来自公安系统的精神病人，不接收其他办案部门的精神病人。所以在审判阶段被鉴定为精神病的被告人，只能关押在监狱里或者作其他安排，不可能送至安康医院进行强制医疗。依据相关的法律法规，精神障碍者应作保外就医处理。但保外就医需要地方的公安机关、街道进行担保，而相关公安机关、街道都不愿意担负这样的风险，因而保外就医往往难于执行，犯人只能送交监狱看管。而在监狱中，为了确保安全，监管民警往往会安排三四个可靠的健康犯人去看护 1 个精神病犯人。此外，还要带精神病人去医院看病，据悉该监狱治疗每位精神病患者的费用都在一次 2000 元左右。而每月

---

① 参见卢建平：《中国精神病疾病患者强制医疗问题研究》，载《犯罪学论丛》（第 6 卷），中国检察出版社 2008 年版，第 471 ~ 499 页。

② 参见曾淑瑜：《精神障碍者犯罪处遇制度之研究》，载《刑事政策与犯罪研究论文集》（8）。

国家拨付给每名犯人的医疗费用是10元，因此对精神病犯人的问题，监狱方面也颇有些无奈。[①] 据学者在11个省监狱管理局及所属的女子监狱、未成年管教所，重刑犯和轻刑犯等近50所监狱的调查，在监狱服刑的精神障碍罪犯人数不断增长，给监狱的监管安全和改造质量带来了极大的隐患，而且问题的严重程度正在逐渐加深。虽然有不少监狱都相应建立了“病犯监区”并在监狱大力开展服刑罪犯心理咨询和心理健康教育活动。但是，这些努力在病犯监区收效并不明显。一些严重的精神疾患罪犯个人生活不能自理，即便符合保外就医条件也无家属或社会公共机关接受，无法适用保外就医程序不得已便只能够继续在监狱内服刑，没有较好的治疗环境和治疗经费，其病症也不可阻止地不断加重。[②]

《联合国囚犯待遇最低限度标准准则》第22条第2款规定：“需要专科治疗的患病囚犯，应当移往专门院所或平民医院。”设置医疗监狱，特别是精神病犯监狱，是世界上许多国家通行的做法。建议我国增设医疗监狱，收治精神不正常罪犯，并集中资金和人力，将少数基础较好的监狱建成警戒设施高度先进严密，管理约束十分严格的监狱，将有再犯罪倾向和对监狱安全稳定构成威胁的罪犯隔离改造，如此，可以更好地保障社会和监狱安全。而多数普通监狱可以减轻警戒的费用和压力，一些有利于促进罪犯改造的宽松乃至开放性的措施得以实行。

（四）出院或出狱后的行为监督

众所周知，精神障碍者治愈之可能性仅为一概然性之估计，无人可保证犯罪人绝对不再犯，则监护期满，不论是出院或出狱，应辅以“行为监督制度”。德国已有此制度。目前我国台湾地区研议对假释或出狱之性侵害犯为小区监督，即在性侵害犯家中配置一套监视系统，在固定期间内（易出外犯罪时间）要求其响应所属监督

---

① 参见陈卫东等：《刑事案件精神病鉴定实施情况调研报告》，载《证据科学》2011年第2期。

② 参见鲁兰：《精神障碍者危害社会行为对策探索》，中国犯罪学研究会第十六届学术研讨会论文集（下册）2007年。

警员之呼叫，此自不失为“行为监督”模式之一。[①] 这对于我国大陆精神障碍者犯罪或危害行为预防是一个很好的借鉴，只是监督的责任应由家庭和社区、村委会共同承担。政府也可以在每个乡镇卫生所派驻一定数量的精神保健医生，负责定期巡回观察和问诊，不但可以起到对特定人群行为监督的作用，还可以普及精神卫生知识。

第四节　孕妇犯罪的特别处遇

一、我国孕妇犯罪的现状考察

孕妇，顾名思义即怀孕的妇女，作为特殊人群一般受到特殊照顾、特殊优待。例如公交车上配有孕妇座椅，还有特别提示“给孕妇让座”。而根据社会经验，怀孕的妇女行动多有不便，准妈妈的身份也让其格外显出母性、母爱的魅力，所以人们一般不会将孕妇与犯罪联系在一起。法律上对于怀孕的妇女也有特殊关照，比如限制适用死刑，慎重适用逮捕类强制措施等。但是，当今社会，孕妇利用“怀孕”作为犯罪“掩护伞”或刑罚“挡箭牌”的新闻屡见不鲜，孕妇利用法律的人道关怀而肆意多次盗窃的案件有“抬头”的趋势。

（一）杭州、贵州等地孕妇“组团”盗窃

杭州惊现“孕妇小偷团”轰动全国。2010 年 4 月 12 日，杭州市拱墅区警方出动三百余警力，合力抓捕了 46 人的扒窃团伙。与一般扒窃团伙不同的是，她们全由女性组成，其中孕妇 22 名，她们多为惯犯，先后作案 73 起，被抓获次数最多者 47 次，怀孕最多者 8 次。涉及全市多个市场、超市盗窃案件 150 余起，案件总价值 150 余万元。刑期最重的均获刑 10 年以上。她们平时是一起活动的姐妹，如李某曾参与盗窃 14 次，窃得财物可估部分价值人民币近

① 参见曾淑瑜：《精神障碍者犯罪处遇制度之研究》，载《刑事政策与犯罪研究论文集》（8）。

11 万元，被判有期徒刑 11 年零 6 个月，吴某被判 11 年，朱某被判 10 年 6 个月，人均被处罚金人民币 2 万元。最轻的也被判处 6 个月以上有期徒刑。

对于犯罪的原因，她们将其归为“贫穷”。庭审中，身怀六甲、已有 3 个孩子的朱某辩解：“家里欠债太多。”而监视居住期间负责管理这批孕妇的民警姜某感叹，“这不是单一因素，而是多重因素”。22 个孕妇中，只有一个高中毕业，其他均为小学毕业或者文盲，文化不高，法制意识淡薄，从农村流动到城市，一开始偷窃是为了改变贫困，但是时间一长，则因为贪婪、诱惑等其他动机。2011 年 8 月 3 日下午，中国社科院发布 2011 年城市蓝皮书报告，指出在中国的众多城市，流动人口的困境在加剧贫困发生，而贫困群体不仅经济贫困，知识素质也贫困，并在这种恶性循环中，陷入贫困“世袭”。在全国，这样的故事仍在不断上演，南京、济南等地均见孕妇盗窃的报道。①

无独有偶，孕妇组团盗窃远不止一例。例如 29 岁的贵州女子范某听说孕妇犯罪不可能被判死刑且往往监外执行后，便天真地认为孕妇犯罪不要投监。2012 年 3 月，她便以此成功说服 3 个怀孕的姐妹“组团”盗窃。在不到 3 个月时间内，4 人流窜作案，涉案金额达 8 万余元。法院审理认为，被告人范某等 4 人以非法占有为目的，窃取他人财物，数额巨大，构成盗窃罪，最终判处范某有期徒刑 8 年，并处罚金 20000 元，其他成员也获相应刑罚。又如，2012 年 9 月 19 日，东至县某黄金珠宝行内，怀孕的黄某和熊某与另外两人（包括一小女孩）合伙盗窃 9 条黄金项链，价值 20 余万元。其中，直接作案人员是黄某的 12 岁女儿。

（二）新疆孕妇运输毒品

2006 年 7 月 27 日，昆明警方在昆明机场查获一个涉嫌走私毒品的犯罪团伙，涉案人员以新疆籍妇女为主，共 26 人，年龄在 21

① 参见曾子越：《杭州“孕妇小偷团”调查》，载《南风窗》2011 年第 17 期，第 57 页。

岁至32岁之间，其中4人带着未满周岁小孩，19人是孕妇。犯罪嫌疑人将毒品吞服或塞于体内，排毒后当场称量毒品海洛因共计5.6千克。警方称，近年来，云南省重拳打击毒品犯罪，给境内外毒贩造成极大压力。毒贩们不得不将毒品化整为零，用“蚂蚁搬家”的方式代替以往的大宗毒品过境。而当地贫困的农村妇女，尤其是哺乳期、怀孕期妇女和未成年人等特殊人群往往被毒贩威逼利诱、连蒙带骗充当“人体运毒工具”。①

（三）孕妇卖（办）假证

“孕妇、抱小孩妇女”已成为人大东门外的标签之一。2012年6月30日9时，北京中关村大街，中国人民大学东门外。“要办证吗，学生证、毕业证?”记者刚出4号线人大站地铁A1口，三四个抱着孩子的年轻母亲便围了上来。再往前走，孕妇、抱小孩妇女越来越多，单是离校门最近的树荫下，就有10来人在招揽生意。其中，有人为了卖证十几年中生了6个孩子。这些孕妇或哺乳期妇女，年龄20~40岁，来自欠发达地区，丈夫多在京打工且知道她们的职业，本人意识到行为违法但普遍不愿转行。

2006年6月间，湖南娄底的彭丽跟随同乡的办证团伙来沈阳“发财”，成为利用孕妇身份当“挡箭牌”专门办假证的“办证妈妈”中的一员，在被抓获后的监视居住期间跑回湖南老家生孩子。2年后，当她得知自己已经是网上逃犯后回到沈阳“自首”。法院日前判决，主动归案不算自首，不能减刑，判处其伪造国家机关证件罪，刑期1年3个月。②

（四）内地孕妇持假证明“闯关”

随着内地孕妇赴港生子的现象的增多，香港入境处检查随之加强。2012年8月，一名内地孕妇因管有虚假文件及作出虚假申述，在香港沙田裁判法院被裁定罪名成立，就第一项管有虚假文件罪被

---

① 参见杨树华、贺鸿滨：《特殊人群体内带毒令人震惊》，载《人民公安报》2006年8月23日第006版。

② 《利用孕妇身份专门办假证生完孩子照样要坐牢》，来源于：华声在线2008年12月24日。访问日期：2013年1月22日。

判监禁8个月，第二项作出虚假申述罪被判监禁8个月，同期执行，即总共判囚8个月。这是香港首宗孕妇在机场闯关而被拘捕定罪的个案。

从以上真实案例可看出孕妇犯罪的特点：第一，孕妇犯罪现象并不少见，而且涉及罪名种类日益广泛，包括盗窃、运输毒品、伪造证件以及持有虚假证明文件等。第二，孕妇出于自身身体特殊，奔跑等行动能力减弱，犯罪方式和手段多为非暴力、比较隐蔽，常常团伙作案，以便相互配合。第三，触法犯罪的孕妇多来自贫困的农村，文化程度较低，家庭生活条件很差，对法律和孕妇保健知识等了解不多甚至几乎为零。如案例中杭州孕妇小偷团的犯罪人多来自贫困荒芜的湖南道县新车乡、四川、贵州等山区，“体内带毒”的新疆籍孕妇也是被赚快钱的花言巧语蒙骗的贫困人群。第四，犯罪种类以财产类犯罪为主，如盗窃、诈骗、伪造证件、走私毒品等，犯罪的农村孕妇们从农村来到城市务工初衷是为脱离贫困，且普遍受到城市丰富物质生活和违法犯罪高额经济收入的诱惑。第四，犯罪动机比较简单，一方面是为了金钱，另一方面是自以为孕妇受特殊优待，孕妇犯罪可罪轻一等。《治安管理处罚法》第21条规定，怀孕或者哺乳自己不满一周岁婴儿的行为人不被执行行政拘留处罚。这意味着，许多孕妇在构成犯罪前长期所实施的违法行为逃避了法律打击，致使她们误认为法律对孕妇犯罪网开一面。

二、现行刑事法对孕妇犯罪的规定

（一）审判时怀孕的妇女不适用死刑

《刑法》第49条第1款规定：“犯罪的时候不满十八周岁的人和审判的时候怀孕的妇女，不适用死刑。”“怀孕的妇女”是以“审判时”为准的，而不是“犯罪的时候”，同时，这里“审判的时候”具体是指从羁押到执行的整个刑事诉讼过程，而不仅仅是指法院审理阶段，并且，在审判期间，无论“怀孕的妇女”是否流产，也不管是自然流产还是实施人工流产的，都不适用死刑。不适用死刑，包括既不判处死刑，也不执行死刑，既包括不适用死刑立即执行，也包括不适用死缓。对于孕妇分娩后也不适用死刑。

这一规定符合我国的死刑政策和国际公约的精神。我国的死刑政策是“保留死刑，少杀、慎杀”。死刑是对罪行极其严重的犯罪分子适用的剥夺其生命的刑罚方法。联合国经济及社会理事会批准的《保护面临死刑者权利的保障措施》规定：“对孕妇或新生婴儿的母亲，或精神病患者不得执行死刑。”其基本精神包含对孕妇和新生婴儿的母亲既不得判处死刑，更不得执行死刑。这一规定的目的旨在保护胎儿、新生儿的基本权利不因母亲犯罪而受到无辜株连和妇女特别是孕妇的抚育权、生育权不因本人犯罪而丧失，体现的是对人道主义精神的弘扬与追求。由于审判时怀孕的妇女在执行死刑后面临着婴儿无人哺乳的情形，因此为了保障无辜生命的延续，此时怀孕的妇女不能被剥夺生命，这是一方面，另一方面，由于妇女怀孕后会历经一个特殊的生命阶段，有理由相信妇女出于保护胎儿的天性会使她们做出一些重要决定，这样也有利于犯罪的妇女在得知自己怀孕后坦白自己的罪行，减少犯罪对社会造成负面影响，鼓励犯罪嫌疑人积极自首。不论是保护胎儿还是给予嫌疑人充分的悔过自新的机会，都是对刑法立法初衷的贯彻执行，基于此，我国刑法专门规定“审判时怀孕的妇女不适用死刑”。

（二）从宽适用缓刑

《刑法修正案（八）》第11条第1款规定：“对于被判处拘役、三年以下有期徒刑的犯罪分子，同时符合下列条件的，可以宣告缓刑，对其中不满十八周岁的人、怀孕的妇女和已满七十五周岁的人，应当宣告缓刑：（一）犯罪情节较轻；（二）有悔罪表现；（三）没有再犯罪的危险；（四）宣告缓刑对所居住社区没有重大不良影响。”从此条修正内容可以看出，刑法对怀孕的妇女犯罪适用缓刑作了和未成年人、已满75周岁的老年人犯罪适用缓刑相同的规定，即只要符合缓刑条件的，是“应当”宣告缓刑，而非选择性的“可以”缓刑。可见，对于怀孕的妇女在适用缓刑上是比其他一般罪犯从宽的，而众所周知，缓刑指对被判处一定刑罚的罪犯，在一定期限内附条件地不执行所判刑罚的制度。缓刑适用的法律效果是不关押罪犯，有利于罪犯的再社会化，使其在社会上生活、工作，不至于出现监狱化后很难适应社会的状况。这对于孕妇而言相当有意义，因为孕妇自身身体特殊，一旦羁押，无论女子监狱条件如何改善，总是无法与原来的家庭环境相比，缓刑有利于其得到最适合她的个别化处遇，体现了法律人性化的色彩。不过，犯罪不能因为身体特殊而被姑息放纵，缓刑有一定的考验期，在考验期内被宣告缓刑者应当遵守相应的考察内容，如：（1）遵守法律、行政法规，服从监督；（2）按照考察机关的规定报告自己的活动情况；（3）遵守考察机关关于会客的规定；（4）离开所居住的市、县或者迁居，应当报经考察机关批准。同时，如果被禁止在缓刑考验期限内从事特定活动，进入特定区域、场所，接触特定的人，也必须遵守，当然就更不能犯新罪了。如果在该期限内遵守了相应的条件，所判刑罚就不再执行，否则，仍然要执行所判刑罚。

（三）慎用逮捕等羁押措施

《刑事诉讼法》第 60 条第 2 款规定："对应当逮捕的犯罪嫌疑人、被告人，如果患有严重疾病，或者是正在怀孕、哺乳自己婴儿的妇女，可以采用取保候审或者监视居住的办法。"我国的刑事强制措施包括：拘传、取保候审、监视居住、拘留、逮捕 5 种，其强制程度是依次增加的。司法机关对于被告人、犯罪嫌疑人中患有严重疾病或正在怀孕、哺乳自己婴儿的妇女可以取保候审或者监视居住。对于取保候审者，应当做好随时被传唤受审的准备，不得擅自离开住处。对于被监视居住者，在规定的期限内，被监视居住者不得离开住处或者指定的居所，监视居住最长不得超过 6 个月。但当被取保者或被监视居住者疾病痊愈或者哺乳期已满，或者有其他妨碍司法的情形出现，司法机关可以变更强制措施，予以逮捕。

这一立法原意是为彰显法律的人道主义关怀，但是在实践中却走了样，因机械执法而被理解为怀孕或哺乳期妇女违法犯罪不受拘留、逮捕等羁押，从而被某些犯罪分子恶意利用，视为犯罪的"挡箭牌"，一再逃避法律制裁。例如，前述杭州孕妇小偷团中多名成员在被判刑前都有过类似经历。李某是杭州警局里的常客，因为盗窃，她曾于 2009 年 3 月 1 日和 5 月 15 日，分别被杭州市公安局江干区分局行政拘留。但这两次均没有实际执行，只因为她当时正处于怀孕期。而她的姐妹吴某在2007年7月25日，就因盗窃被行政拘留，而此后，她又曾被拘留3次。同样，因为怀孕或哺乳，每次在不到20个小时之内，她们就重获了自由。另外一名叫朱青的女子，竟被警方抓过34次，但因作案时不是怀孕就是哺乳期，她没有一次被关押。因为看守所一般不收孕妇，警方通常是拘留不执行或者教育释放。原本有人道关怀色彩的法律规定，在那些愿意冒着伤害身体的风险、而去盗窃"糊口"的底层女性中，竟成就了一条"怀孕盗窃"的另类生财之道。被偷的商户也深知，遇到那些盗窃的孕妇意味着什么。杭州西湖文三路的颐高数码广场保安曾当场抓住偷窃的怀孕妇女，然而，"我们也不敢动她们，毕竟是真的孕妇，只能送到派出所。但她们也会很快被放出来"。这家数码广场管理处的经理告诉记者，早在三四年前，这里已发生过孕妇盗窃案。而据资料显示，2006年起，在杭州当地就有孕妇偷窃被行政拘留的记录。警方对此颇为无奈，而这些盗窃的孕妇，已总结出对付警方的一套，一旦被抓到，就躺到地上喊叫"肚子痛"，警方只能马上把她们送到医院。直到2010年警方成立专案组将该特殊的犯罪团伙一网打尽。

三、孕妇犯罪刑事处遇的完善

（一）审前羁押的选择适用

1. 审前羁押的必要性和程序正当性

审前羁押制度旨在保障诉讼顺利进行。判决有罪后交付监狱执行予以羁押是正当程序的应有之义，但判决前羁押也不必然就违背无罪推定原则，如果判决前对犯罪嫌疑人实行羁押遵守谦抑原则和正当程序。

审前强制措施中拘留和逮捕都意味着羁押，羁押是对人身自由的剥夺，会对行为人带来精神上的痛苦，具有某种惩罚功效，因此，适用刑事拘留或逮捕措施应当坚持谦抑性原则，尤其是在我国，逮捕不是一种到案方式，羁押性的逮捕并不被司法审查，虽然逮捕决定权和执行权分别属于检察机关和公安机关，但是二者毕竟都不具有中立性，反而具有追诉犯罪的共同目标，并且所以羁押性逮捕缺乏制约监督，更应谨慎使用。此其一。其二，我国司法实践中把羁押当作办理刑事案件的常规措施，不羁押反倒成了例外。这显示出对强制措施的迷信与依赖，表明我们缺乏在非羁押状态下办理案件的能力。重羁押是一种重刑思想的体现，也是审前羁押制度的扭曲变异的发展。法治国家或地区的惯例是羁押应当是例外而非常态。

审前羁押在遵循下列程序下是符合正当程序的：（1）司法官决定：由代表公共利益保持中立的检察官或者法官进行。（2）立即决定：涉嫌犯罪者失去自由谓之立即，此时即应马上交由司法官决定，否则即为不适当的延误。（3）羁押标准：是否羁押不取决于有无罪，而是推测是否显现潜逃、毁灭证据、威胁证人等妨碍诉讼顺利进行的迹象。（4）可以举行听证：听取控辩双方意见，透明地决定羁押或取保释放。

2. 对孕妇羁押不可机械执法

审前羁押应基于必要性，坚持人道的原则。根据《刑事诉讼法》第60条第2款规定，对于应当逮捕的已经怀孕的妇女可以采取取保候审或监视居住的办法。应当指出，此处是“可以”而不是“应当”，也就是一个选择性规定而非必须的。但是，实践中为贯彻刑事诉讼法以人为本的精神，将羁押理解为诉讼前提，对涉嫌犯罪的孕妇一般以非羁押为惯例。当然如果通过非羁押的方式可以保障诉讼进程，对孕妇采取羁押就缺乏必要性，也是不人道的。同时，也违反了审前羁押制度的初衷。但是是否对涉罪孕妇一律不予以羁押呢？答案是否定的，至少我们可以列举两种情形下应当考虑对有犯罪嫌疑的孕妇进行逮捕羁押：第一，孕妇的人身危险性较大。如果怀孕妇女有强烈的自残或伤人的暴力倾向或者报复心，说明其人身危险性较大，应当适时予以关押。另外，实施杀人、抢劫等严重的犯罪也可以对其实施逮捕关押，而实施盗窃、诈骗等侵财类犯罪一般不应成为必须羁押孕妇的理由，因为财物相对于人身权而言永远居于次要地位。诈骗带来的损失也无法与羁押孕妇可能给胎儿、孕妇身体带来的危险相提并论。第二，有证据证明嫌疑人故意利用怀孕而违法犯罪。虽然实施的不是十分严重的侵财类犯罪，但有证据表明，妇女实施犯罪是以怀孕作掩饰，也是可以逮捕羁押的，关押的目的是防止其再继续危害社会。司法机关决不能僵化的等到她无受孕能力时才去追诉她。因为，机械执法有可能被恶意规避法律所利用。然而，怀孕带有偶然性，而且怀孕也是人所享有的不可剥夺的宪法性权利。《宪法》第49条规定，婚姻、家庭、母亲和儿童受国家法律的保护。由此所引申出来的对其限制和剥夺都必须基于法治原则，坚持合比例性，只有经过法定程序，在确有必要的情况下才能加以限制，比如说计划生育法律规定。现实执法活动中，有些司法机关机械执法，把羁押作为诉讼前提，往往会导致法律保护权益机制被利用成规避法律制裁的庇护伞的可能性。

3. *孕妇羁押条件需改善*

实践中，对孕妇一般不执行行政拘留，也不执行逮捕羁押的强制措施，即便对其羁押，触法涉罪孕妇往往倒地耍赖、闹腾，以“肚子痛”等为借口，不愿意就范，这给执法办案人员造成很大心理压力，也造成实践中不敢强制关押怀孕的妇女，导致对一般违法犯罪的轻纵。而其背后深层原因就是看守所不具备羁押孕妇的条件，没有羁押孕妇的相关设施和专业护理人员。孕妇是敏感特殊人群，心理和身体都需要特别保护，传统刑讯方式和简陋的看守所无法满足对孕妇的照顾要求。杭州“孕妇”小偷团案件查处过程中对于孕妇羁押做了很好的创新。为了这群特殊的犯罪嫌疑人，杭州拱墅公安分局租下了杭州市第二人民医院的一层病房，装上了安全窗和铁门，作为孕妇们的临时居住场所。有妇产科医生和护士随时就诊，以便应对孕妇各种危险情形，并甄别其假病假疼等威胁借口。在医院里，她们分住在8个病房，妇产科医生每天查房，并帮她们做了肝功能、B超等身体检查。还特别安排孕期保健课，对这些特殊的犯罪嫌疑人进行了心理治疗和普法教育，取得很好的效果，促使孕妇们转变对抗态度，减少抵触情绪，配合刑讯和诉讼的进行。该案查办取得良好的法律效果和社会效果，对于今后孕妇犯罪的侦办提供很好的借鉴，应当改善羁押条件，给予孕妇个别化处遇，使其合法权益得到有力保障，虽然提高了执法成本，但是这是社会管理文明化、治理犯罪法治化的必要代价。

（二）社区处遇的优先适用

放眼当今世界行刑领域，监禁处遇和社区处遇各领风骚。在西方发达国家，监禁处遇独步天下的局面被打破，社区处遇与监禁处遇开始平分秋色，甚至有后来居上的趋势。中西方法律文化传统不同，刑罚制度也拥有各自的特点。我国对罪犯的矫正模式一直以来都是监狱内行刑，即将判处剥夺自由刑的罪犯关押在监狱、看守所等专门的刑罚执行场所，使其处在与社会隔离的状态。建国以来大约90%的已决犯关押在监狱、看守所。社区矫正是舶来品，在西方国家，社区矫正制度是作为预防犯罪的社会辅助措施，而我国目前则将其定位为一种非监禁刑罚执行活动。

《刑法修正案（八）》首次将社区矫正纳入刑罚制度体系，一定程度上可以弥补社区矫正无法可依的缺憾，并为未来的社区矫正立法预留空间。扩大社区处遇的适用是我国宽严相济刑事政策的"宽"中应有之义，对于定罪判刑的孕妇而言意义尤为重大。众所周知，孕妇对被判处监禁刑罚也不能立即执行，她们在怀孕期间暂予监外执行，而等到其分娩之后过了哺乳期（产后12个月）后收监执行。但是，这样也会产生严重的社会问题，因为新生儿生活在单亲家庭得不到母亲的照顾，而且母亲在监狱服刑也会给新生儿的成长留下心理阴影。英国政府统计显示，英国每年约有100名婴儿为在狱中服刑的女性所生。在出生后，他们将得不到亲生母亲的照顾，极易走上犯罪的道路。英国首相夫人切丽在接受英国《星期日独立报》采访时警告说，英国社会将为此付出代价。她呼吁慎重处罚孕妇，除对重刑犯以外的犯罪孕妇施以其他刑罚，或者做出经济赔偿，或者为社区劳动。我们认为，对于犯罪的孕妇，如果说羁押条件的改善是其作为未决犯情形下的个别化处遇，而社区无偿劳动、心理治疗、公益服务等社区处遇措施则是其作为已决犯情形下的个别化处遇，使得无辜的新生儿因母亲的犯罪而尽可能少受连累。

后　　记

“在刑法的这张脸上，包含着被害人的父母、兄弟的悲伤与愤怒，包含着对犯人的怜悯与体恤，也包含着对犯人将来的期望与祈盼；此外还一定包含着法官在充分理解犯人的犯罪动机的同时又不得不对犯人科处刑罚的泪水。”也许是经年讲授《刑法学》的缘故，作为著者之一的我对曾任日本早稻田大学校长的西原春夫先生的这段话体悟特别深，对犯罪人这个特殊的群体尤为关注。近年我兼职从事刑事辩护实务，经常打交道的还是犯罪（嫌疑）人，对他们的人生遭遇有了更为理性的思考。2008 年 9 月，我以“罪犯处遇研究”为题申报江苏省教育厅人文社科基金项目并获得立项。该课题于 2010 年底完成后，我并没有停止对犯罪人处遇的思考。2012 年 5 月，江苏大学文法学院与镇江市润州区人民检察院开展横向合作，双方商定以“犯罪人处遇”作为检校合作的课题。在我国，检察机关既是犯罪人处遇机关，又是对犯罪人处遇的法律监督机关。他们在犯罪人处遇实践中的丰富经验和深切感悟，正是我等从事刑事法理论研究者所欠缺的。一年的课题合作是愉快而充实的，于是就有了今天这部著作。

在本书即将付梓之际，需要感谢的人很多。江苏大学文法学院院长刘同君教授、副院长张先昌教授经常过问本书的写作进度，使我们感受到压力的同时，也催生了写作的动力。中国检察出版社的李健女士，以热情和敬业的工作态度保证了本书的顺利出版。此外，本书参阅了许多前辈学者和学界同行的学术成果，他们的真知灼见启迪了著者们的思维，在此谨向他们致以诚挚的谢意。

本书是集体智慧的成果。全书共六章，本人撰写第一章、第二章第二节和第五章；润州区人民检察院鲁宽检察长撰写第二章第一节及第四章；吴秋元博士撰写第三章，刘春花博士撰写第六章。最后由本人统稿、定稿完成。虽然著者尽了最大的努力，但书中错疏之处在所难免，敬请学界同道和读者诸君批评指正。

周国强
2013 年 5 月 10 日